Maxi Fiches

Le droit en action sociale

Pierre-Brice Lebrun
Sandrine Laran-Gailhaguet

DUNOD

5 rue Laromiguière, 75005 Paris
www.dunod.com

ISBN 978-2-10-056303-6

Sommaire

Introduction

On reconnaît un bon artisan à la qualité de ses outils, à la manière dont il les utilise : armé d'un alésoir ou d'une clé dynamométrique, il fait des miracles, il manie le wastringue avec une précision diabolique et le merlin n'a aucun secret pour lui.

Sa formation, son expérience, le sixième sens qu'il a développé durant ses années de pratique, lui permettent d'identifier les pannes, de déterminer l'intervention nécessaire pour améliorer la situation, la rétablir, ou, dans l'urgence, éviter qu'elle ne se détériore.

On est bien content quand, d'un geste assuré, il répare la chaudière, arrête la fuite ou fait redémarrer le réfrigérateur !

Il a dans sa mallette, dans son atelier, tout ce dont il peut avoir besoin : d'un simple coup d'œil, il sait qu'une clé de douze est nécessaire, ou qu'une pince-perroquet est indispensable pour éviter la rupture.

Le travailleur social ou médico-social a lui aussi sa trousse à outils : cela s'appelle le droit.

Il ne l'emmène pas toujours avec lui, ne sait pas trop se servir du matériel mis gratuitement à sa disposition, il n'a même souvent pas le réflexe de l'ouvrir, sa trousse, et les souvenirs juridiques de sa formation initiale sont trop vagues – et pas suffisamment actualisés – pour qu'il puisse les utiliser avec le savoir-faire de l'artisan.

Le droit est pourtant un ensemble d'outils que chacun, assistant de service social, psychologue, assistante maternelle, éducateur spécialisé ou de jeunes enfants, moniteur-éducateur, mandataire judiciaire à la protection des majeurs, peut utiliser pour identifier un problème, déterminer l'intervention nécessaire pour améliorer la situation, pour la rétablir, ou, dans l'urgence, éviter qu'elle ne se détériore. Son utilisation réfléchie rend le professionnel plus efficace, plus compétent pour affronter les réalités parfois douloureuses auxquelles il est quotidiennement confronté.

1. LE SOCIAL ET LE CIVIL

Le « social » de « travailleur social » et le « civil » de « droit civil » ont d'ailleurs la même origine étymologique : ils renvoient à la société, la citoyenneté, la collectivité.

Un travailleur social n'aide-t-il pas les citoyens à mieux vivre en société, à mieux s'intégrer dans la collectivité ? et qu'est-ce qu'un citoyen, sinon un individu doté de droits, de devoirs et d'obligations, capable de les exercer ? mais comment exercer ses droits quand on ne connaît pas le droit ? c'est comme jouer au Monopoly sans en connaître les règles : difficile de gagner, de ne pas se faire escroquer.

Les acteurs sociaux et médico-sociaux adorent inventer des problèmes, mais – contrairement aux films américains dans lesquels le héros, à la fin, sauve l'humanité du virus qui va l'anéantir – ils oublient toujours d'en fabriquer l'antidote : ils se retrouvent donc confrontés à des situations complexes dont ils peinent à s'extirper (et dont – c'est plus grave – ils échouent à protéger les usagers qui les consultent, ou qu'ils encadrent). Ils déploient une énergie démesurée, ils débattent sans cesse, alors que le problème a été inventé, ou son existence, légendaire, s'est transmise de génération en génération, de bouche à oreille d'assistante sociale ou d'éducateur (on peut ici évoquer l'abandon du domicile conjugal, qui n'existe pas et n'a jamais existé en droit français, l'autorisation de soins et d'opérer, qui n'existe pas non plus, ou les débats sans fins concernant l'administration des médicaments dans les établissements sociaux ou médico-sociaux), qui sous-entendent une étonnante incompréhension du cadre général des principes de la responsabilité.

Le non-respect de la loi n'est pas un problème en soi, mais, à chaque fois qu'une disposition légale est bafouée, c'est l'usager, le bénéficiaire, qui en pâtit : ce sont ses droits que le professionnel maltraite, peut-être involontairement, lorsqu'il méconnaît ou interprète le droit à son avantage, dans l'intérêt supposé de celui qu'il encadre ou accompagne, inventant un « secret partagé » qui met les informations confidentielles en libre-service, ou interprétant des textes alambiqués pour justifier que des femmes de ménage administrent à leur temps perdu les médicaments, mettant ainsi l'usager en danger.

2. LA RESPONSABILITÉ : UNE NOTION ESSENTIELLE

Les travailleurs sociaux et médico-sociaux se méfient de dangers imaginaires qui ne les menacent pas, et heureusement ! Les mesures et les procédures qu'ils mettent en place pour s'en protéger (autorisations diverses, signatures et protocoles) ne fonctionneraient pas s'ils devaient être actionnés, tant ils sont bricolés, sur le fond, ou dans la forme.

Ils méconnaissent par contre dangereusement le cadre légal, qui est dans cet ouvrage clairement et largement expliqué : la responsabilité – terme de plus en plus galvaudé – est le fondement du droit et de la vie en société.

Les acteurs sociaux et médico-sociaux ont souvent conscience de faire un métier risqué, sinon dangereux, mais ils comprennent rarement l'utilité de s'assurer, persuadés – encore une légende – que leur employeur les protège ou que son assurance « les couvre », alors que leur responsabilité personnelle est de plus en plus souvent mise en cause devant les tribunaux, autant dans le secteur privé que dans le secteur public.

3. UN OUVRAGE EN FICHES

Par un système de fiches très simples à lire, illustrées et étayées de références légales, législatives ou réglementaires, cet ouvrage – écrit en français et non en droit, qui peut parfois, c'est vrai, avoir les allures d'une langue étrangère – détaille les droits des usagers, sacralisés par la loi du 2 janvier 2002, dont il peut être utile d'avoir une lecture critique.

Il rappelle que – par les mécanismes de la discrétion, de la confidentialité ou du secret professionnel – la vie privée de chacun doit être respectée, ainsi que ses droits fondamentaux (sexualité, santé, intimité). Il développe les notions de vulnérabilité et d'autorité parentale avant de présenter le système français de protection de l'enfance et les mécanismes dits de signalement. Il consacre une large place au handicap et aux droits – à la reconnaissance du handicap et à sa compensation, à la mobilité, à l'éducation – des personnes handicapées : Sandrine Laran-Gailhaguet, éducatrice thérapeutique et présidente de l'association toulousaine AmisPlégiques, a assumé la rédaction de cette partie.

Cet ouvrage fait également le point sur les récentes réformes de la protection des majeurs, le mandat de protection future et les mesures d'accompagnement, ainsi que sur les soins psychiatriques sans consentement, qui ont remplacé l'hospitalisation d'office et l'hospitalisation à la demande d'un tiers.

Enfin, il s'intéresse au droit pénal des mineurs, pour rappeler qu'un mineur est pénalement responsable de ses actes dès sa naissance.

Il donne aux acteurs sociaux quelques outils, qu'ils pourront utiliser dans l'intérêt de l'usager, du bénéficiaire, pour renforcer son bien-être et améliorer sa sécurité, dans le souci de le voir bien-traité.

Les droits des usagers 1

Références juridiques

Loi 2002-2 du 2 janvier 2002 rénovant l'action sociale et médico-sociale

Articles L. 311-3 à L. 311-11 du code de l'action sociale et des familles

Articles D. 311 à D. 311-38 du code de l'action sociale et des familles

Articles D. 312-195 à D. 312-206 du code de l'action sociale et des familles

Loi 2011-525 du 17 mai 2011 de simplification et d'amélioration de la qualité du droit (chapitre VII : dispositions d'amélioration de la qualité du droit et de simplification des normes applicables aux secteurs sanitaire, social et médico-social)

La loi du 2 janvier 2002 a pour objectif affiché d'accompagner les 32 000 établissements et services médico-sociaux recensés dans une recherche permanente d'amélioration de la qualité des services qu'ils proposent : conçue pour interroger les pratiques, pour permettre à chaque professionnel, chaque structure, de se remettre en question, elle est trop souvent considérée comme une fin en soi. On ne se soucie plus de respecter la loi (en général), on se contente de respecter celle-ci et de la respecter à la lettre, jusqu'à la caricature.

Les outils qu'elle crée sont rarement considérés comme des outils, mais plutôt comme des finalités : peu importe que le Conseil de vie sociale ne serve à rien, le principal est qu'il existe, et qu'il se réunisse le moins possible. L'objectif n'est pas qu'il soit utile, mais que l'évaluateur constate qu'il existe et en soit satisfait.

La qualité des prises en charge dans les ESMS diminue sans cesse, et les dispositions contenues dans cette loi trop vague et subjective – aucune sanction n'est d'ailleurs prévue pour ceux qui s'en affranchissent, et aucune évaluation n'a jamais entraîné de fermeture – ne peuvent s'y opposer. Ainsi, les « responsables qualité » recrutés pour faciliter la mise en œuvre de la loi du 2 janvier 2002 cherchent-ils plutôt des solutions pour rendre légale l'administration des médicaments par des professionnels sans formation que des solutions pour financer un poste d'infirmière ou des vacations de médecin, et la plupart des protocoles imaginés par eux bafouent les droits les plus élémentaires des usagers (qui existaient bien avant 2002), comme le droit au respect de la vie privée, à l'intimité, à la protection des informations confidentielles, à la sexualité, l'autorité parentale, etc.

La loi 2002-2 du 2 janvier 2002 permet, par le processus d'évaluation interne et externe (toujours positif), de légitimer toutes les pratiques, même les plus contestables : « puisque l'évaluation ne remet pas en cause mes pratiques (au prix où elle est facturée, elle les remet rarement en cause), j'en déduis que mes pratiques sont correctes, et conformes à la loi, je cesse donc de m'interroger à leur sujet ». Or, peu importe à l'évaluateur que la loi (en général) ne soit pas respectée (le droit au respect de la vie privée, à l'intimité, à la sexualité, l'autorité parentale, etc.), d'autant plus qu'il la connaît rarement : si la loi 2002-2 du 2 janvier 2002 l'est, il rendra un rapport favorable puisqu'il ne connaît qu'elle.

La loi 2002-2 du 2 janvier 2002 – dont il faut néanmoins, et malheureusement, connaître le contenu – est construite autour de cinq orientations principales. Elle reconnaît à l'usager sept droits fondamentaux et rend obligatoire la mise en œuvre de sept outils censés faciliter et encourager l'exercice de ces droits pour placer l'usager « au cœur du dispositif ». Elle soumet tous les établissements à une double obligation d'évaluation (auto-évaluation interne tous les cinq ans, évaluation externe tous les sept ans).

Le simple fait, d'ailleurs, d'appeler « usager » le bénéficiaire est réellement problématique. Un usager est avant tout citoyen, et principal financeur de l'action sociale, par l'intermédiaire de son travail et de l'impôt. Cette loi discriminante prive en fait le citoyen-bénéficiaire de la plupart de ses droits, légalement limités par le règlement de fonctionnement, au motif qu'il n'est dans l'établissement qu'un usager qui doit accepter les directives de ceux qui rédigent – pour son bien et dans son intérêt – son projet personnalisé.

1. LES CINQ ORIENTATIONS PRINCIPALES

- Affirmer les droits fondamentaux (mais subjectifs) des bénéficiaires (appelés usagers) et les promouvoir par la création d'outils (CASF, art. L. 311-3).
- Élargir les missions des établissements et modes d'accueil et diversifier leurs interventions pour mieux les adapter à la diversité des besoins (CASF, art. L. 311-1).
- Améliorer le pilotage du dispositif par la planification, la programmation, la mise en place de schémas d'organisation sociale et médico-sociale pluriannuels (5 ans) au niveau départemental, régional et national, et instaurer un système unique de réelle coordination entre les différents acteurs.
- Rénover le statut des établissements sociaux et médico-sociaux (ESMS).
- Soumettre tous les établissements à une double obligation d'évaluation.

La loi 2002-2 du 2 janvier 2002 rappelle que « l'action sociale et médico-sociale » exerce des « missions d'intérêt général et d'utilité sociale » qu'elle cite (CASF, art. L. 311-1) :

- évaluation et prévention des risques sociaux et médico-sociaux, information, investigation, conseil, orientation, formation, médiation et réparation ;
- protection administrative ou judiciaire de l'enfance et de la famille, de la jeunesse, des personnes handicapées, des personnes âgées ou en difficulté ;
- actions éducatives, médico-éducatives, médicales, thérapeutiques, pédagogiques et de formation adaptées aux besoins de la personne, à son niveau de développement, à ses potentialités, à l'évolution de son état ainsi qu'à son âge ;
- actions d'intégration scolaire, d'adaptation, de réadaptation, d'insertion, de réinsertion sociales et professionnelles, d'aide à la vie active, d'information et de conseil sur les aides techniques ainsi que d'aide au travail ;
- actions d'assistance dans les divers actes de la vie, de soutien, de soins et d'accompagnement, y compris à titre palliatif ;
- actions contribuant au développement social et culturel, et à l'insertion par l'activité économique.

Ces missions sont « accomplies par des personnes physiques ou des institutions sociales et médico-sociales » (CASF, art. L. 311-1), c'est-à-dire « des institutions sociales et médico-sociales [...] gestionnaires d'une manière permanente d'établissements et services sociaux et médico-sociaux » qui répondent à un certain nombre de critères, détaillés dans le même article : toute structure qui mène une de ces missions est donc considérée comme un ESMS (ils sont pour plus de lisibilité énumérés à l'article L. 312-1 du CASF).

La loi 2002-2 du 2 janvier 2002 complète la liste des établissements sociaux et médico-sociaux (ESMS) : elle introduit de nouvelles catégories (centres de ressources, équipes mobiles, structures d'accueil pour handicapés vieillissants, services d'aide à domicile, centres d'addictologie, appartements de coordination thérapeutique, lieux de vie et d'accueil non traditionnels, etc.) et entérine la diversification des modes de prise en charge (permanents, temporaires ou séquentiels, avec ou sans hébergement, à temps complet ou partiel, en internat, accueil familial, domicile, milieu ouvert, etc.).

2. LES SEPT DROITS FONDAMENTAUX DE L'USAGER

- Droit au respect de sa dignité, de son intégrité, de sa vie privée, de son intimité, de sa sécurité.
- Droit au libre choix entre les prestations adaptées qui lui sont offertes dans le cadre d'un service à domicile ou d'une admission au sein d'un établissement spécialisé.

- Droit à une prise en charge et un accompagnement individualisé et de qualité adapté à son âge et à ses besoins, favorisant son développement, son autonomie et son insertion, et respectant son consentement éclairé, qui doit systématiquement être recherché.
- Droit à la confidentialité des informations le concernant.
- Droit d'accès à toute information le concernant ou concernant sa prise en charge.
- Droit à une information adaptée sur ses droits fondamentaux et sur les voies de recours.
- Droit de participer directement à l'élaboration et la modification de son projet d'accueil et d'accompagnement.

3. LES SEPT OUTILS OBLIGATOIRES

Doivent être mis en place :

- le livret d'accueil (CASF, art. L. 311-4, circulaire 138 DGAS du 24 mars 2004) ;
- la Charte des droits et libertés de la personne accueillie (arrêté du 8 septembre 2003, inspirée de la Charte de la personne hospitalisée annexée à la circulaire 95-22 du 6 mai 1995, relative aux droits des patients hospitalisés) ;
- le contrat de séjour ou le document individuel de prise en charge (décret 2004-1274 du 26 novembre 2004) ;
- le règlement de fonctionnement de l'établissement ou du service (CASF, art. L. 311-7, décret 2003-1095 du 14 novembre 2003) ;
- le conseil de vie sociale, ou une autre forme de participation (CASF, art. L. 311-6, décret 2004-287 du 25 mars 2004) ;
- le projet d'établissement ou de service (CASF, art. L. 311-8) ;
- le recours possible à une « personne qualifiée » pour intervenir dans tout contentieux entre le bénéficiaire et l'établissement (CASF, art. L. 311-5, décret 2003-1094 du 21 novembre 2003).

La Charte des droits et libertés de la personne accueillie proclame que « nul ne peut faire l'objet d'une discrimination à raison de son origine, notamment ethnique ou sociale, de son apparence physique, de ses caractéristiques génétiques, de son orientation sexuelle, de son handicap, de son âge, de ses opinions et convictions, notamment politiques ou religieuses, lors d'une prise en charge ou d'un accompagnement, social ou médico-social » (art. 1).

Elle rappelle que l'usager a droit :

- à une prise en charge ou à un accompagnement adapté (il doit se voir proposer une prise en charge ou un accompagnement individualisé et le plus adapté possible à ses besoins) ;

- à une information claire, compréhensible et adaptée sur la prise en charge et l'accompagnement (ainsi que sur ses droits et sur l'organisation et le fonctionnement de l'établissement, du service ou de la forme de prise en charge ou d'accompagnement) ;
- d'accéder sans entraves aux informations le concernant dans les conditions prévues par la loi ou la réglementation ;
- au libre choix entre les prestations adaptées qui lui sont offertes soit dans le cadre d'un service à son domicile, soit dans le cadre de son admission dans un établissement ou service, soit dans le cadre de tout mode d'accompagnement ou de prise en charge ;
- de donner son consentement éclairé et d'être informé par tous les moyens adaptés à sa situation, des conditions et conséquences de la prise en charge et de l'accompagnement et en veillant à sa compréhension ;
- de participer directement, ou avec l'aide de son représentant légal (ce qui ne signifie pas que son représentant légal signe « à sa place »), à la conception et à la mise en œuvre de son projet d'accueil et d'accompagnement (ce qui est tout de même la moindre des choses) ;
- d'être accompagné de la personne de son choix lors des démarches nécessitées par la prise en charge ou l'accompagnement (de son choix : ce n'est pas forcément le tuteur ou les parents) ;
- de renoncer à tout moment par écrit aux prestations dont il bénéficie ou en demander le changement (dans le respect des décisions de justice ou mesures de protection judiciaire, des décisions d'orientation et des procédures de révision existantes en ces domaines) ;
- au respect des liens familiaux (la prise en charge ou l'accompagnement doit favoriser le maintien des liens familiaux et tendre à éviter la séparation des familles : ils doivent donc respecter les principes de l'autorité parentale et de son exercice et non, par commodité, se substituer aux parents) ;
- au respect de la confidentialité des informations le concernant ;
- à la protection, le droit à la sécurité, y compris sanitaire et alimentaire, le droit à la santé et aux soins, le droit à un suivi médical adapté ;
- à l'autonomie et à la libre circulation (dans les limites définies dans le cadre de sa prise en charge ou de son accompagnement et sous réserve des décisions de justice), ses relations avec la société sont favorisées (possibilité de conserver des biens, effets et objets personnels, de disposer de son patrimoine et de ses revenus) ;
- au respect de ses pratiques religieuses ou confessionnelles et convictions (dans le respect de la liberté d'autrui et sous réserve que son exercice ne trouble pas le fonctionnement normal des établissements et services : cette remarque permet par exemple à une direction – c'est une histoire vraie – d'interdire la pratique du ramadan, sous le prétexte de l'horaire d'ouverture des cuisines) ;

- à l'exercice des droits civiques ;
- au respect de la dignité de la personne et de son intimité

4. LA DOUBLE OBLIGATION D'ÉVALUATION

La loi 2002-2 du 2 janvier 2002 impose tous les cinq ans une évaluation interne (dont doit découler une démarche continue d'amélioration de la qualité) et, à ses frais, tous les sept ans, une évaluation externe (décret 2007-975 du 15 mai 2007) confiée à un organisme « agréé ».

Cette évaluation doit vérifier que les prestations proposées, l'organisation mise en place et les moyens déployés par l'établissement ou le service sont adaptés aux besoins et attentes spécifiques des personnes accompagnées. Son coût prohibitif et l'énergie démesurée qu'elle absorbe ne sont pas très utiles, puisque l'évaluateur se garde bien de se mettre à dos un si généreux client, et d'entacher sa réputation en rendant des rapports négatifs, ce qui pourrait contraindre d'autres clients potentiels à préférer des confrères moins pointilleux.

L'agence nationale de l'évaluation et de la qualité des établissements et services sociaux et médico-sociaux (Anesm) qui « agrée » les évaluateurs (que personne n'évalue) met les outils de méthodologie, de bonnes pratiques à disposition des établissements : il est conseillé de ne tenir aucun compte des informations et conseils juridiques que donne l'Anesm.

Le respect de la vie privée

2

Références juridiques

Article 9 du code civil
Articles 226-1 à 226-3 du code pénal

Chacun a droit au respect de sa vie privée (code civil, art. 9), et chacun dispose de trois outils juridiques pour faire respecter ce droit : l'action civile, l'action pénale et l'action disciplinaire.

1. L'ACTION CIVILE

L'action civile permet de saisir la justice civile pour obtenir réparation du dommage subi : elle engage la responsabilité civile de l'auteur (personne physique ou morale) et s'exerce contre quiconque (voisin, collègue, professionnel, employeur, etc.), astreint ou non au secret professionnel. La réparation est forcément pécuniaire : elle est attribuée au titre de l'article 1382 du code civil, base de la responsabilité civile, en fonction du préjudice subi.

a Le droit à l'image

Le droit à l'image est d'origine jurisprudentielle : il s'est construit, développé et précisé petit à petit, grâce aux nombreux jugements qui ont fait jurisprudence, sur la base de l'article 9 du code civil. Il n'est pas d'origine légale ou réglementaire (aucun article d'un code ne le définit). L'action en réparation s'exerce devant les juridictions civiles, tribunal d'instance (dommage inférieur à 10 000 euros) ou de grande instance (dommage supérieur à 10 000 euros) : la 17e chambre du TGI de Paris est spécialisée dans les affaires de presse (c'est à Paris que se trouve le siège social des plus importants journaux ou magazines). Le TGI de Paris a par exemple affirmé que « toute personne peut interdire la reproduction de ses traits » (14 mai 1975), et la Cour de cassation, que « chaque personne dispose d'un droit exclusif sur son image et peut de manière discrétionnaire en autoriser la reproduction » (2e chambre civile, 17 mars 1977). Le droit à l'image ne doit pas être confondu avec le droit de l'image, qui protège la propriété intellectuelle de l'auteur du cliché (le petit signe © qui apparaît auprès des photos publiées indique qui en possède les droits de reproduction).

L'autorisation, signée par le ou les parent(s), de photographier leur enfant (appelée souvent « autorisation de prise de vue »), est inutile : prendre une photo n'est jamais interdit (sauf dans un lieu privé sans l'accord de la personne photographiée), à condition de ne pas l'éditer quelle que soit la confidentialité du support ou de l'exposition (l'afficher sur un mur du centre de loisirs, c'est l'éditer). L'autorisation de prendre l'enfant en photo n'autorise en aucun cas à éditer la photo. Il est donc nécessaire (en tout cas, prudent) d'obtenir l'autorisation des titulaires de l'exercice de l'autorité parentale pour publier ou exposer (c'est-à-dire éditer) une photo d'enfant.

L'autorisation n'est valable que pour un seul support, et pour une seule photo : les parents peuvent accepter avec joie que la photo de leur fils soit publiée dans le journal interne du foyer, mais refuser qu'elle soit reproduite dans le journal de l'association, dans la presse locale ou sur le blog de l'éducateur. Les parents peuvent également accepter, avec joie et fierté, que cette jolie photo de leur fils soit publiée dans le journal du foyer, mais refuser que cette autre photo le soit, sans avoir à se justifier. Il peut donc être utile de faire signer les parents au dos de la photo (ou de sa photocopie) dont ils acceptent la publication (date, signature). Il peut aussi être utile de faire signer aux parents une autorisation valable pour l'année scolaire et pour un seul support (panneau d'exposition, journal interne à la structure, etc.), en n'oubliant jamais de faire signer une nouvelle autorisation en cas de parution dans un autre support (blog, expo, etc.). L'Éducation nationale conseille par exemple que la prise de vue d'élèves soit « précédée d'une demande d'autorisation aux parents ou tuteur qui précise le cadre dans lequel l'image de leur enfant sera utilisée (lieu, durée, modalité de présentation, de diffusion, support) » (fiche Legamedia, janvier 2008). Le principe est le même avec le majeur en tutelle (le majeur en curatelle ou en sauvegarde peut l'autoriser lui-même). Un seul parent peut signer (c'est un acte usuel de l'autorité parentale) mais l'accord de l'un n'empêche pas l'autre d'entamer une procédure.

Il n'est pas raisonnable de croire qu'à partir de sept personnes présentes sur la même photo, les poursuites ne sont plus possibles : aucune ne doit être reconnaissable, à moins que la photo, prise dans un lieu public, rende compte d'un événement public clairement identifiable, et qu'elle ne cause aucun préjudice (par exemple la photo légendée « les manifestants fuient devant la police » avec, en gros plan, un promeneur qui fuit devant les manifestants, qui n'a pas apprécié d'être ainsi exposé).

Un lieu public est, selon la Cour de cassation, « un lieu accessible à tous sans autorisation spéciale de quiconque, que l'accès en soit permanent ou subordonné à certaines conditions, heures ou causes déterminées ».

Il existe une certaine tolérance des tribunaux pour les photos d'information et pour l'expression artistique.

Le droit à l'image peut également se retrouver devant les juridictions pénales, lorsque « l'image d'une personne se trouvant dans un lieu privé » est fixée (lorsque la personne est photographiée ou filmée), enregistrée ou transmise, sans son consentement : le cliché porte alors atteinte à la vie d'autrui (code pénal, art. 226-1). Les « paroles prononcées à titre privé ou confidentiel » relèvent du même cadre et du même article.

2. L'ACTION PÉNALE

L'action pénale ne peut s'exercer – par le dépôt d'une plainte – qu'à l'encontre d'une personne astreinte au secret professionnel (voir le chapitre suivant) : elle a commis un délit en révélant « une information à caractère secret » (code pénal, art. 226-13) et encourt en conséquence une peine de « un an de prison et 15 000 euros d'amende ».

La plainte peut être assortie d'une constitution de partie civile, qui permettra à la victime de voir son préjudice réparé : la plainte engage la responsabilité pénale de l'auteur, la constitution de partie civile, sa responsabilité civile (dans la même procédure, devant le même tribunal).

3. L'ACTION DISCIPLINAIRE

L'action disciplinaire ne peut être exercée que par l'autorité dont dépend celui qui est mis en cause pour n'avoir pas respecté la vie privée : la victime demande par exemple à l'employeur (l'autorité du salarié), d'engager la responsabilité disciplinaire de l'agent qui n'a pas respecté sa vie privée, pour qu'il soit sanctionné (modification).

L'employeur est libre de cautionner les dérives de l'équipe qu'il dirige ou de les sanctionner. Il est libre de choisir la sanction, qui va du simple avertissement au licenciement (dans la fonction publique, la procédure, qui prévoit une échelle de sanctions, laisse moins de place à l'arbitraire). Encore faut-il – pour que l'employeur du secteur privé puisse sanctionner son salarié – qu'il appuie cette sanction sur une base légale : elle ne peut être que contractuelle, c'est-à-dire mentionnée dans le contrat de travail de l'agent.

Le contrat de travail peut comprendre des clauses de discrétion ou de confidentialité. La confidentialité n'existe pas dans la loi, et « l'obligation de discrétion » n'est légalement imposée qu'aux fonctionnaires (voir chapitre suivant) : il n'existe aucune profession astreinte à la confidentialité ou à la discrétion, qui ne peuvent être imposées aux salariés du privé que par le biais d'une clause contractuelle, c'est-à-dire incluse dans leur contrat de travail (discrétion et confidentialité sont alors synonymes). La clause sera la base légale de la sanction qui, à défaut de base légale, pourra être contestée, par exemple devant le Conseil des prud'hommes).

Le secret professionnel 3

Références juridiques

Articles 226-13 et 226-14 du code pénal

Articles 434-1 et 434-3 du code pénal

Article 40 du code de procédure pénale

Article 26 de la loi 83-634 du 13 juillet 1983 portant droits et obligations des fonctionnaires (dite loi Le Pors)

Midas, roi de Phrygie au VIIIe siècle avant J.-C., est sollicité par Pan et Apollon pour déterminer lequel des deux joue le mieux de la flûte ou de la lyre. Il trouve que Pan est meilleur musicien qu'Apollon, et Apollon, mauvais joueur, change les oreilles de Midas en oreilles d'âne. Il les cache sous le bonnet phrygien, mais son barbier les découvre, et Midas lui fait jurer de ne jamais le répéter. Le secret pèse tellement sur les épaules de ce pauvre barbier qu'il finit par creuser un trou dans la terre auquel il le murmure, pour se soulager (aujourd'hui, on appelle ça la supervision), mais les roseaux, qui poussent un peu plus tard au même endroit révèlent le secret du roi quand la brise les agite. C'est l'origine mythologique du secret professionnel, né quelques siècles plus tard, sur l'impulsion d'Hippocrate (460 à 370 av. J.-C.), le plus ancien médecin grec sur lequel les historiens disposent de sources fiables, dont le serment affirme déjà : « quoi que je voie ou entende dans la société pendant, ou même hors de l'exercice de ma profession, je tairai ce qui n'a jamais besoin d'être divulgué, regardant la discrétion comme un devoir en pareil cas ». L'Ordre des médecins français a traduit en 1996 : « admis dans l'intimité des personnes, je tairai les secrets qui me seront confiés ; reçu à l'intérieur des maisons, je respecterai les secrets des foyers ». Le plus vieux secret professionnel est donc médical, même si le secret médical n'existe pas : les médecins et la plupart des professionnels de santé sont astreints au secret professionnel. L'expression « secret médical » est utilisée par commodité, pour définir les informations médicales qui ne peuvent être partagées qu'entre professionnels de la santé astreints au secret (le secret dit « médical » est aussi le plus ancien de tous les secrets partagés).

1. LE CADRE LÉGAL DU SECRET PROFESSIONNEL

Le cadre légal du secret professionnel est posé par l'article 226-13 du code pénal : « la révélation d'une information à caractère secret par une personne qui en est dépositaire soit par état ou par profession, soit en raison d'une fonction ou d'une mission temporaire, est punie d'un an d'emprisonnement et de 15 000 euros d'amende ». Le non-respect du secret professionnel est donc un délit, passible d'une peine correctionnelle.

a Le caractère secret de l'information

Celui qui est astreint au secret ne devient pas muet pour autant : seules les informations à caractère secret sont concernées par le secret professionnel, les professionnels peuvent continuer à échanger entre eux leurs observations, et se rendre mutuellement compte de leurs actions respectives, de l'avancée factuelle du projet, mais seules les personnes astreintes au secret professionnel ont accès aux informations à caractère secret (et seuls les professionnels de la santé astreints au secret ont accès aux informations sanitaires et médicales).

La réunion de synthèse permet donc aux professionnels qui ne sont pas astreints au secret, qui n'ont pas accès au fameux « dossier de l'usager » (éducateurs, moniteurs-éducateurs, éducateurs de jeunes enfants, aides-soignants, psychologues, etc.), de « faire remonter » leurs observations aux professionnels astreints au secret (assistant de service social, infirmière, médecin) qui les centralisent et en font la synthèse avant de « faire redescendre » (sous leur entière et unique responsabilité) les informations strictement nécessaires vers les professionnels non-astreints, souvent très au contact des usagers ou des patients, pour qu'ils puissent au mieux se consacrer à leur travail et à ses spécificités.

Il n'existe pas de définition du caractère secret d'une information : disons qu'il s'agit d'une information à laquelle l'usager ou le patient donne en toute subjectivité un caractère secret, parce qu'elle relève de sa vie privée telle qu'il la définit.

La santé (diagnostics, traitements, maladies, vaccinations) a un caractère secret, comme la sexualité et tout ce qui relève de l'intimité. Les revenus et le patrimoine ont également un caractère secret (il existe un secret bancaire, un secret fiscal).

b La personne en est dépositaire

La personne – astreinte ou non au secret – est dépositaire de l'information, elle n'en est pas propriétaire : elle ne peut donc pas l'utiliser, la répéter, la révéler, sauf dans les cas expressément prévus par la loi (protection des personnes vulnérables). Il n'y a souvent qu'un pas entre partager une information et trahir la confiance de l'usager qui l'a « déposée ».

Une réflexion éthique et déontologique, personnelle, professionnelle, doit être menée en permanence au sein des équipes, pour que soit protégée et respectée l'intimité de la vie privée de l'usager, pour que ne soient échangées, dans un cadre sécurisé, que les informations strictement nécessaires, pour que les dossiers ne soient pas à la disposition de tous, quel que soit leur support, et que la confidentialité de leur contenu soit préservée.

c Par état, par profession, par fonction ou mission temporaire

On peut être astreint au secret professionnel :

- par état (comprendre : par diplôme),
- par profession (comprendre : par employeur),
- par fonction ou mission temporaire (comprendre : ponctuellement).

Celui qui est astreint « par état » est astreint 24 heures/24, sept jours sur sept : le secret n'est pas lié au poste qu'il occupe ou à l'employeur qui l'emploie, mais bien à son état, qui est permanent (un médecin, un dentiste, un assistant de service social le sont en permanence, et pas seulement aux heures de travail : la confidence d'un ami en boîte un samedi à minuit est aussi confidentielle pour une assistante sociale que celle d'un usager faite le mardi matin dans son bureau).

Celui qui est astreint « par profession » l'est parce que la loi l'impose : un employeur ne peut pas astreindre ses salariés au secret professionnel, le secret professionnel est d'ordre public, c'est-à-dire édicté par la loi ou le règlement (un employeur ne peut astreindre ses salariés qu'à la discrétion, ou à la confidentialité.

Celui qui est astreint « par fonction ou mission » ne l'est que temporairement, au cours d'une mission ponctuelle, ou d'une fonction autre que son travail quotidien (siéger au CA du CCAS, par exemple, à la CDAPH ou Conseil des droits et devoirs des familles).

d Une obligation de discrétion

Les fonctionnaires (des trois fonctions publiques) « sont tenus au secret professionnel dans le cadre des règles instituées dans le code pénal » (loi du 13 juillet 1983, art. 26) : cela ne signifie en aucun cas que tous les fonctionnaires sont astreints au secret professionnel, mais bien que le cadre légal du secret professionnel s'applique aux fonctionnaires, de la même manière qu'aux non-fonctionnaires.

Les fonctionnaires (des trois fonctions publiques) peuvent donc être astreints au secret « par état, par profession ou par fonction temporaire » (code pénal, art. 226-13), mais ils « doivent faire preuve de discrétion professionnelle pour tous les faits, informations ou documents dont ils ont connaissance dans l'exercice ou à l'occasion de l'exercice de leurs fonctions » (loi du

13 juillet 1983, art. 26) : le non-respect de cette obligation de discrétion professionnelle est passible de sanctions disciplinaires.

L'obligation de discrétion n'est prévue par la loi que pour les fonctionnaires : aucun salarié du privé n'est légalement astreint à la discrétion (ou à la confidentialité, qui sont synonymes), mais tous peuvent l'être si leur contrat de travail le prévoit. Le non-respect de la clause contractuelle de discrétion ou de confidentialité est passible de sanctions disciplinaires : en l'absence de clause, la sanction sera probablement annulée par le Conseil des prud'hommes, pour défaut de base légale.

e Un devoir de réserve

Les fonctionnaires (des trois fonctions publiques) sont également soumis à un devoir de réserve, qui est un « devoir de loyauté » envers l'administration, la collectivité qui les emploie : la liberté de conscience reconnue au fonctionnaire lui permet de penser ce qu'il veut, mais il doit exprimer son opinion avec retenue et modération, sans nuire à l'image de l'administration, du service, de la collectivité ou de la hiérarchie.

Le non-respect de ce devoir de réserve est passible de sanctions disciplinaires.

Le devoir de réserve n'est prévu par aucune loi : il a été construit, jugement après jugement, par les juridictions administratives, sur le socle de l'obligation de discrétion et du devoir de neutralité. On dit qu'il est d'origine jurisprudentielle.

Une clause contractuelle peut également astreindre les salariés du privé à un devoir de réserve.

2. LES PROFESSIONNELS ASTREINTS AU SECRET PROFESSIONNEL

a Les professionnels astreints par état

Les masseurs-kinésithérapeutes et les pédicures-podologues (CSP, art. L. 4323-3), les infirmiers et infirmières (CSP, art. L. 4314-3), donc, les puéricultrices, les orthophonistes et les orthoptistes (CSP, art. L. 4344-2), les audioprothésistes (CSP, art. L. 4363-1), les médecins (CSP, art. R. 4127-4) et les dentistes (CSP, art. R. 4127-206), les assistants de service social (CASF, art. L. 411-3), les avocats (art. 66-5 de la loi du 31 décembre 1971 portant réforme du métier d'avocat), les vétérinaires (code rural, art. R. 242-33), les sages-femmes (CSP, art. R. 4127-303) et les pharmaciens (CSP, art. R. 4235-5).

On peut y ajouter les notaires, les huissiers de justice, commissaires aux comptes et commissaires-priseurs : cette liste n'est pas exhaustive, mais presque. On peut éventuellement pointer quelques absences : les psychologues, les ergothérapeutes et les psychomotriciens, les aides-soignants, les aides médico-psychologiques et les auxiliaires de puériculture ne sont pas astreints par état au secret professionnel, pas plus que les conseillers en économie sociale et familiale et les mandataires judiciaires à la protection des majeurs (mais ils peuvent l'être par profession, ou, ponctuellement, par fonction ou mission temporaire).

b Le cas particulier des prêtres

La circulaire du 11 août 2004 relative au secret professionnel des ministres du culte et aux perquisitions et saisies dans les lieux de culte rappelle que « l'un des fondements de la laïcité résulte dans le fait que la République assure la liberté de conscience », qu'elle ne reconnaît aucun culte, mais que « le droit pénal, la procédure pénale et la pratique judiciaire ne peuvent ignorer l'existence des cultes ». Le secret professionnel auquel semblent astreints les ministres du culte catholique (prévu par le canon983 et suivant du code de droit canonique : le prêtre qui le bafoue risque l'excommunication, selon le canon 1388) est donc d'origine jurisprudentielle : il n'est prévu par aucune loi, mais, depuis toujours, la Cour de Cassation affirme que les magistrats doivent respecter et faire respecter le secret de la confession (30 novembre 1810), et que, concernant les prêtres catholiques, il n'y a pas lieu de distinguer s'ils ont eu connaissance des faits par la voie de la confession ou en dehors de ce sacrement (4 décembre 1891). Le tribunal correctionnel de la Seine a confirmé que les ministres du culte catholique sont tenus de garder le secret des confidences qu'ils peuvent recevoir à raison de leur qualité (19 mai 1900). Le tribunal correctionnel de Bordeaux a rappelé, s'agissant d'un pasteur de l'église réformée, que tout ce qu'il avait pu apprendre lors de l'entretien préalable au mariage religieux imposé à de futurs époux était couvert par le secret (22 avril 1977), mais la justice a exclu du secret professionnel les confidences faites, en dehors de la confession et de l'exercice de son ministère, à un prêtre en tant que parent (Chambre criminelle de la Cour de Cassation, 11 mai 1959), en raison « de sa dignité, et de sa profonde connaissance de la nature humaine » (première Chambre civile de la Cour de Cassation, 12 juin 1965), ou « en tant que médiateur » (Cour d'appel de Montpellier, 19 octobre 1999). Le tribunal correctionnel de Caen a récemment considéré que les ministres des divers cultes étaient astreints au secret professionnel, aussi bien « pour les faits appris dans le cadre étroit de la confession, que pour ceux venus à leur connaissance en raison même de leur qualité de ministre du culte » (4 septembre 2001). Le tribunal correctionnel de Dijon a estimé que les faits venus à la connaissance du prêtre qui ne procédaient pas d'une confession « ne pouvaient être constitutifs d'un secret professionnel de nature à exonérer le ministre du culte de l'obligation de révélation pesant alors intégralement sur lui » (25 février 1998). L'obligation « imposée aux ministres du culte de garder le secret des faits dont ils ont connaissance dans l'exercice de leur ministère » ne fait pas obstacle à ce que le juge d'instruction procède à la saisie de tout document pouvant être utile à la manifestation de la vérité (Chambre criminelle de la Cour de Cassation, 17 décembre 2002).

c Les professionnels astreints par profession

Toute personne appelée à collaborer au service départemental de protection maternelle et infantile (CSP, art. L. 2112-9), et toute personne appelée à participer aux missions du service de l'aide sociale à l'enfance (CASF, art. L. 221-6), ainsi que les agents du service pénitentiaire d'insertion et de probation (code de procédure pénale, art. D. 581) et les membres de l'équipe pluridisciplinaire de la MDPH (CASF, art. L. 241-10). Le psychologue, l'ergothérapeute et le psychomotricien sont par exemple astreints par profession au secret professionnel s'ils sont salariés d'un service d'aide sociale à l'enfance, ou membres de l'équipe pluridisciplinaire d'une MDPH (même s'ils ne sont pas astreints par état).

L'ASE et la PMI

Le 18 décembre 1989, les services de la protection maternelle et infantile (PMI), créée en France par l'Ordonnance du 2 novembre 1945, sont transférés au conseil général (devenu récemment départemental).

Les missions de la PMI sont détaillées dans le code de la santé publique (art. L. 2112-1 à L. 2112-10), et « toute personne appelée à collaborer au service départemental de protection maternelle et infantile » (CSP, art. L. 2112-9 CSP) est soumise au secret professionnel.

On entend souvent que toute personne collaborant aux missions de la PMI est astreinte au secret : les travailleurs sociaux évoquent même souvent un « secret missionnel », mais le mot « mission » n'est pas employé dans cet article.

Ce n'est donc pas un secret « par mission », mais bien un secret « par profession », limité à ceux qui collaborent « au service », donc, aux salariés de la PMI (un lien de subordination est indispensable).

L'article L. 221-6 du CASF précise que « toute personne participant aux missions du service de l'aide sociale à l'enfance est tenue au secret professionnel ». Ici, le terme « mission » apparaît bien, mais il évoque « les missions du service » et non « la mission de protection de l'enfance ». La subtilité est donc la même : le lien de subordination entre le professionnel et l'ASE est indispensable (tous les professionnels qui exercent une mission de protection de l'enfance ne sont donc pas astreints au secret, comme ils aiment le croire et le répéter, mais bien ceux qui participent « aux missions du service »).

d Par fonction ou mission temporaire

Toute personne appelée à intervenir dans l'instruction, l'attribution ou la révision des admissions à l'aide sociale, et notamment les membres des conseils d'administration des centres communaux ou intercommunaux d'action sociale, ainsi que toute personne dont ces établissements utilisent le concours (CASF, art. L. 133-5), les membres du conseil pour les droits et devoirs des familles (CASF, art. L. 141-1), les agents du service d'accueil téléphonique concourant à la protection des mineurs maltraités et de l'observatoire national de l'enfance en danger (CASF, art. L. 226-9), les personnes appelées à intervenir dans l'instruction des demandes d'attribution du RSA et dans l'élaboration et la mise en œuvre du projet personnalisé d'accès à l'emploi ou d'un contrat d'insertion (CASF, art. L. 262-44), les membres de la commission de surendettement des particuliers (code de la consommation, art. L. 331-11), les membres de la CDAPH (CASF, art. L. 241-10), etc.

Il est donc possible de n'être astreint au secret professionnel que quelques heures par jour, ou par semaine : des militants associatifs siègent à la CDAPH, ils ne sont astreints que dans le cadre de leurs fonctions temporaires de membres de la CDAPH. Même chose pour les membres des conseils d'administration des CCAS (composé d'élus municipaux, d'élus associatifs...), ou pour le personnel administratif qui intervient ponctuellement dans l'instruction des dossiers du revenu de solidarité active (RSA). Le psychologue qui travaille ponctuellement (lors de vacations) comme écoutant au 119 « allô, enfance maltraitée » est astreint par fonction ou mission temporaire au secret professionnel, même s'il n'est pas astreint au secret par état et que, recevant de la clientèle en cabinet, il n'est pas, non plus, astreint au secret par profession.

Il est aussi possible, lorsque la loi le prévoit, d'être astreint au secret par la consultation d'un dossier (et non l'inverse, qui est plus courant : je ne peux consulter le dossier que si je suis astreint au secret professionnel) : le « personnel du secteur associatif habilité », saisi d'une mesure judiciaire concernant un mineur et expressément autorisé par le juge des enfants, qui consulte le dossier unique de personnalité (DUP) d'un mineur se retrouve astreint au secret par mission (ordonnance du 2 février 1945, art. 5-2). Cela signifie que s'il dévoile, à qui que ce soit, un des éléments du dossier, il peut être poursuivi au titre de l'article 226-13 du code pénal. Le fait que le « personnel du secteur associatif habilité » soit astreint au secret après avoir consulté le dossier prouve – c'est un argument supplémentaire – que les professionnels qui exercent des missions d'aide sociale à l'enfance ne sont pas systématiquement astreints au secret professionnel (voir l'encadré ci-dessus sur l'ASE).

On peut ajouter à cette liste non-exhaustive de personnes astreintes au secret par fonction ou mission temporaire, toute personne (policier, juge, expert, etc.) qui participe à la procédure au cours d'une enquête (policière, judiciaire) ou d'une instruction (code de procédure pénale, art. 11).

3. LE SECRET PROFESSIONNEL ET LA SANTÉ

Le droit à « la confidentialité des informations la concernant » est reconnu à « toute personne prise en charge par des établissements et services sociaux et médico-sociaux » : le « respect de sa dignité, de son intégrité, de sa vie privée, de son intimité et de sa sécurité » lui est garanti (CASF, art.

L. 311-3). De même, « toute personne prise en charge par un professionnel, un établissement, un réseau de santé ou tout autre organisme participant à la prévention et aux soins a droit au respect de sa vie privée et du secret des informations la concernant » (CSP, art. L. 1110-4).

Cet article L. 1110-4 du code de la santé publique pose quelques problèmes d'interprétation. Il vise « les professionnels, établissements, réseaux de santé ou tout autre organisme participant à la prévention et aux soins », c'est-à-dire « tout professionnel de santé, tout membre du personnel de ces établissements ou organismes et toute autre personne en relation, de par ses activités, avec ces établissements ou organismes », et précise que « ce secret couvre l'ensemble des informations concernant la personne venues à la connaissance du professionnel de santé, de tout membre du personnel de ces établissements ou organismes et de toute autre personne en relation, de par ses activités, avec ces établissements ou organismes », qu'il « s'impose à tout professionnel de santé, ainsi qu'à tous les professionnels intervenant dans le système de santé ». Il ne signifie absolument pas que tous les professionnels de santé sont astreints au secret professionnel, mais bien que ces professionnels doivent respecter la vie privée du patient et ne pas révéler les informations confidentielles dont ils pourraient avoir connaissance, qu'ils soient astreints au secret ou non.

Le secret professionnel « institué dans l'intérêt des patients » s'impose à tout médecin (CSP, art. R. 4127-4, code de déontologie médicale, art. 4) : le secret couvre « tout ce qui est venu à la connaissance du médecin dans l'exercice de sa profession, c'est-à-dire non seulement ce qui lui a été confié, mais aussi ce qu'il a vu, entendu ou compris ». Il n'est donc pas limité aux informations médicales, et « le médecin doit veiller à ce que les personnes qui l'assistent dans son exercice soient instruites de leurs obligations en matière de secret professionnel et s'y conforment » (CSP, art. R. 4127-72, Code de déontologie médicale, art. 72). Il doit également « veiller à ce qu'aucune atteinte ne soit portée par son entourage au secret qui s'attache à sa correspondance professionnelle » : c'est à lui de mettre en place l'organisation nécessaire (secrétariat, accueil, entretien des locaux, etc.) pour que les informations concernant ses patients soient protégées.

Le secret professionnel dit « médical » est le secret le plus absolu, dont le partage est le plus encadré. Le médecin est toutefois obligé :

- de déclarer les naissances et les décès ;
- de déclarer [...] les maladies contagieuses dont la liste est fixée réglementairement (par exemple, la méningite, pour que l'entourage du malade puisse être vacciné) ;
- de déclarer les maladies vénériennes, éventuellement sous forme nominative lorsque le malade, en période contagieuse, refuse d'entreprendre ou poursuivre le traitement ;

- d'indiquer le nom du malade et les symptômes présentés sur les certificats d'internement ;
- de signaler au préfet les alcooliques dangereux pour autrui ;
- d'établir, pour les accidents du travail et les maladies professionnelles, des certificats détaillés décrivant les lésions et leurs conséquences ;
- de fournir à leur demande aux administrations concernées des renseignements concernant les dossiers des pensions militaires et civiles ;
- de communiquer à l'Institut de veille sanitaire les informations nécessaires pour prévenir et maîtriser les risques pour la santé humaine.

Le contenu du carnet de santé – délivré aux parents lors de la déclaration de naissance de l'enfant – est protégé par le secret professionnel : le service des inscriptions scolaires, le centre de loisirs et l'école n'ont pas accès aux informations qu'il contient, et il ne peut en exiger la communication (CSP, art. L. 2132-1). Seuls un médecin, une infirmière ou un autre professionnel de santé astreint au secret, dentiste, kiné, orthophoniste, etc. sont autorisés à le consulter, et il doit leur être transmis sous pli cacheté portant la mention « secret médical ». Seul un médecin ou une infirmière peut vérifier la situation de l'enfant au regard des vaccinations obligatoires, dont les parents doivent justifier lors de l'inscription scolaire (CSP, art. R. 3111-17) : ils doivent en justifier, mais pas à n'importe qui, et ils peuvent en toute légalité refuser d'indiquer les dates de vaccinations sur la fiche dite « sanitaire ». Les vaccinations obligatoires sont « les vaccinations antidiphtérique et antitétanique » (CSP, art. L. 3111-2), ainsi que « la vaccination antipoliomyélitique » (CSP, art. L. 3111-3) : elles doivent être pratiquées « sauf contre-indication médicale reconnue » (cette contre-indication concerne la santé de l'enfant, elle est donc confidentielle), si les parents n'en justifient pas et qu'il n'existe aucune contre-indication médicale, « les vaccinations obligatoires sont effectuées dans les trois mois de l'admission » (CSP, art. R. 3111-17). Le président du conseil général – qui dirige le service de PMI – peut en informer le procureur de la République (CSP, art. R. 3111-2) qui pourra requérir « l'amende prévue pour les contraventions de 5e classe » (d'un maximum de 1 500 euros) à l'encontre des « personnes titulaires de l'autorité parentale ou qui ont la charge de la tutelle d'un mineur » s'ils n'ont pas respecté ces obligations vaccinales (CSP, art. R. 3116-2).

4. LE SECRET PARTAGÉ

Le secret partagé entre les professionnels de santé existe depuis toujours : il semble par exemple normal que le chirurgien puisse échanger avec l'anesthésiste et l'infirmière, que l'obstétricien puisse échanger avec la sage-femme et le pédiatre de la PMI avec la puéricultrice. L'article L. 1110-4 du code de la santé publique dispose donc que « deux ou plusieurs professionnels de santé peuvent toutefois, sauf opposition de la personne dûment avertie, échanger des informations relatives à une même personne prise en charge, afin d'assurer la continuité des soins ou de déterminer la meilleure prise en charge sanitaire possible ».

Trois critères doivent être réunis, pour que ce partage soit légal :

- Le patient, dûment averti, ne s'oppose pas au partage des informations (nul besoin d'avoir son accord, qui ne l'empêcherait de toute façon pas de poursuivre par la suite, l'accord est présumé en absence d'opposition), et même le mineur peut s'opposer à ce que le médecin discute avec ses parents « afin de garder le secret sur son état de santé » (CSP, art. L. 1111-5). Néanmoins, « lorsque la personne est prise en charge par une équipe de soins dans un établissement de santé, les informations la concernant sont réputées confiées par le malade à l'ensemble de l'équipe ».
- Le partage s'inscrit dans l'effectivité des soins : la personne est « prise en charge ».
- Le partage doit avoir pour but « d'assurer la continuité des soins ou de déterminer la meilleure prise en charge sanitaire possible ».

La loi du 5 mars 2007 réformant la protection de l'enfance a créé le secret partagé « entre personnes soumises au secret professionnel qui mettent en œuvre la politique de protection de l'enfance [...] ou qui lui apportent leur concours » (CASF, art. L. 226-2-2) : elles sont « autorisées à partager entre elles des informations à caractère secret afin de pouvoir évaluer une situation individuelle, déterminer et mettre en œuvre les actions de protection et d'aide dont les mineurs et leur famille peuvent bénéficier ». Bien évidemment, ce partage « est strictement limité à ce qui est nécessaire à l'accomplissement de la mission de protection de l'enfance », et il ne concerne pas les informations à caractère médical (soins, santé, traitements, diagnostic, etc.).

Les membres de l'équipe pluridisciplinaire de la MDPH qui sont tenus au secret professionnel sont autorisés « dans la limite de leurs attributions » (seuls des professionnels de santé peuvent avoir accès à des informations médicales), à « échanger entre eux tous éléments ou informations à caractère secret dès lors que leur transmission est strictement limitée à ceux qui sont nécessaires à l'évaluation de sa situation individuelle et à l'élaboration du plan personnalisé de compensation du handicap » (CASF, art. L. 241-10).

Ils peuvent communiquer aux membres de la CDAPH « tous éléments ou informations à caractère secret dès lors que leur transmission est strictement limitée à ceux qui sont nécessaires à la prise de décision », et peuvent également échanger avec un ou plusieurs professionnels qui assurent l'accompagnement sanitaire et médico-social « les informations nécessaires relatives à la situation de la personne handicapée, dès lors que celle-ci ou son représentant légal dûment averti a donné son accord ».

a Un préalable indispensable entre les professionnels de l'action sociale

L'article L. 121-6-2 du code de l'action sociale et des familles a été créé par la loi 2007-297 du 5 mars 2007 relative à la prévention de la délinquance.

Il permet le partage d'informations à caractère secret entre professionnels de l'action sociale, mais uniquement à l'issue d'un long processus préalable qui n'est jamais mis en place : le partage d'informations à caractère secret entre professionnels de l'action sociale est donc totalement interdit et peut être qualifié de non-respect du secret professionnel.

Le processus est le suivant :

- le professionnel de l'action sociale qui constate que l'aggravation des difficultés sociales, éducatives ou matérielles d'une personne ou d'une famille appelle l'intervention de plusieurs professionnels, doit en informer le maire de la commune de résidence et le président du conseil général : cette loi avait pour objectif de faire du maire « le pivot de l'action sociale » dans sa commune ;
- lorsque l'efficacité et la continuité de l'action sociale le rendent nécessaire, le maire (qui peut aussi s'autosaisir ou être saisi par le président du conseil général) désigne parmi les professionnels qui interviennent auprès d'une même personne ou d'une même famille un coordonnateur, après accord de l'autorité dont il relève et consultation du président du conseil général : cette loi avait pour but affiché d'améliorer la coordination des travailleurs sociaux ;
- le coordonnateur désigné est soumis « par mission » au secret professionnel ;
- les professionnels réunis autour de lui sont autorisés à partager entre eux des informations à caractère secret, afin d'évaluer la situation, de déterminer les mesures d'action sociale nécessaires, et de les mettre en œuvre, mais le partage de ces informations est limité à ce qui est strictement nécessaire à l'accomplissement de la mission d'action sociale : en l'absence de coordinateur désigné par le maire, le partage n'est pas possible.

Les informations en question ne peuvent être communiquées à des tiers « sous peine des sanctions prévues à l'article 226-13 du code pénal » (CASF, art. L. 121-6-2).

Le professionnel qui intervient seul et le coordonnateur « sont autorisés à révéler au maire et au président du conseil général, ou à leur représentant [...], les informations confidentielles qui sont strictement nécessaires à l'exercice de leurs compétences » (CASF, art. L. 121-6-2).

Lorsqu'il apparaît qu'un mineur « est susceptible d'être en danger au sens de l'article 375 du code civil, le coordonnateur ou le professionnel intervenant seul [...] en informe sans délai le président du conseil général, et le maire est informé de cette transmission » (CASF, art. L. 121-6-2).

5. LES LIMITES DU SECRET PROFESSIONNEL

La loi impose parfois, ou autorise, la révélation du secret, dans certaines conditions, à des interlocuteurs désignés : quand elle l'impose, c'est une obligation (code pénal, art. 434-1 et 434-3), quand elle l'autorise, c'est un droit (CP, art. 226-14), voire, un devoir (code de procédure pénale, art. 40).

L'article 226-13 n'est donc pas applicable dans certaines situations et le signalement aux autorités compétentes effectué dans les conditions prévues par cet article ne peut faire l'objet d'aucune sanction disciplinaire (CP, art. 226-14) :

- lorsqu'il s'agit d'informer les autorités judiciaires, médicales ou administratives de privations ou de sévices, y compris lorsqu'il s'agit d'atteintes ou mutilations sexuelles, qui ont été infligées à un mineur ou à une personne vulnérable ;
- lorsque le médecin, avec l'accord de la victime, porte à la connaissance du procureur de la République les sévices ou privations qu'il a constatés, sur le plan physique ou psychique, dans l'exercice de sa profession et qui lui permettent de présumer que des violences physiques, sexuelles ou psychiques de toute nature ont été commises (lorsque la victime est mineure ou personne vulnérable, son accord n'est pas nécessaire) ;
- lorsqu'un professionnel de la santé ou de l'action sociale veut informer le préfet (à Paris, le préfet de police) du caractère dangereux pour elles-mêmes ou pour autrui des personnes qui le consulte et dont il sait qu'elles détiennent une arme ou qu'elles ont manifesté leur intention d'en acquérir une.

a Le dilemme du professionnel astreint au secret

Le signalement d'une personne vulnérable en danger est une obligation légale (CP, art. 434-3), comme la dénonciation des crimes et des criminels (CP, art. 434-1), mais le professionnel astreint au secret peut en toute impunité s'en affranchir. Le dernier alinéa (paragraphe) des deux articles cités lui donne cette possibilité, et le met face à ses responsabilités : parler ou se taire devient un véritable cas de conscience. Il peut en toute légalité, pour préserver la confidentialité des informations qui lui sont confiées, ne pas signaler une personne vulnérable en danger et ne pas dénoncer un crime, même si la victime a moins de quinze ans : le secret professionnel n'est jamais une interdiction de parler, mais plutôt une possibilité risquée de se taire...

La responsabilité des professionnels

4

Références juridiques

Articles 1382 à 1386 du code civil
Articles 121-1 à 121-7 du code pénal
Articles 122-1 à 122-8 du code pénal

La responsabilité, quand elle est juridique, peut être civile, pénale ou disciplinaire. Elle peut être éthique, pédagogique, éducative, déontologique (etc.) quand elle est morale. Être responsable, c'est répondre de ses actes, en assumer les conséquences. Chacun, dès sa naissance, est responsable de ce qu'il fait, et de ce qu'il ne fait pas, même par inadvertance, imprudence ou négligence : chacun, dans sa vie privée et professionnelle, doit donc répondre de ses actes, et en assumer les conséquences, pénales, disciplinaires ou pécuniaires.

La responsabilité est personnelle : il n'est pas possible, juridiquement, d'être responsable d'une structure, d'une équipe, d'un groupe. Un supérieur hiérarchique n'est pas responsable des actes de ses subordonnés, il faut résister à la tentation de l'appeler « responsable », d'une part parce qu'il ne l'est pas (plus on monte dans l'échelle hiérarchique, moins on est responsable), d'autre part parce que l'effet induit est pervers : il sous-entend que, si le chef est responsable, ses subordonnés ne le sont pas. Ils ne voient donc pas la nécessité – c'est bien dommage – d'assurer leur responsabilité civile professionnelle, et pensent – à tort – qu'un ordre, une consigne, un protocole les déresponsabilise (les couvre).

La responsabilité est le contrepoids de la liberté : en démocratie, chacun est libre de faire ce qu'il veut, en toute liberté, à condition d'en assumer les conséquences. La liberté est la faculté de faire tout ce qui ne nuit pas à autrui. En démocratie, chacun est donc libre de faire ce qu'il veut, à condition d'en assumer les conséquences, et de ne pas nuire à autrui. Être responsable, c'est être libre : moins je suis responsable, moins je suis libre, de faire ou de ne pas faire, de dire ou de ne pas dire. Il est plus facile de manager une équipe qui se croit en partie irresponsable : elle se croit moins libre de contester les ordres, les consignes, les protocoles...

La responsabilité pénale impose à chacun d'assumer les conséquences des infractions qu'il commet, volontairement ou non (donc, d'accepter le risque de la peine encourue, et la réalité de la peine infligée, d'amende ou de prison).

La responsabilité civile impose à chacun de réparer pécuniairement les dommages qu'il cause à autrui, volontairement ou non (CC, art. 1382 et suivants).

La responsabilité disciplinaire impose à chacun d'assumer ses actes devant l'autorité dont il dépend, qui peut le sanctionner (l'enfant devant ses parents, le collégien devant le conseil de discipline, le sportif devant sa fédération, le salarié devant son employeur...).

La responsabilité administrative correspond à la responsabilité disciplinaire des fonctionnaires, ou à la responsabilité de l'administration envers ses administrés.

La responsabilité contractuelle est engagée en cas de mauvaise exécution ou d'inexécution totale ou partielle des obligations (souvent réciproques) prévues par un contrat (CC, art. 1147).

Les responsabilités morales ne sont pas du domaine de la loi, mais plutôt de la philosophie, de l'éthique et de la déontologie. La responsabilité morale peut être définie comme « la conscience que chacun a de sa propre responsabilité », elle est éminemment subjective, et découle des valeurs propres à chacun.

1. LA RESPONSABILITÉ CIVILE

La responsabilité civile est personnelle : « tout fait quelconque de l'homme, qui cause à autrui un dommage, oblige celui par la faute duquel il est arrivé à le réparer » (CC, art. 1382). Chacun est responsable « du dommage qu'il a causé non seulement par son fait, mais encore par sa négligence ou par son imprudence » (CC, art. 1383) : ne pas l'avoir fait exprès n'est pas une excuse, parce que cela ne change rien pour la victime, le préjudice est le même (au pénal, l'homicide involontaire ou par négligence est un délit quand l'homicide volontaire est un crime).

La faute est le fait qui donne lieu à réparation, le fait générateur : il y a toujours une faute à l'origine d'un dommage. La faute peut être une action ou une omission : elle engage pareillement la responsabilité civile de son auteur, comme l'infraction engage la responsabilité pénale de celui qui la commet.

Le majeur placé sous un régime de protection reste civilement responsable de ses actes, puisque « celui qui a causé un dommage à autrui alors qu'il était sous l'empire d'un trouble mental n'en est pas moins obligé à réparation » (CC, art. 414-3). Il pourra, au pénal, bénéficier de l'irresponsabilité pénale (CP, art. 122-1).

Chacun est responsable du dommage qu'il a causé par son propre fait, mais encore de celui qui est causé par le fait des personnes dont il doit répondre (c'est la responsabilité civile du fait d'autrui), et des choses qu'il a sous sa garde » (CC, art. 1384) : ainsi, les parents sont civilement responsables de leur enfant mineur « habitant avec eux », l'artisan, de son apprenti, etc. Les « maîtres et les commettants » sont « responsables du dommage causé par leurs domestiques et préposés dans les fonctions auxquelles ils les ont employés ». La précision « dans les fonctions auxquelles ils les ont employés » est importante, puisqu'elle permet de différencier la faute « de service » imputable à l'employeur (le commettant) de la faute « détachable du service » imputable à l'employé.

Le propriétaire d'un animal, « ou celui qui s'en sert, pendant qu'il est à son usage, est responsable du dommage que l'animal a causé, soit que l'animal fût sous sa garde, soit qu'il fût égaré ou échappé » (CC, art. 1385). Le propriétaire d'un bâtiment « est responsable du dommage causé par sa ruine, lorsqu'elle est arrivée par une suite du défaut d'entretien ou par le vice de sa construction » (CC, art. 1386).

La responsabilité civile s'assure, contrairement à la responsabilité pénale (dans certains cas, les dommages et intérêts attribués au pénal à la partie civile seront pris en charge par l'assurance, mais jamais l'amende). La responsabilité civile s'assure, mais la relation d'un assuré avec son assureur est contractuelle : il est donc indispensable de bien lire et de bien comprendre le contrat d'assurance avant d'y souscrire ! Il ne s'agit pas d'un contrat type commun à toutes les compagnies, qui couvre forcément les mêmes sinistres : beaucoup d'assurés s'aperçoivent trop tard qu'ils n'étaient pas assurés pour ce qui leur est arrivé...

L'assurance de responsabilité civile est obligatoire pour les propriétaires de véhicules depuis le 27 février 1958. L'assurance scolaire est également une assurance de responsabilité civile spécifique (comprise la plupart du temps dans le contrat « multirisques habitation »), obligatoire depuis le 6 août 1943 pour « les élèves et étudiants des établissements publics d'enseignement », donc pendant toute la scolarité, collège, lycée compris, et université.

Les bailleurs publics et les propriétaires privés peuvent réclamer à leur locataire une attestation d'assurance de responsabilité civile locative qui doit, chaque année, être renouvelée : c'est une obligation légale pour le locataire de souscrire une telle assurance et d'en fournir annuellement la preuve à son propriétaire (art. 7, loi 89-462 du 6 juillet 1989), et le non-respect de cette obligation, après une mise en demeure et un délai d'un mois, peut entraîner la résiliation du bail.

2. LA RESPONSABILITÉ PÉNALE

La responsabilité pénale est également personnelle : « nul n'est responsable pénalement que de son propre fait » (CP, art. 121-1). Les parents ne sont jamais (et n'ont jamais été en droit français) pénalement responsables des infractions commises par leur enfant mineur : ils ne peuvent donc pas être sanctionnés à leur place ou avec eux, et ils ne sont jamais tenus de payer les amendes infligées à leur enfant, puisque le mineur est pénalement responsable dès sa naissance (CP, art. 122-8). Il n'existe qu'une seule exception à cette règle : le conducteur sera verbalisé si un de ses passagers âgé de moins de treize ans n'a pas attaché sa ceinture de sécurité, le passager le sera s'il a plus de treize ans (treize ans est l'âge minimal de la sanction pénale, amende et prison).

Il existe néanmoins quelques possibilités, essentiellement jurisprudentielles, que soit engagée « la responsabilité pénale du fait d'autrui », qui peut être indirecte (celui qui n'est pas personnellement poursuivi est tenu de payer les amendes prononcées contre le complice ou l'auteur de l'infraction, c'est précisé dans le jugement), ou directe (celui qui n'est ni auteur ni complice est personnellement poursuivi et personnellement condamné, comme le directeur de publication d'un journal est responsable des infractions de diffamation commises par un de ses journalistes, le cafetier si son barman sert une boisson alcoolisée à un mineur, etc.).

La loi 2000-647 du 10 juillet 2000 tendant à préciser la définition des délits non intentionnels (dite loi Fauchon), a considérablement réduit les possibilités d'engager la responsabilité pénale des personnes physiques qui n'ont pas causé directement le dommage, mais qui ont créé ou contribué à créer la situation qui a permis la réalisation du dommage ou qui n'ont pas pris les mesures permettant de l'éviter (CP, art. 121-3). Elles ne sont responsables pénalement que s'il est établi qu'elles ont, soit violé de façon manifestement délibérée une obligation particulière de prudence ou de sécurité prévue par la loi ou le règlement, soit commis une faute caractérisée et qui exposait autrui à un risque d'une particulière gravité qu'elles ne pouvaient ignorer : cette loi a permis que les maires et les décideurs publics (proviseurs, chefs d'entreprise, etc.) ne soient plus poursuivis en nom propre lorsqu'un accident survenait sur le territoire de leur commune, dans leur établissement scolaire ou dans l'usine qu'ils dirigeaient.

La responsabilité pénale de l'auteur d'une infraction est engagée par la plainte déposée par la victime, ou au nom de la victime, qui enclenche l'action publique conduite par le procureur de la République : c'est lui qui va requérir la sanction, au nom de la société, et non la victime ou ses ayants-droits (c'est la différence entre la justice et la vengeance).

La constitution de partie civile engage, au même endroit et dans la même procédure pénale, la responsabilité civile de l'auteur ou de ses responsables légaux.

La responsabilité pénale peut être atténuée par des circonstances atténuantes (CP, art. 122-1 à 122-8), ou aggravée par des circonstances aggravantes (s'attaquer à un mineur, une personne vulnérable, être armé, commettre l'infraction à plusieurs, ou avec violence, etc.).

3. LA RESPONSABILITÉ CIVILE ET PÉNALE DU MINEUR

Le mineur est civilement responsable des dommages qu'il cause (art. 1382 CC), mais ses parents, « en tant qu'ils exercent l'autorité parentale » assument solidairement (avec lui) la responsabilité civile des dommages causés par « leur enfant mineur habitant avec eux » (art. 1384 CC). Le mineur émancipé devient civilement responsable de ses actes (art. 413-7 CC), mais il est toujours considéré comme un mineur par la justice pénale.

Le mineur « capable de discernement » est « pénalement responsable des infractions dont il est reconnu coupable » (code pénal, art. 122-8) : la responsabilité pénale des mineurs et le discernement sont développés dans la fiche 11 traitant du droit pénal des mineurs.

4. LA RESPONSABILITÉ CIVILE ET PÉNALE DES PARENTS

Les parents « en tant qu'ils exercent l'autorité parentale » assument solidairement la responsabilité civile des actes de « leur enfant mineur habitant avec eux » (art. 1384 CC), ils ont donc l'obligation de réparer les dommages qu'il cause, en versant à la victime des dommages et intérêts (la réparation d'un dommage ne peut être que pécuniaire), que ces dommages soient ou non consécutifs à une infraction. Il n'est pas nécessaire que les parents commettent une faute (par exemple de surveillance) pour que leur responsabilité civile soit engagée : il suffit que le dommage existe.

Les parents bénéficient toutefois d'une possibilité de se décharger de cette responsabilité : si « les père et mère [...] prouvent qu'ils n'ont pu empêcher le fait qui donne lieu à cette responsabilité » (parce qu'ils étaient absents, parce que l'enfant était confié à un tiers), ce sera peut-être à celui qui devait répondre de l'enfant au moment où le dommage a été causé d'en assumer les conséquences. L'article 1384 du code civil affirme en effet que chacun (personne physique ou personne morale) est (civilement) responsable du fait des personnes dont il doit répondre, c'est-à-dire des personnes placées sous sa responsabilité, qui ne sont pas ou ne peuvent pas être responsables d'elles-mêmes (les mineurs non-émancipés et les majeurs placés sous le régime de la tutelle). La jurisprudence de la Cour de cassation a néanmoins tendance à écarter, depuis quelques années, le principe qui ferait que les parents ne seraient civilement responsables que par défaut : elle leur attribue une responsabilité présumée, comparable à une « garantie civile » (le mineur est en général incapable de réparer lui-même les dommages qu'il a causé).

La chambre criminelle de la Cour de cassation a rendu, le 6 novembre 2012, un arrêt surprenant : elle estime désormais que « la responsabilité de plein droit prévue par le quatrième alinéa [♀de l'article 1384 du code civil] incombe au seul parent chez lequel la résidence habituelle de l'enfant a été fixée, quand bien même l'autre parent, bénéficiaire d'un droit de visite et d'hébergement, exercerait conjointement l'autorité parentale ». Cela remet en cause le principe de coparentalité qui tend à se développer depuis une trentaine d'années.

En l'espère, Florian, 13 ans, dont les parents, divorcés, exercent tous les deux l'autorité parentale, alors qu'il passait le weekend chez son père, a mis le feu à une bâche provoquant la destruction totale d'un gymnase. Le préjudice subi par la communauté de communes du Petit Caux, en Normandie, s'élève à 3 765 771 euros. En première instance, les juges ont à la lettre appliqué les dispositions de l'article 1384 du code civil pour condamner solidairement les parents (et leurs assureurs respectifs) à indemniser la communauté de communes. La cour d'appel de Rouen – en toute logique – a confirmé le jugement en juillet 2011, en considérant que « la résidence habituelle de l'enfant chez un de ses deux parents ne fait pas obstacle à ce que l'autre exerce la plénitude de son pouvoir de surveillance et de contrôle de l'éducation de sorte que la responsabilité civile des deux parents, titulaires de l'autorité conjointe, est engagée ». Le père de Florian s'est pourvu en cassation, aux motifs que le couple est divorcé, que l'enfant vit au domicile de sa mère, et que le jugement de divorce ne lui ayant accordé qu'un droit de visite et d'hébergement de son fils, il ne saurait être civilement responsable des actes de celui-ci : la Cour de cassation lui a donné raison, elle a basé son raisonnement sur le lieu de résidence habituelle de l'enfant, et cassé la décision de la cour d'appel en « désolidarisant » la responsabilité civile des parents divorcés.

5. LA RESPONSABILITÉ CIVILE, PÉNALE ET DISCIPLINAIRE (OU ADMINISTRATIVE) DU TRAVAILLEUR SOCIAL

Les responsabilités civile et pénale sont personnelles : la responsabilité civile ou pénale du directeur (personne physique) ou de l'employeur (personne morale) n'est donc pas forcément engagée lorsqu'un salarié cause un dommage sur son temps de travail, encore moins lorsqu'il commet une infraction, dont il devra répondre seul (un employeur n'a, par exemple, jamais à payer une amende infligée sur le temps de travail, même si elle concerne un véhicule de service). La question sera donc de déterminer qui aura à réparer le dommage causé : l'employeur (si la faute de son salarié lui est imputable car elle a le caractère d'une faute « de service ») ou le salarié (si elle lui est personnellement imputable parce qu'elle a le caractère d'une faute « détachable du service »).

a Les fonctionnaires

L'article 29 de la loi 83-634 du 13 juillet 1983 portant droits et obligations des fonctionnaires dispose que « toute faute commise par un fonctionnaire dans l'exercice ou à l'occasion de l'exercice de ses fonctions l'expose à une sanction disciplinaire sans préjudice, le cas échéant, des peines prévues par la loi pénale ».

La responsabilité administrative du fonctionnaire peut donc être engagée parallèlement à des poursuites pénales, ou en l'absence de poursuites pénales.

L'agent risque une sanction disciplinaire (loi du 13 juillet 1983, art. 89) du premier groupe (avertissement, blâme, exclusion pour une durée maximale de trois jours), du deuxième groupe (abaissement d'échelon, exclusion pour une durée de quatre à quinze jours), du troisième groupe (rétrogradation, exclusion pour une durée de seize jours à six mois) ou du quatrième groupe (mise à la retraite d'office, révocation).

Les sanctions des deuxième, troisième et quatrième groupes ne peuvent être infligées que par le conseil de discipline, qui est constitué de tout ou partie des membres de la commission administrative paritaire (CAP) compétente à l'égard du fonctionnaire poursuivi, compte tenu de sa catégorie et de son grade, et présidé par un juge administratif.

L'avertissement n'est pas mentionné au dossier de l'agent, le blâme et l'exclusion temporaire pour une durée maximale de trois jours sont effacés après trois ans, si aucune autre sanction n'est intervenue.

Les fonctionnaires bénéficient dans leurs fonctions d'une protection organisée par la collectivité ou l'administration dont ils dépendent (loi 83-634 du 13 juillet 1983, art. 11) : si un fonctionnaire est poursuivi par un tiers pour faute de service, la collectivité publique doit, « dans la mesure où une faute personnelle détachable de l'exercice de ses fonctions n'est pas imputable à ce fonctionnaire, le couvrir des condamnations civiles prononcées contre lui ». Cette protection, appelée « protection fonctionnelle » n'est pas due lorsqu'une faute personnelle est imputable à l'agent : l'administration, la collectivité, n'a alors pas à prendre en charge le paiement d'éventuels dommages et intérêts.

La collectivité publique, l'administration, est aussi tenue d'accorder sa protection au fonctionnaire ou à l'ancien fonctionnaire dans le cas où il fait l'objet de poursuites pénales à l'occasion de faits qui n'ont pas le caractère d'une faute personnelle : si les faits ont le caractère d'une faute personnelle, elle n'a pas à lui accorder sa protection.

La faute de service découle d'un acte qui s'inscrit dans le cadre strict des missions, elle ne résulte d'aucune infraction, même involontaire.

La faute personnelle découle d'un acte qui ne s'inscrit pas dans le cadre strict des missions du fonctionnaire, ou elle est le résultat d'une infraction, même involontaire.

Un ordre venu de la hiérarchie ne déresponsabilise pas forcément celui qui l'exécute : tout fonctionnaire, quel que soit son rang dans la hiérarchie, est responsable de l'exécution des tâches qui lui sont confiées (la loi de 1983, art. 28) : il doit bien sûr se conformer aux instructions de son supérieur hiérarchique, sauf dans le cas où l'ordre donné est manifestement illégal et de nature à compromettre gravement un intérêt public, d'autant plus que « n'est pas pénalement responsable la personne qui accomplit un acte commandé par l'autorité légitime, sauf si cet acte est manifestement illégal » (code pénal, art. 122-4). Celui qui accomplit un « acte manifestement illégal » engage sa responsabilité pénale personnelle.

b Les enseignants

Les instituteurs et les artisans sont responsables « du dommage causé par leurs élèves et apprentis pendant le temps qu'ils sont sous leur surveillance » (code civil, art. 1384), mais l'artisan pourra dégager sa responsabilité s'il prouve qu'il n'a pu « empêcher le fait qui donne lieu à cette responsabilité ». La responsabilité de l'État se substituera à la responsabilité des enseignants « à la suite ou à l'occasion d'un fait dommageable commis soit par les enfants ou jeunes gens qui leur sont confiés à raison de leurs fonctions, soit à ces enfants ou jeunes gens dans les mêmes conditions » : ils « ne pourront jamais être mis en cause devant les tribunaux civils par la victime ou ses représentants » (article 2 de la loi du 5 avril 1937), que l'enfant soit victime ou responsable du dommage, sauf en cas de « fautes, imprudences ou négligences invoquées contre eux comme ayant causé le fait dommageable » (idem).

Rappelons que les enfants sont sous la surveillance des enseignants « durant les heures d'activité scolaire », la prise en charge commence « dix minutes avant l'entrée en classe », et se poursuit « pendant les récréations » (code de l'éducation, art. D. 321-12).

Le 20 décembre 1996, Sarah, 10 ans, a fait une chute mortelle par la fenêtre de sa classe (CM1-CM2), située au deuxième étage. Son instituteur a reconnu avoir omis de refermer la fenêtre après la récréation. Sarah a quitté sa table, où elle jouait aux échecs, elle a pris une chaise et elle est montée s'asseoir sur le rebord de la fenêtre.

Le 10 décembre 2003, l'instituteur a été reconnu coupable d'homicide involontaire par le tribunal correctionnel de Bobigny, condamné à cinq mois d'emprisonnement avec sursis et à 120 000 euros de dommages et intérêts :

les juges ont estimé qu'il avait commis une « faute caractérisée, qui exposait les élèves à un risque d'une particulière gravité et qu'il ne pouvait ignorer ». Le tribunal a argumenté que l'instituteur « connaissait la dangerosité liée à l'ouverture des fenêtres », et que « la probabilité que les enfants s'assoient sur leur rebord était d'autant plus grande qu'ils avaient ce jour-là dans la classe une liberté accrue ». L'instituteur tournait le dos à la fenêtre, il rangeait des objets dans une malle pour préparer un départ en classe de neige, ce qui lui a été reproché, puisqu'il aurait dû « s'acquitter de son devoir de surveillance avec une vigilance équivalente à celle qui était habituellement la sienne ».

La cour d'appel de Paris a confirmé ce jugement le 2 décembre 2004 en estimant que « le professeur (était) responsable d'un manquement caractérisé à des obligations professionnelles essentielles », ce qui est considéré comme une faute à caractère personnel.

La chambre criminelle de la Cour de cassation a confirmé l'arrêt de la cour d'appel de Paris.

c Les non-fonctionnaires

Les non-fonctionnaires n'ont pas de loi spécifique qui s'applique à leur responsabilité professionnelle : le cadre légal est donc celui du droit commun, et la jurisprudence définit les mêmes nuances entre « faute de service » et « faute détachable du service ».

Les non-fonctionnaires peuvent devant les tribunaux évoquer les mêmes arguments que leurs collègues fonctionnaires et un éventuel litige sur la responsabilité disciplinaire d'un salarié non-fonctionnaire sera porté devant le conseil des prud'hommes (et non devant les juridictions administratives).

d L'assurance de la responsabilité professionnelle

La collectivité territoriale, l'administration et l'employeur privé ne peuvent légalement pas assurer leurs agents pour les fautes dites personnelles qui leur seraient reprochées : seules les fautes dites « de service » sont couvertes par le contrat de la collectivité, de l'employeur, qui, en fait, n'assure pas ses agents ou employés, mais s'assure, lui, en tant qu'employeur, pour les fautes de ses agents.

Il peut donc s'avérer utile, par la souscription d'un contrat spécifique « responsabilité civile professionnelle » (RCP) qui assurera les conséquences des fautes détachables du service, ou par la signature d'un avenant au contrat « multirisques habitation », de s'assurer soi-même.

Les professionnels de l'enfance et de l'éducation (du secteur privé et du service public), pourront accéder au contrat « métiers de l'éducation, protection des risques professionnels », créé par l'USU (union solidariste universitaire, mutuelle d'assurance des solidarités laïques), connu sous le nom « autonome de solidarité » et géré par la MAIF (www.maif.fr), ou au contrat proposé par l'AIAS (association interprofessionnelle des acteurs du soin et du social), destiné à tous les acteurs du soin et du social. Les professionnels de la santé et les agents de la fonction publique hospitalière pourront se rapprocher de la MACSF (mutuelle d'assurance du corps de santé français) et de son contrat « Sou médical », les fonctionnaires territoriaux de la SMACL (société mutuelle d'assurance des collectivités locales), et de son contrat Sécurité fonctionnaires territoriaux (www.smacl.fr). Ces différents contrats coûtent en moyenne de 30 à 100 euros par an.

Il ne faut pas confondre « responsabilité civile professionnelle » et protection juridique (code des assurances, art. L. 127-1 à L. 127-8, loi n° 2007-210 du 21 février 2007).

La protection juridique est un contrat spécifique qui permet seulement que la compagnie d'assurance prenne en charge tout ou partie des frais de procédure, ou fournisse les services nécessaires pour assurer la défense ou la représentation de l'assuré dans une procédure civile, pénale, administrative ou autre (code des assurances, art. L. 127-1). Les dommages et intérêts obtenus sont versés en priorité à l'assuré (qui ne peut pas solliciter l'aide juridictionnelle), puis à l'assureur, pour le couvrir des dépenses engagées.

Les autorisations de soins et l'administration des médicaments

5

Les structures sociales, médico-sociales et socio-éducatives aiment se créer des problèmes, et inventer des réponses, bricolées dans un coin : les questions qui concernent la santé et les médicaments sont particulièrement appréciées, et sujettes à d'épuisants débats, sans fin et sans fond, probablement parce qu'apparaître comme celui, ou celle, qui soigne, qui connaît le traitement, qui l'administre, qui signe, autorise, sauve des vies, est particulièrement valorisant, alors qu'administrer un médicament à un enfant, quand on n'est pas formé pour, est une mise en danger caractérisée.

1. LES AUTORISATIONS DE SOINS ET D'OPÉRER : ELLES N'EXISTENT PAS

Références juridiques

Articles L. 1111-4 à L. 1111-6 du code de la santé publique

Articles R. 4127-46 à 4127-47 du code de la santé publique

Le code de la santé publique ne fait pas mention d'une quelconque autorisation de soins et d'opérer, et son article L. 1111-4 est extrêmement clair. Il prévoit que « toute personne prend, avec le professionnel de santé et compte tenu des informations et des préconisations qu'il lui fournit, les décisions concernant sa santé ». Il aurait pu préciser « toute personne majeure », mais ce n'est pas le cas : un mineur prend donc, avec le professionnel de santé, les décisions concernant sa santé. D'ailleurs, « aucun acte médical ni aucun traitement ne peut être pratiqué sans le consentement libre et éclairé de la personne et ce consentement peut être retiré à tout moment ». Là aussi, le code aurait pu préciser « de la personne majeure », et il ne le fait pas.

Lorsque « la personne est hors d'état d'exprimer sa volonté », ce qui est *a priori* le cas d'un certain nombre de bénéficiaires de l'action des ESMS (jeunes enfants, handicapés mentaux, personnes placées sous tutelle, etc.) « aucune intervention ou investigation ne peut être réalisée, sauf urgence ou impossibilité, sans que la personne de confiance [...] ou la famille, ou à défaut, un des proches ait été consulté ». Cette affirmation entraîne plusieurs remarques :

- le professionnel (personne physique), ou la structure (personne morale), ne sont pas cités parmi les personnes qui doivent être consultées (pas plus que le tuteur ou le curateur) ;
- le professionnel qui ne serait pas « professionnel de santé » astreint au secret dit « médical » ne pourrait en aucun cas se retrouver détenteur ou dépositaire d'informations concernant la santé (ce qui serait une grave entorse au respect dudit secret et de la vie privée du bénéficiaire), il ne peut donc pas « être consulté » ;
- en cas d'urgence, ou d'impossibilité, il n'est pas nécessaire de consulter qui que ce soit, or les autorisations de soin et d'opérer, exigées lors des inscriptions (à l'école, au centre de loisirs, en foyer ou ailleurs), sont justement prévues pour être utilisées en cas d'urgence ;
- enfin, « ait été consulté » ne veut pas dire et n'a jamais voulu dire « ait signé quoi que ce soit ».

La personne de confiance citée dans cet article est prévue par l'article L. 1111-6 du code de la santé publique. Elle ne peut être nommée que par une personne majeure (qui n'est pas sous tutelle), et sa désignation ne lui confère aucun autre pouvoir (pas question d'en profiter pour lui confier les clés, le chéquier, d'exiger qu'elle gère l'argent de poche, ramasse le courrier ou signe le contrat de séjour) : « toute personne majeure peut désigner une personne de confiance qui peut être un parent, un proche ou le médecin traitant, qui sera consultée au cas où elle-même serait hors d'état d'exprimer sa volonté et de recevoir l'information nécessaire à cette fin ». Cette désignation se fait par écrit, elle est révocable à tout moment, et ne peut en aucun cas être imposée, et « si le malade le souhaite, la personne de confiance l'accompagne dans ses démarches et assiste aux entretiens médicaux afin de l'aider dans ses décisions ».

L'article L. 1111-4 du code de la santé publique a le mérite d'être long, progressif et précis : « le consentement du mineur ou du majeur sous tutelle doit être systématiquement recherché s'il est apte à exprimer sa volonté et à participer à la décision ».

S'il n'est pas « apte à exprimer sa volonté », la décision de le soigner ou de l'opérer, est donc une décision médicale : d'ailleurs « le médecin peut se dispenser d'obtenir le consentement du ou des titulaires de l'autorité parentale sur les décisions médicales à prendre lorsque le traitement ou l'intervention s'impose pour sauvegarder la santé d'une personne mineure, dans le cas où cette dernière s'oppose expressément à la consultation du ou des titulaires de l'autorité parentale afin de garder le secret sur son état de santé » (CSP, art. L. 1111-5).

On doit s'en remettre au droit commun, puisqu'aucun âge n'est précisé, et utiliser la notion de « discernement » établie par l'article 388-1 du code civil : le mineur « capable de discernement » peut s'opposer expressément à la consultation du ou des titulaires de l'autorité parentale afin de garder le secret sur son état de santé.

Une seule condition (la même que pour l'avortement d'une mineure) : le mineur se fait accompagner d'une personne majeure de son choix (et il n'est écrit nulle part que cette personne – qui peut être un éducateur, un animateur, etc. – doit signer quelque chose : elle n'autorise rien et ne se prononce pas, elle accompagne le mineur).

Le mineur pourrait donc s'opposer à la consultation de ses parents s'il entend garder le secret sur son état de santé, mais il ne pourrait pas, seul, accepter deux points de suture, bien qu'une mineure enceinte puisse consentir seule à son avortement, se faire prescrire un moyen de contraception ou délivrer une « pilule du lendemain », sans en informer ses parents ?

Le code de déontologie médicale précise qu'un « médecin appelé à donner des soins à un mineur ou à un majeur protégé doit s'efforcer de prévenir ses parents ou son représentant légal et d'obtenir leur consentement » (art. R. 4127-42 CSP) : « en cas d'urgence, même si ceux-ci ne peuvent être joints, le médecin doit donner les soins nécessaires », et, si « l'avis de l'intéressé peut être recueilli, le médecin doit en tenir compte dans toute la mesure du possible ». Le médecin « doit s'efforcer » : ce n'est donc pas indispensable, d'autant plus que « le médecin doit être le défenseur de l'enfant lorsqu'il estime que l'intérêt de sa santé est mal compris ou mal préservé par son entourage » (art. R. 4127-42 CSP).

Le contenu de l'article L. 1111-4 CSP s'accorde – concernant les majeurs placé en tutelle ou en curatelle – parfaitement avec l'article 458 du code civil : « l'accomplissement des actes dont la nature implique un consentement strictement personnel ne peut jamais donner lieu à assistance ou représentation de la personne protégée ».

Existe-t-il décisions plus « strictement personnelles » que celles concernant les soins et la santé ?

Il doit aussi s'articuler avec l'article 459 du code civil : « la personne protégée prend seule les décisions relatives à sa personne dans la mesure où son état le permet ». Lorsque son état ne lui permet pas de prendre seule « une décision personnelle éclairée », « le juge ou le conseil de famille, s'il a été constitué, peut prévoir qu'elle bénéficiera, pour l'ensemble des actes relatifs à sa personne ou ceux d'entre eux qu'il énumère, de l'assistance de la personne chargée de sa protection ». Le tuteur, investi de cette mission de « protection de la personne », sera alors peut-être amené à se prononcer sur les soins qui devront être dispensés (ce qui est un flagrant et intolérable non-respect du secret médical), mais il ne pourra toujours pas, « sauf urgence, sans l'autorisation du juge ou du conseil de famille s'il a été constitué, prendre une décision ayant pour effet de porter gravement atteinte à l'intégrité corporelle de la personne protégée ou à l'intimité de sa vie privée » (une opération porte atteinte à l'intégrité corporelle).

La personne chargée de la protection du majeur peut par contre prendre à son égard les mesures de protection strictement nécessaires pour mettre fin au danger que son propre comportement lui ferait courir, ce qui autorise de fait le tuteur, le curateur ou le mandataire à signer une demande de soins psychiatriques sans consentement (les SPSC ont remplacé récemment l'HO et l'HDT). Il doit en informer sans délai le juge, ou le conseil de famille s'il a été constitué.

Bien évidemment – et on peut s'en réjouir – « dans le cas où le refus d'un traitement par la personne titulaire de l'autorité parentale ou par le tuteur risque d'entraîner des conséquences graves pour la santé du mineur ou du majeur sous tutelle, le médecin délivre les soins indispensables » : l'enfant témoin de Jéhovah qui se vide de son sang sur la table d'opération devant des médecins désespérés et des infirmières éplorées est donc une légende urbaine (ou alors les médecins ont été poursuivis pour « refus de soins » (CSP, art. R. 4127-47) et pour « non-assistance à personne en péril » (CP, art. 223-6).

On peut maintenant s'interroger sur cette insistance du corps médical à exiger ce type d'autorisation, souvent présentée comme « une décharge », dont on peut affirmer sans crainte qu'elle ne sert absolument à rien.

Le Conseil de l'Ordre des médecins, sur son site Internet, dans ses « commentaires du code de déontologie », rappelle qu'un consentement écrit (autorisation d'opérer) est souvent demandé aux titulaires de l'autorité parentale « d'avance et systématiquement » (sous l'article 36 « consentement du malade »). Il estime que « cette méthode n'est pas satisfaisante, faute d'information sur l'intervention qui se révélerait ultérieurement nécessaire ; elle risque de dénaturer la confiance et de perturber d'emblée la relation normale entre les patients et le médecin », et ajoute « le consentement écrit n'a d'ailleurs pas une valeur juridique absolue ». Le médecin assumera seul – ou avec ses collègues – les conséquences d'une éventuelle issue tragique, d'un refus de soin ou d'une fin prématurée en cours d'intervention : l'autorisation ne décharge en rien sa responsabilité (une autorisation n'est jamais une décharge).

2. L'ADMINISTRATION DES MÉDICAMENTS DANS LES ESMS

Références juridiques

Articles L. 4161-1 et L. 5111-1 du code de la santé publique
Article R. 4311-4 du code de la santé publique
Avis 363.221 de la Section Sociale du Conseil d'État du 9 mars 1999
Article R. 4311-4 du code de la santé publique
Circulaire DGS/DAS 99-320 du 4 juin 1999 relative à la distribution des médicaments

Le cadre légal est limpide : le droit d'administrer des médicaments est réservé aux médecins, chirurgiens-dentistes, sages-femmes, infirmières et infirmiers (donc, aux puéricultrices).

Le rôle des aides-soignants, des auxiliaires de puériculture et des aides médico-psychologiques, est précisé par l'article R. 4311-4 du code de la santé publique : « lorsque les actes accomplis et les soins dispensés relevant de son rôle propre sont dispensés dans un établissement ou un service à domicile à caractère sanitaire, social ou médico-social, l'infirmier ou l'infirmière peut, sous sa responsabilité, les assurer avec la collaboration d'aides-soignants, d'auxiliaires de puériculture ou d'aides médico-psychologiques qu'il encadre et dans les limites de la qualification reconnue à ces derniers du fait de leur formation ».

Cette disposition entraîne plusieurs remarques :

- l'infirmier ou l'infirmière assure les soins avec la collaboration d'aides-soignants, d'auxiliaires de puériculture ou d'aides médico-psychologiques, ce qui signifie qu'il ou elle est présent(e) pour assurer les soins et encadrer ses collaborateurs ;
- les aides-soignants, auxiliaires de puériculture et aides médico-psychologiques participent aux actes infirmiers et aux soins dans les limites de la qualification, et ils ne sont pas qualifiés pour administrer les médicaments (ou alors en la présence de l'infirmier et sous sa responsabilité).

Toute autre personne (que les médecins, chirurgiens-dentistes, sages-femmes, infirmières et infirmiers) qui administre un médicament se rend coupable du délit d'exercice illégal de la médecine prévu par l'article L. 4161-1 du code de la santé publique : « exerce illégalement la médecine toute personne qui prend part habituellement ou par direction suivie, même en présence d'un médecin, à l'établissement d'un diagnostic ou au traitement de maladies, congénitales ou acquises, réelles ou supposées, par actes personnels, consultations verbales ou écrites ou par tous autres procédés quels qu'ils soient ». Il n'existe pas de liste de médicaments moins dangereux que l'on pourrait administrer sans risque : est considéré comme médicament « toute substance ou composition présentée comme possédant des propriétés curatives ou préventives à l'égard des maladies humaines ou animales, ainsi que toute substance ou composition pouvant être utilisée chez l'homme ou chez l'animal ou pouvant leur être administrée, en vue d'établir un diagnostic médical ou de restaurer, corriger ou modifier leurs fonctions physiologiques en exerçant une action pharmacologique, immunologique ou métabolique » (CSP, art. L. 5111-1, extrait). Il est donc impossible d'utiliser désinfectant, crème, baume, pommade (etc.), il faut se contenter d'eau tiède et de savon (sans parfum ni colorant).

Il paraît difficile d'imaginer que le droit d'administrer des médicaments sera un jour reconnu aux encadrants : il serait trop dangereux d'ouvrir – même timidement – l'exercice de la médecine à des professionnels sans formation (et que pourrait-on leur accorder ensuite ? des ATSEM, des EJE et des auxiliaires de puériculture se sont retrouvées avec des injections intra-rectales de Valium à faire en cas de convulsions fébriles : n'est-ce pas mettre l'enfant en danger que de déléguer cet acte, loin d'être anodin, à des professionnels dont ce n'est pas le métier ?).

Il paraît tout aussi difficile d'imaginer que les autorités de tutelle exigent soudain la présence, dans chaque structure, crèche, centre de loisirs, foyer, d'une infirmière ou d'un médecin (en raison du coût, du peu de diplômés à la recherche d'un emploi) : elles prennent même le chemin inverse, en autorisant par exemple les éducateurs de jeunes enfants à diriger des structures d'accueil de la petite enfance (l'absence de puéricultrices aggrave le problème, et limite – voir plus haut – l'action des auxiliaires de puériculture).

a Une avalanche de textes alambiqués

Les pouvoirs publics ont donc décidé de noyer le poisson en jouant sur les mots, et en organisant la pénurie (sur le mode « dites-nous de quoi vous avez besoin, on vous expliquera comment vous en passer »).

Tout commence avec l'avis 363.221 de la Section sociale du Conseil d'État du 9 mars 1999, qui se prononce sur la « distribution » des médicaments. Il estime qu'elle peut recouvrir trois situations distinctes, et précise que « la vérification de la prise, la surveillance de ses effets et son administration directe » entrent « dans le domaine » de l'exercice illégal de la médecine, alors qu'aider un malade « empêché temporairement ou durablement d'accomplir les gestes nécessaires » à « prendre des médicaments qui lui sont prescrits » n'entre pas « dans le domaine des actes de nature proprement médicale ». La circulaire DGS/DAS 99-320 du 4 juin 1999 s'engouffre dans la brèche et crée la notion d'aide à la prise de médicaments. Elle précise que ce n'est pas un acte relevant de l'exercice illégal de la médecine « lorsque la prise du médicament est laissée par le médecin prescripteur à l'initiative d'une personne malade capable d'accomplir seule, et lorsque le mode de prise, compte tenu de la nature du médicament, ne présente pas de difficultés particulières ni ne nécessite un apprentissage ». Elle ajoute : « lorsque la prise du médicament ne peut s'analyser comme une aide à la prise apportée à une personne malade [...], elle relève de la compétence des auxiliaires médicaux habilités à cet effet ». Donc, si l'enfant (la personne handicapée, âgée...) est capable de prendre son traitement lui-même, le professionnel qui l'aide à accomplir les actes de la vie courante peut l'aider (rappeler l'heure, sécuriser la conservation, etc.), mais, si l'enfant n'a pas la capacité de prendre seul son traitement (il est trop jeune, déficient, immobilisé, parce que la prise exige une préparation, une injection, etc.), seul un professionnel de santé peut le lui administrer. Voilà pourquoi, dans les crèches, on trouve des puéricultrices : les enfants sont trop jeunes pour prendre seuls les traitements qui leur sont prescrits. Lorsqu'ils seront scolarisés, ce sera envisageable. D'ailleurs, l'Éducation nationale prévoit que « dans certaines pathologies, selon l'âge et l'autonomie de l'enfant, il est conseillé qu'il possède, sur lui, le ou les médicaments dont il peut avoir besoin en urgence » (circulaire 2003-135 du 8 septembre 2003, accueil en collectivité des enfants atteints de troubles de santé).

De nombreuses questions parlementaires ont été posées, sur ce sujet, par les députés et les sénateurs, aux ministres concernés : toutes les réponses vont dans le même sens, « l'aide à la prise du médicament est considérée comme un acte de la vie courante », mais aucune n'aborde les délicates questions de la responsabilité et du secret médical...

L'article L. 313-26 du code de l'action sociale et des familles (modifié par la récente loi HPST) dispose : « au sein des établissements et services [...], lorsque les personnes ne disposent pas d'une autonomie suffisante pour prendre seules le traitement prescrit par un médecin à l'exclusion de tout autre, l'aide à la prise de ce traitement constitue une modalité d'accompagnement de la personne dans les actes de sa vie courante » (le traitement doit être prescrit par un médecin : cela exclut donc les antipyrétiques et les antidouleurs distribués à la demande...). Il continue : « l'aide à la prise des médicaments peut, à ce titre, être assurée par toute personne chargée de l'aide aux actes de la vie courante dès lors que, compte tenu de la nature du médicament, le mode de prise ne présente ni difficulté d'administration ni d'apprentissage particulier » : il parle bien d'aide à la prise, pas d'administration, puisque le Conseil d'État, en 1999, a bien précisé que l'administration directe entrait « dans le domaine » de l'exercice illégal de la médecine.

Il a également affirmé le contraire (décision 233939 du 22 mai 2002) – on peut le regretter – c'est-à-dire que « la distribution et l'aide à la prise de médicaments étaient des actes de la vie courante ne relevant pas seulement du personnel soignant » (dans le cadre de la contestation par un aide-soignant qui avait refusé d'administrer des médicaments de la sanction disciplinaire qui lui avait été infligée). Le TGI de Nancy a également considéré, le 13 mars 2006, « que l'aide à la prise de médicaments est considérée comme un acte de la vie courante lorsque le mode de prise, compte tenu de la nature du médicament ne nécessite pas un apprentissage particulier du TGI » et que « les éducateurs, moniteurs et aides médico-psychologiques employés dans les établissements sont des personnes chargées de l'aide aux actes de la vie courante ».

En tout état de cause, le professionnel qui administre un médicament en assumera seul, à titre personnel, l'entière responsabilité, civile et pénale : on ne lui reprochera bien sûr jamais d'avoir administré un traitement prescrit par un médecin, s'il y était dûment autorisé, on lui reprochera de l'avoir « mal » donné, au mauvais moment, de s'être trompé dans la posologie ou, pire, d'avoir reproduit l'erreur d'un autre professionnel (l'infirmière s'est trompée en préparant le pilulier, l'éducateur ne donne donc pas les « bons » médicaments, mais il en assume la responsabilité). Le professionnel qui administre sera le seul responsable d'éventuelles conséquences dramatiques, c'est la stricte application du mécanisme des responsabilités civile et pénale.

3. LA RÉACTION FACE AUX URGENCES MÉDICALES

Références juridiques

Circulaire MEN 2003-135 du 8 septembre 2003 relative à l'accueil en collectivité des enfants atteints de troubles de santé

Les PAI (protocoles d'accueil individualisé) sont destinés à permettre l'accueil, à l'école ou ailleurs, d'enfants malades ou allergiques. Leur contenu est détaillé dans la circulaire MEN 2003-135 du 8 septembre 2003 relative à l'accueil en collectivité des enfants atteints de troubles de santé. Les PAI sont des documents médicaux. Ils doivent être conservés sous pli cacheté, et sont « couverts » par le secret dit « médical », ils ne sont donc pas accessibles aux personnes qui ne sont pas astreintes à ce secret médical, qui n'ont bien évidemment pas à les signer. La circulaire précise que le PAI « organise, dans le respect des compétences de chacun et compte tenu des besoins thérapeutiques de l'enfant ou de l'adolescent, les modalités particulières de la vie quotidienne dans la collectivité et fixe les conditions d'intervention des partenaires [...] ; sont notamment précisés les conditions des prises de repas, interventions médicales, paramédicales ou de soutien, leur fréquence, leur durée, leur contenu, les méthodes et les aménagements souhaités ». Elle évoque « les interventions médicales ou paramédicales », mais pas la possibilité que des traitements soient administrés par l'équipe pédagogique : les directives du ministère de l'Éducation nationale sont claires, il est interdit aux enseignants d'administrer le moindre médicament. Elle explique que

« l'ordonnance signée du médecin qui suit l'enfant dans le cadre de sa pathologie est adressée sous pli cacheté au médecin de l'institution ou désigné par la collectivité d'accueil, et mise à jour en fonction de l'évolution de la maladie, en concertation étroite avec, selon le cas, le médecin scolaire, de la PMI, ou le médecin et l'infirmier(ière) de la collectivité d'accueil ; selon la nature du trouble de santé, il appartient au médecin prescripteur d'adresser au médecin de la collectivité, avec l'autorisation des parents, l'ordonnance qui indique avec précision le médicament qu'il convient d'administrer : nom, doses et horaires ; la prescription ou non d'un régime alimentaire ». Elle précise que « c'est à partir de ces éléments que le PAI sera rédigé avec le médecin qui y associera l'infirmier(ière) désigné(e) de la collectivité : le protocole d'urgence est joint dans son intégralité au PAI ».

Ce texte est extrêmement clair : tout se passe entre professionnels de santé.

Le protocole d'urgence (ou protocole d'intervention) est nominatif. Il décrit les signes d'appel, les symptômes visibles, les mesures à prendre pour assurer la mise en sécurité de l'enfant ou l'adolescent, les médecins à joindre, les permanences téléphoniques accessibles et les éléments d'information à fournir aux services d'urgence pour une compréhension efficace du problème. Il est signé par le médecin prescripteur et adressé au médecin de la collectivité.

Il existe dans chaque département un SAMU (service d'aide médicale urgente) joignable 24 heures sur 24 sur la quasi-totalité du territoire par le numéro d'appel 15 ou le 112 (le 112 sur les téléphones mobiles) : le médecin régulateur aide à évaluer la gravité de la situation, donne son avis et des conseils pour prendre les mesures d'urgence. On lui lit le contenu du protocole d'urgence (ou protocole d'intervention), conservé sous pli cacheté, qui contient trois parties : maladie éventuelle (le cas échéant), traitement en cours (le cas échéant) et allergies médicamenteuses (si nécessaire). Le médecin régulateur pourra dépêcher une équipe médicale hospitalière avec véhicule de réanimation, ou envoyer une ambulance pour transporter le malade vers un centre hospitalier (il est donc fortement recommandé de disposer d'une ligne téléphonique permettant de contacter le SAMU). Le médecin régulateur pourra aussi autoriser la prise d'un médicament, ou la mise en place du protocole d'urgence (traitement conservé préventivement par la structure en cas de réaction allergique, de convulsions, etc.) : quoi qu'il décide, il décharge la responsabilité du professionnel (ce n'est pas le cas du médecin de PMI, du médecin de famille, ou de la directrice de crèche, etc.).

L'absence de dispositions permettant d'alerter rapidement les secours (pas de protocoles, pas de ligne téléphonique, pas d'information et de formation suffisantes du personnel) est susceptible, si elle a pour conséquence de retarder ou de ne pas provoquer l'arrivée des secours, d'être retenue comme élément constitutif des incriminations de mise en danger délibérée de la vie d'autrui (CP, art. 121-3), ou de non-assistance à personne en péril (CP, art. 223-6).

a La non-assistance à personne en péril

La non-assistance à personne en péril (et non en danger) est un délit prévu par l'article 223-6 du code pénal ne s'applique que si « quiconque pouvant empêcher par son action immédiate, sans risque pour lui ou pour les tiers, soit un crime, soit un délit contre l'intégrité corporelle de la personne, s'abstient volontairement de le faire ».

Elle est punie « de cinq ans d'emprisonnement et de 75 000 euros d'amende ».

Elle concerne également « quiconque s'abstient volontairement de porter à une personne en péril l'assistance que, sans risque pour lui ou pour les tiers, il pouvait lui prêter soit par son action personnelle, soit en provoquant un secours » : l'action doit être réalisée sans risques, c'est-à-dire dans la limite des compétences de celui qui intervient.

La vulnérabilité de l'usager

6

Références juridiques

Article 434-3 du code pénal
Article 226-14 du code pénal
Article L. 226-4 du code de l'action sociale et des familles

La personne vulnérable est définie comme un mineur de quinze ans ou une personne qui n'est pas en mesure de se protéger en raison de son âge, d'une maladie, d'une infirmité, d'une déficience physique ou psychique ou d'un état de grossesse (CP, art. 434-3). Il est indispensable que cette particulière vulnérabilité soit apparente ou connue de l'auteur : cette précision apparaît dans différents articles du code pénal (exemple CP, art. 222-29).

La vulnérabilité est physique ou psychique, objective (l'âge, la grossesse) ou subjective (elle est alors laissée à l'appréciation des magistrats et des experts, psychologues ou psychiatres).

1. LA VULNÉRABILITÉ A QUATRE CONSÉQUENCES PRINCIPALES

La vulnérabilité est une circonstance aggravante qui permet au parquet (le service dirigé par le procureur de la République, qui exerce la mission de ministère public) de requérir une peine plus lourde à l'encontre de celui qui s'en est pris à une personne vulnérable (agression physique ou sexuelle, vol, escroquerie, abus de faiblesse, etc.).

La vulnérabilité est une circonstance atténuante qui pourra être invoquée par l'auteur des faits, s'il peut prouver qu'il était atteint au moment des faits, d'un trouble psychique ou neuropsychique ayant aboli son discernement ou le contrôle de ses actes : il pourra être considéré pénalement irresponsable (CP, art. 122-1), mais restera civilement responsable de ses actes, puisque celui qui a causé un dommage à autrui alors qu'il était sous l'empire d'un trouble mental n'en est pas moins obligé à réparation (CC, art. 414-3).

Un majeur protégé peut se prévaloir de cette irresponsabilité pénale devant une juridiction, puisqu'il a été placé sous un régime de protection en raison d'une altération, médicalement constatée, soit de ses facultés mentales, soit de ses facultés corporelles de nature à empêcher l'expression de sa volonté (CC, art. 425).

La vulnérabilité permet la mise en place de mesures de protection : toutes les personnes vulnérables n'ont pas vocation à être protégées (il n'est ni envisageable, ni souhaitable, de mettre sous tutelle toutes les personnes âgées et toutes les femmes enceintes), mais toutes les personnes protégées peuvent être considérées comme vulnérables. Les mesures de protection des majeurs (sauvegardes, curatelles, tutelles), les soins psychiatriques sans consentement (qui ont remplacé l'hospitalisation d'office et l'hospitalisation à la demande d'un tiers) ou l'assistance éducative (protection des mineurs) sont destinées à protéger les personnes les plus vulnérables, comme la minorité, statut liberticide et protecteur dont bénéficient tous les enfants de moins de dix-huit ans (ou de moins de seize ans en cas d'émancipation).

La vulnérabilité de la victime permet l'engagement des poursuites sans plainte : il est donc indispensable (c'est même une obligation légale) que la situation soit signalée au procureur de la République, de manière suffisamment détaillée et argumentée pour qu'il l'appréhende dans sa globalité. Si la victime n'est pas vulnérable, aucune action judiciaire ou policière ne sera menée tant qu'elle ne portera pas plainte.

2. LES PERSONNES VULNÉRABLES

Quand elle est psychique, la vulnérabilité pallie à l'absence ou à l'altération du discernement (le discernement a été introduit dans le droit par le code criminel de 1791, qui le définit comme « la faculté que possède une personne de savoir si un acte accompli par elle est bon ou mauvais, susceptible ou non de punition »). La vulnérabilité pallie également au manque d'autonomie : un mineur ne peut pas déposer plainte (il est civilement incapable jusqu'à sa majorité civile, ou son émancipation), ou quitter le domicile familial, et, moins il est âgé, plus il lui est difficile de se faire entendre, et d'obtenir de l'aide : c'est pour cela que le procureur peut se substituer à lui, et agir contre sa volonté.

La personne vulnérable n'est pas en mesure de se protéger : il est nécessaire que l'âge, l'infirmité ou la maladie, et leurs conséquences physiques ou psychiques, empêchent, ou aient empêché, la victime de se protéger (ce sera à l'enquête de l'établir, mais cela devra être argumenté dans un éventuel signalement). Une personne en fauteuil roulant qui possède toutes ses facultés mentales peut être considérée comme physiquement vulnérable, mais se retrouver dans un fauteuil roulant n'implique pas une abolition du discernement.

Le mineur de quinze ans est de droit considéré comme vulnérable : il n'est pas nécessaire d'établir qu'il n'était *pas en mesure de se protéger* au moment des faits. Il conviendra par contre d'expliquer – dans un éventuel signalement – en quoi leur âge ne permettait pas à des mineurs de seize à dix-huit ans de se protéger (seize ans est l'âge de l'émancipation, de la fin de la jouissance des biens de l'enfant par ses parents, donc, d'une certaine autonomie).

3. LE SIGNALEMENT D'UNE PERSONNE VULNÉRABLE EN DANGER

C'est une obligation légale : pour les mineurs en danger ou en risque de l'être, le courrier doit être adressé au président du conseil général (autorité administrative), ou au procureur de la République (autorité judiciaire), si la gravité de la situation le justifie (art. L. 226-4 CASF). Il est systématiquement adressé au procureur de la République si la personne vulnérable est majeure. Cette obligation impose à quiconque ayant eu connaissance de privations, de mauvais traitements ou d'atteintes sexuelles infligés à une personne vulnérable : il encourt à défaut une peine de trois ans d'emprisonnement et de 45 000 euros d'amende (art. 434-3 CP).

Le médecin qui, dans l'exercice de sa profession, constate des sévices ou privations [...], sur le plan physique ou psychique [...] qui lui permettent de présumer que des violences physiques, sexuelles ou psychiques de toute nature ont été commises (art. 226-14 CP) a pour seul interlocuteur le procureur de la République, s'il ne veut pas violer le secret professionnel, mais il a besoin de l'accord de la victime, sauf lorsque la victime est un mineur ou une personne qui n'est pas en mesure de se protéger en raison de son âge ou de son incapacité physique ou psychique (donc, une personne vulnérable).

Le procureur de la République est aussi l'interlocuteur privilégié du fonctionnaire qui dans l'exercice de ses fonctions, acquiert la connaissance d'un crime ou d'un délit (art. 40 CPP) : il est tenu d'en donner avis sans délai au procureur de la République et de transmettre à ce magistrat tous les renseignements, procès-verbaux et actes qui y sont relatifs. Cet article autorise clairement les fonctionnaires des trois fonctions publiques à s'affranchir de leur hiérarchie pour contacter directement le procureur de la République, sans que cela puisse leur être reproché : maltraiter une personne vulnérable est tout au moins un délit, parfois un crime.

L'autorité parentale

7

Références juridiques

Loi 70-459 du 4 juin 1970 relative à l'autorité parentale (applicable au 1er janvier 1971)

Loi 85-1372 du 23 décembre 1985 relative à l'égalité des époux dans les régimes matrimoniaux et des parents dans la gestion des biens des enfants mineurs

Loi 87-570 du 22 juillet 1987 sur l'exercice de l'autorité parentale

Loi 93-22 du 8 janvier 1993 modifiant le code civil relative à l'état civil, à la famille et aux droits de l'enfant et instituant le juge aux affaires familiales

Loi 96-604 du 5 juillet 1996 relative à l'adoption (Chapitre III : Retrait total ou partiel de l'autorité parentale)

Loi 2002-305 du 4 mars 2002 relative à l'autorité parentale

Ordonnance n° 2005-759 du 4 juillet 2005 portant réforme de la filiation

Articles 371 à 374-2 du code civil (autorité parentale)

Articles 376 à 381 du code civil (délégation suspension et retrait)

Articles 382 à 387 du code civil (les biens de l'enfant)

L'autorité parentale est le pivot du droit de la famille : tout professionnel de l'enfance, de la petite enfance, de l'éducation et de la jeunesse doit en maîtriser les subtilités pour inscrire son intervention dans la légalité, pour respecter les droits de l'enfant et les droits de chacun de ses deux parents.

Le droit de la famille fait partie du droit civil, qui a pour mission d'organiser le fonctionnement de la famille : il suit l'évolution de chaque individu de sa naissance à son décès, les événements de la vie civile (la naissance, l'adoption plénière, le mariage, le décès) entraînent la rédaction d'actes d'état civil intégrés à des registres d'état civil tenus en mairie en double exemplaire original, ou sont inscrits en marge de ceux-ci (le divorce, le changement de nom, l'adoption simple, la mise sous curatelle ou tutelle).

Lorsque l'autorité parentale est défaillante, l'enfant est considéré « en danger ou en risque de l'être », et a vocation à être protégé.

La majorité et l'émancipation de l'enfant mettent un terme à l'autorité parentale.

1. L'AUTORITÉ PARENTALE : BREF HISTORIQUE

Le code civil promulgué le 21 mars 1804 (il sera cinquante ans plus tard surnommé « code Napoléon » par Napoléon III) reprend le principe de la « puissance paternelle » (*patria potestas*) héritée du droit romain.

Il organise la famille autour du « chef de famille » (*pater familias*) dont les enfants portent le nom (le nom patronymique, qui a disparu le 1er janvier 2005 : il a été remplacé par le nom de famille) : l'obéissance au père (qui dispose du droit de correction paternelle et du droit de correction maritale) est le socle de la société, elle correspond au respect dû à l'autorité qui gouverne le pays (la patrie est la terre du père, on donne sa vie pour elle).

La fille est sous la tutelle de son père (elle a besoin, à vie, de son accord pour se marier), la femme est sous la tutelle de son mari.

Les femmes disposent de l'autorité paternelle en l'absence du mari (pas de la puissance, mais de l'autorité, qui n'est ni maternelle, ni parentale), pour la durée de la première guerre mondiale (loi du 3 juin 1915).

Le 4 juin 1970, la puissance paternelle est remplacée par l'autorité parentale conjointe, dans les familles légitimes (quand papa est marié avec maman), mais, dans les familles naturelles (quand papa n'est pas marié avec maman), ou après un divorce, un seul des deux parents dispose de l'autorité parentale. Le père n'est plus le « chef de famille ».

Le 11 juillet 1975, la réforme du divorce met les époux à égalité, l'adultère est dépénalisé, et l'autorité parentale est attribuée à celui qui a obtenu la garde de l'enfant.

Le 21 mars 1983 et le 2 mai 1984, deux arrêts de la 2e chambre civile de la Cour de cassation interdisent la garde alternée, mais certains juges continuent néanmoins à la prononcer, lorsque les deux parents sont d'accords (la garde alternée n'a jamais légalement existé : la résidence alternée actuellement en vigueur est apparue le 2 mars 2002).

Le 23 décembre 1985, la loi autorise les père et mère à exercer conjointement l'administration légale des biens de leur enfant : l'article 383 du code civil est modifié (l'ancien prévoyait que « l'administration légale est exercée par le père avec le concours de la mère »).

Le 22 juillet 1987, la loi dite « Malhuret » (Claude Malhuret a été secrétaire d'État chargé des droits de l'Homme de 1986 à 1988) attribue l'autorité parentale conjointe à tous les parents, mariés, non-mariés, séparés ou divorcés, dans la logique de « substituer le couple parental au couple conjugal ».

Le 8 janvier 1993 : le juge aux affaires matrimoniales est symboliquement remplacé par le juge aux affaires familiales (JAF), le juge de « toutes les familles » (même non mariées), l'autorité parentale et l'exercice de l'autorité parentale sont séparés (on peut avoir l'un sans avoir l'autre) et le JAF se voit attribuer la compétence exclusive de l'exercice de l'autorité parentale (que le juge des enfants ne peut ni modifier, ni aménager).

La loi fait disparaître la notion de « garde de l'enfant » qu'elle remplace par la « résidence principale de l'enfant » afin de respecter l'égalité entre les parents : aucune disposition légale ne précise que l'exercice de l'autorité parentale est limité par le droit de visite et d'hébergement établi lors d'un divorce, d'une séparation, il devient donc purement indicatif.

Le 5 juillet 1996, la déchéance de l'autorité parentale, jugé trop infâmante, est remplacée par le retrait de l'autorité parentale, qui peut être prononcé, à titre exceptionnel, par le tribunal de grande instance (TGI), la Cour d'assises ou le tribunal correctionnel (CC, art. 378 et 378-1).

Le 30 décembre 1996, le Parlement adopte une résolution du parlement des enfants qui proclame que « l'enfant ne doit pas être séparé de ses frères et sœurs, sauf si cela n'est pas possible ou si son intérêt commande une autre solution » (CC, art. 371-5).

Le 4 mars 2002, l'égalité entre le père et la mère est définitivement consacrée : la « résidence principale » de l'enfant est remplacée par la « résidence habituelle de l'enfant », et le dernier terme employé de « garde » utilisé disparaît (les parents ont droit et devoir de garde, de surveillance et d'éducation), une nouvelle définition de l'autorité parentale voit le jour (code civil, art. 371-1), elle s'exerce désormais dans « l'intérêt de l'enfant ».

Le 4 mars 2002, une autre loi (applicable au 1er janvier 2005) permet aux parents (mariés, pacsés, concubins, célibataires, etc.) d'attribuer à leur enfant le nom de famille de leur choix (le nom du père, de la mère ou des deux, accolé dans n'importe quel ordre).

2. L'AUTORITÉ PARENTALE ET SON EXERCICE S'ACQUIÈRENT PAR L'ÉTABLISSEMENT DE LA FILIATION

La filiation est le lien juridique qui relie l'enfant à ses parents : la filiation paternelle le relie à son père, la filiation maternelle, à sa mère. Les règles de la filiation conditionnent l'acquisition de l'autorité parentale et de son exercice. La réforme du 4 juillet 2005 (applicable au 1er juillet 2006) a fait disparaître les termes de filiation légitime et naturelle, mais l'autorité parentale et son exercice s'acquièrent toujours de manière différente si les parents sont mariés entre eux, ou non.

Il existait quatre types de filiation avant la réforme du 4 juillet 2005 :

- la filiation légitime (enfant né ou conçu pendant le mariage de ses parents entre eux) ;
- la filiation naturelle (enfant né de parents non mariés entre eux) ;
- la filiation adoptive (créée artificiellement par jugement) ;

- la filiation par procréation médicalement assistée (depuis 1994).

Il existe trois modes d'établissement de la filiation depuis la réforme du 4 juillet 2005 :

- par l'effet de la loi (elle correspond à l'ancienne filiation légitime quand elle concerne les couples mariés, elle permet l'établissement de la filiation maternelle quand elle concerne les parents non mariés entre eux) ;
- par démarche volontaire (elle s'effectue par la reconnaissance volontaire et concerne alors surtout le père non marié avec la mère, ou par la possession d'état constatée par un acte de notoriété) ;
- par la justice (elle peut être établie devant le tribunal de grande instance, par substitution, adjonction ou création, comme la recherche en paternité ou en maternité naturelle).

Lorsque les parents sont mariés entre eux, le mari est automatiquement considéré comme le père de l'enfant à qui son épouse donne naissance, selon le principe de la présomption de paternité (CC, art. 312). La déclaration de naissance (faite dans les trois jours qui suivent l'accouchement à la mairie du lieu de naissance) donne à la mère l'autorité parentale et son exercice, elle donne au mari de la mère, considéré comme le père, l'autorité parentale et son exercice : les parents mariés se retrouvent donc, dès la naissance, tous les deux titulaires de l'autorité parentale et de son exercice. La présomption de paternité peut être écartée « lorsque l'acte de naissance de l'enfant ne désigne pas le mari en qualité de père » (CC, art. 313) : rien n'empêche une femme mariée d'accoucher en demandant que l'état civil de son mari ne soit pas enregistré (on dit qu'elle accouche « sous son nom de jeune fille »). Elle peut également être écartée en cas de séparation de corps.

Le pacte civil de solidarité (PACS) et le concubinage n'ont aucune incidence sur la filiation et sur l'acquisition de l'autorité parentale : les pacsés et les concubins sont aux yeux de la loi des célibataires (comme les veufs, les veuves et les divorcées). Le divorce et la séparation n'ont aucune incidence sur l'autorité parentale et sur son exercice (CC, art. 373-2).

Le père biologique de l'enfant (le géniteur) peut aussi le reconnaître (si ce n'est pas le mari) : l'enfant naît alors de parents non mariés entre eux.

Lorsque les parents ne sont pas mariés entre eux, « la filiation est établie, à l'égard de la mère, par la désignation de celle-ci dans l'acte de naissance de l'enfant » (CC, art. 311-25) : elle n'a donc plus besoin de reconnaître qu'elle est la mère de son enfant (depuis le 1er juillet 2006). Elle devait auparavant le reconnaître, dès la conception et sans délai : la déclaration de naissance lui attribuait l'autorité parentale, et la reconnaissance, l'exercice, à condition qu'elle reconnaisse l'enfant avant ses un an (sinon, elle devait saisir le JAF pour qu'il lui attribue ou non l'exercice). Le père doit toujours reconnaître être le père de son enfant pour que la filiation soit établie à son égard : aucun lien officiel ne le rattache à la mère (elle accouche, ce qui rend indiscutable sa maternité) et donc, à l'enfant. Il peut le reconnaître dès la conception, et sans délai (il lui faudra saisir le JAF pour obtenir l'exercice si l'enfant a plus d'un an), dans n'importe quelle mairie de France, dans n'importe quel tribunal d'instance ou de grande instance, dans n'importe quel ambassade ou consulat de France à l'étranger, devant n'importe quel notaire. Il n'a besoin d'aucune preuve : la reconnaissance est déclarative. Un mineur peut reconnaître sa paternité ou sa maternité, il peut déclarer seul la naissance de son enfant, un majeur sous curatelle et sous tutelle également (CC, art. 358).

La mère peut forcer le père à reconnaître sa paternité durant toute la minorité de l'enfant en engageant une action en recherche de paternité (CC, art. 328) devant le tribunal de grande instance. L'action est également ouverte à l'enfant (art. 327), qui dispose alors d'un délai de dix ans (CC, art 321). L'action peut-être exercée contre le prétendu parent ou contre ses héritiers (idem). Il existe également une action en recherche de maternité (CC, art. 325) qui est désormais admise même si la mère a demandé lors de l'accouchement que son anonymat soit préservé : il appartient à l'enfant de « prouver qu'il est celui dont la mère prétendue a accouché » (par tout moyen). Il existe également une action à fins de subsides qui permet que le géniteur assume la responsabilité pécuniaire de l'enfant sans être considéré comme le père (voir plus bas).

La filiation peut être contestée devant le tribunal de grande instance : la maternité peut être contestée en apportant la preuve que la mère n'a pas accouché de l'enfant, la paternité peut être contestée en apportant la preuve que le mari ou l'auteur de la reconnaissance n'est pas le père.

S'il existe entre les père et mère de l'enfant un « empêchement à mariage pour cause de parenté » (c'est la définition légale de l'inceste), la filiation ne peut être établie qu'à l'égard d'un seul de ses deux parents : il est interdit de l'établir à l'égard de l'autre, par quelque moyen que ce soit (CC, art. 310-2). Les « empêchements à mariage pour cause de parenté » sont détaillés dans le code civil (art. 161 à 164).

3. L'AUTORITÉ PARENTALE ET SON EXERCICE : DEUX NOTIONS COMPLÉMENTAIRES ET DISSOCIABLES

L'autorité parentale appartient aux parents (code civil, art. 371-1), et seulement aux parents : personne d'autre ne peut en être titulaire, même provisoirement, même si les parents sont décédés ou privés de leur autorité parentale, hors le cas d'une adoption (les parents adoptifs sont titulaires de l'autorité parentale et de son exercice, en adoption simple et en adoption plénière). L'autorité parentale établit la parentalité, qui n'est pas un terme juridique, elle est virtuelle : un parent titulaire de l'autorité parentale ne peut rien en faire, signer, autoriser, inscrire son enfant sont des prérogatives réservées aux titulaires de l'exercice de l'autorité parentale.

L'exercice de l'autorité parentale permet d'exercer l'autorité parentale : ces deux notions complémentaires sont dissociables (on peut avoir un sans avoir l'autre), elles recouvrent des réalités différentes : un enfant mineur peut vivre sans titulaire de l'autorité parentale (il n'a pas de parents), mais il ne peut pas vivre sans titulaire de l'exercice de l'autorité parentale.

Les deux parents sont en général titulaires de l'autorité parentale et de son exercice.

Ils sont donc « à égalité » quelle que soit leur situation de couple (mariés, séparés, divorcés, concubins, etc.), et la double signature n'est jamais obligatoire.

Chaque parent peut faire seul « un acte usuel de l'autorité parentale » relatif à la personne de l'enfant (CC, art. 372-2), c'est-à-dire un acte « qui ne rompt pas avec le passé de l'enfant quand il engage son avenir » : l'accord de l'autre est présumé.

Celui qui n'a pas l'exercice, mais qui s'occupe de l'enfant (tiers, tuteur, beau-père, foyer dans lequel l'enfant est placé, famille d'accueil) ne peut accomplir que « les actes usuels relatifs à sa surveillance et à son éducation » (CC, art. 373-4), qu'il ne faut pas confondre avec les actes usuels de l'autorité parentale, réservés aux titulaires de l'exercice.

L'exercice de l'autorité parentale peut être suspendu par le JAF (CC, art. 373), avec ou sans l'accord des parents : il est suspendu de manière provisoire, mais le provisoire peut durer jusqu'à la majorité de l'enfant.

Il peut également être délégué par le JAF, avec (CC, art. 377) ou sans (CC, art. 377-1) l'accord des parents, à un tiers (personne physique) ou à l'aide sociale à l'enfance (CC, art. 377-1) : il est délégué de manière provisoire, mais le provisoire peut durer jusqu'à la majorité de l'enfant.

Le juge des enfants n'a aucune compétence en suspension ou délégation de l'exercice : le JAF en a la compétence exclusive. En cas de placement décidé par le juge des enfants, l'autorité parentale continue donc à être exercée par les parents (CC, art. 373-4).

Le parent qui est privé de son exercice conserve néanmoins « le droit et le devoir de surveiller l'entretien et l'éducation de l'enfant », et « il doit être informé des choix importants relatifs à la vie de ce dernier » (CC, art 373-2-1). Il doit aussi respecter son obligation alimentaire (CC, art. 371-2).

4. L'AUTORITÉ PARENTALE EST UN ENSEMBLE DE DROITS, DE DEVOIRS ET D'OBLIGATIONS

Les parents ont des droits et des devoirs (subjectifs), mais aussi des obligations et des interdictions (objectives) : exercer ses droits et ses devoirs n'est jamais obligatoire, mais celui qui ne respecte pas ses obligations s'expose à une sanction pénale.

a L'obligation scolaire

La scolarité est un droit pour les enfants, et une obligation pour leurs parents, « entre six ans et seize ans » (code de l'éducation, art. L. 131-1), l'instruction peut être donnée dans des établissements scolaires, publics ou privés, ou « dans les familles, par les parents, ou l'un d'entre eux, ou toute personne de leur choix » (code de l'éducation, art. L. 131-2). Le non-respect de l'obligation scolaire est un délit qui peut être sanctionné de « six mois d'emprisonnement et de 7 500 euros d'amende » (CP, art. 227-17-1).

b L'obligation alimentaire

Les obligations alimentaires naissent du mariage ou de la filiation (entre les époux, entre l'époux ou l'épouse et ses beaux-parents, entre les ascendants et les descendants), elles sont réciproques, proportionnelles et révisables. L'obligation alimentaire des parents envers leurs enfants « ne cesse pas de plein droit lorsque l'enfant est majeur » (CC, art. 371-2) : la jurisprudence suggère qu'elle ne perdure que si l'enfant est étudiant, et qu'elle cesse entre 24 et 26 ans. L'obligation alimentaire prend parfois la forme d'une « contribution à l'entretien et à l'éducation de l'enfant », versée par un parent à celui chez qui l'enfant a sa « résidence habituelle ». Il existe aussi une pension alimentaire qui peut être versée par l'un des époux à l'autre pendant le mariage : c'est la méconnue contribution aux charges du mariage (CC, art. 214). Le non-respect de l'obligation alimentaire décidée par un tribunal est un délit qualifié d'abandon de famille puni de « deux ans d'emprisonnement et de 15 000 euros d'amende » (CC, art. 227-3).

c L'obligation vaccinale

Les vaccinations obligatoires, qui doivent être pratiquées « sauf contre-indication médicale reconnue » sont les vaccinations antidiphtérique et antitétanique (CSP, art. L. 3111-2) et antipoliomyélitique (CSP, art. L. 3111-3). Si les parents n'en justifient pas et qu'il n'existe aucune contre-indication médicale, « les vaccinations obligatoires sont effectuées dans les trois mois de l'admission » (CSP, art. R. 3111-17) de l'enfant en collectivité (école, crèche). Le président du conseil départemental peut en informer le procureur de la République (CSP, art. R. 3111-2) qui pourra requérir « l'amende prévue pour les contraventions de 5e classe » (d'un maximum de 1 500 euros) à l'encontre des « personnes titulaires de l'autorité parentale ou qui ont la charge de la tutelle d'un mineur » qui n'ont pas respecté ces obligations vaccinales (CSP, art. R. 3116-2). Seul un médecin ou une infirmière peuvent vérifier la situation de l'enfant au regard des vaccinations obligatoires, dont les parents doivent justifier lors de l'inscription scolaire (CSP, art. R. 3111-17). Le code de la santé publique est formel : « nul ne peut exiger la communication du carnet de santé (CSP, art. L. 2132-1). Seul un médecin ou une infirmière (ou un autre professionnel de santé astreint au secret, dentiste, kiné, orthophoniste, etc.) sont autorisés à le consulter, et il doit leur être transmis sous pli cacheté portant la mention "secret médical" ».

d L'interdiction de se soustraire à ses obligations légales

Les parents ne peuvent se soustraire « sans motif légitime » à leurs obligations légales (CP, art. 227-17) « au point de compromettre la santé, la sécurité, la moralité ou l'éducation » de leur enfant mineur. Ils encourent à défaut deux ans d'emprisonnement et 30 000 euros d'amende. Madame X a un mois d'emprisonnement avec sursis pour avoir laissé ses deux enfants de 15 et 17 ans « sortir la nuit de manière habituelle sans surveillance avec des adultes de mauvaise moralité et s'enivrer ». Les enfants, « bien connus des services de police » selon la formule consacrée, avaient aussi incendié les poubelles de l'école, dégradé un mur, effectué des tags (sic) sur le mur de la salle polyvalente, dégradé les néons du centre commercial, etc. (tribunal correctionnel de Bourg-en-Bresse, 2003). Le même article a également permis la condamnation des « membres d'une communauté qualifiée de secte vivant à l'écart du monde avec des règles de vie austères, et génératrices de carences graves pour les enfants, qu'ils n'ont pas scolarisé préférant leur enseigner eux-mêmes les disciplines traditionnelles et des bases morales solides » (Pau, 2002). Il a permis aussi la condamnation de parents qui avaient pris « la décision d'envoyer seul leur fils alors âgé de six ans et demi dans une école dirigée par les adeptes du Sahaja Yoga en Inde » (Cassation, 1994).

5. L'ADMINISTRATION LÉGALE DES BIENS DE L'ENFANT EST UN ATTRIBUT DE L'AUTORITÉ PARENTALE

L'autorité parentale est relative à la personne de l'enfant, mais aussi à ses biens : l'administration légale permet aux parents de gérer les biens de leur enfant (jusqu'à sa majorité ou son émancipation), et aussi d'en jouir (jusqu'à ses 16 ans). La loi du 23 décembre 1985 (entrée en vigueur le 1er juillet 1986) prévoit que les père et mère exercent conjointement l'administration légale des biens de leur enfant lorsqu'ils exercent en commun l'autorité parentale : c'est l'administration légale pure et simple (CC, art. 389-1). Si un seul des deux exerce l'autorité parentale, il exerce l'administration légale sous le contrôle du juge des tutelles des mineurs (CC, art. 383) : c'est l'administration légale sous contrôle judiciaire (code civil, art. 389-2).

6. L'AUTORITÉ PARENTALE ET LA PROTECTION DE L'ENFANT

L'autorité parentale permet aux parents de protéger leur enfant « dans sa sécurité, sa santé et sa moralité », d'assurer son éducation et de « permettre son développement, dans le respect dû à sa personne » (CC, art. 371-1). Il est proposé, par plusieurs associations « anti-fessée » (comme par exemple l'Observation de la violence éducative ordinaire) d'ajouter à cet alinéa une formule qui mette un terme au traditionnel droit manuel de correction, qui est reconnu par la justice aux parents et aux enseignants (la jurisprudence est constante, et l'auteur de la claque ou de la fessée, n'est puni que quand elle dépasse les limites du raisonnable).

La protection de l'enfance

8

Références juridiques

Ordonnance 58-1301 du 23 décembre 1958 relative à la protection de l'enfance et de l'adolescence en danger

Loi 86-17 du 6 janvier 1986 adaptant la législation sanitaire et sociale aux transferts de compétences en matière d'aide sociale et de santé

Loi 89-487 du 10 juillet 1989 relative à la prévention des mauvais traitements à l'égard des mineurs et à la protection de l'enfance

Loi 2007-293 du 5 mars 2007 réformant la protection de l'enfance

Décret 2008-1486 du 30 décembre 2008 relatif au placement des mineurs et à la mesure judiciaire d'aide à la gestion du budget familial (comportant la liste des personnes habilitées à saisir le juge aux fins d'ordonner le versement des prestations familiales à un délégué aux prestations familiales)

Décret 2009-572 du 20 mai 2009 relatif à l'audition de l'enfant en justice

Arrêté du 20 mai 2009 pris en application de l'article 3 du décret n° 2009-572 du 20 mai 2009 relatif à l'audition de l'enfant en justice (rémunération forfaitaire allouée à la personne désignée par le juge pour entendre le mineur, en application de l'article 388-1 du code civil)

Décret 2010-497 du 17 mai 2010 relatif au fonds national de financement de la protection de l'enfance

Décret 2013-994 du 7 novembre 2013 organisant la transmission d'informations entre départements en application de l'article L. 221-3 du code de l'action sociale et des familles

L'autorité parentale dont disposent les parents leur offre une liberté éducative et pédagogique quasi-totale : ils élèvent et éduquent leurs enfants comme ils le souhaitent, en leur inculquant les règles et les valeurs de leur choix, à condition de ne pas les mettre en danger.

Exercer l'autorité parentale leur confère un certain nombre de droits (imposer à l'enfant sa religion ou son athéisme, lui donner des claques ou des fessées, l'inscrire au foot ou à la bibliothèque, le soigner par homéopathie et l'emmener tout de même dans un fast-food, etc.), quelques devoirs, qu'ils définissent eux-mêmes (c'est le propre du devoir), et peu d'obligations (scolaire, alimentaire, etc.). La puissance publique – qui se contente de « cadrer » l'autorité parentale – se substitue aux parents lorsqu'ils sont défaillants, définitivement ou provisoirement, pour « protéger l'enfant dans sa sécurité, sa santé et sa moralité, (pour) assurer son éducation et permettre son développement, dans le respect dû à sa personne » (code civil, art. 371-1).

Les limites de l'autorité parentale sont fixées par l'article qui la définit : c'est la mise en danger de l'enfant. Les termes « sécurité, santé, moralité, éducation » ont été empruntés à l'article 375 du code civil, issu de l'Ordonnance du 23 décembre 1958, qui établit que « si la santé, la sécurité ou la moralité d'un mineur non émancipé sont en danger, ou si les conditions de son éducation ou de son développement physique, affectif, intellectuel et social sont gravement compromises, des mesures d'assistance éducative peuvent être ordonnées par la justice » : un enfant « en danger ou en risque de l'être » (selon la terminologie officialisée par la réforme du 5 mars 2007) est un enfant en danger dans sa famille, ou à qui les adultes qui en assument « la garde » s'avèrent incapables d'apporter la protection dont il a besoin (ils ne réagissent pas, par exemple, à ce qu'il subit ou a subi à l'extérieur ou à l'intérieur du domicile familial).

La définition de l'enfance en danger (code civil, art. 375) reste éminemment subjective : qu'est-ce qui met en danger la sécurité, la santé, la moralité ou l'éducation d'un enfant ? à partir de quand peut-on considérer qu'il est en danger ? La subjectivité de la définition permet à quiconque d'informer les autorités judiciaires (le parquet) ou administratives (le conseil départemental) lorsqu'il a un doute raisonnable et réfléchi, étayé par des faits, qu'un enfant est en danger ou en risque de l'être (cette subjectivité est un élément supplémentaire en faveur du signalement individuel au détriment du signalement d'équipe, qui n'existe dans aucun code, aucun texte légal ou réglementaire).

1. LA PROTECTION DE L'ENFANCE EST ATTRIBUÉE AU CONSEIL DÉPARTEMENTAL

L'ordonnance du 23 décembre 1958 crée l'assistance éducative et confie la protection de l'enfance au juge des enfants : il n'était alors qu'un juge pénal, répressif, chargé de poursuivre et de condamner les mineurs délinquants (le terme est impropre : un délinquant a commis un délit, le juge des enfants poursuit aussi les contrevenants, qui ont commis une contravention, et les criminels, qui ont commis un crime). L'ordonnance de 1958 lui permet de devenir aussi un juge civil, chargé de protéger les mineurs. On s'aperçoit (enfin) à l'époque que « par un étonnant paradoxe, c'est lorsqu'il a commis un acte antisocial que l'enfant est le mieux protégé par l'institution judiciaire : les moyens d'éducation mis par l'ordonnance du 2 février 1945 à la disposition du juge des enfants sont refusés à de nombreux enfants que leurs conditions de vie mettent en danger physique ou morale, que leur état prédestine à la délinquance et aux formes graves de l'inadaptation sociale » (extrait de l'exposé des motifs de l'ordonnance). La loi du 6 janvier 1986 adapte la législation sanitaire et sociale aux transferts de compétences en matière d'aide sociale et de santé : l'action sociale est décentralisée, et confiée aux conseils généraux (devenus départementaux en 2014).

Elle crée et organise l'aide sociale à l'enfance (ASE) qui reprend la mission de protection de l'enfance jadis dévolue à la direction départementale de l'action sanitaire et sociale (DDASS) : plus aucun enfant n'a été « confié à la DDASS » depuis le 6 janvier 1986. La DDASS n'a alors pas cessé d'exister, elle a recentré ses actions sur sa mission sanitaire : elle a été remplacée le 1er avril 2010 par l'ARS (agence régionale de santé), qui a repris les missions de la DRASS (direction régionale), et de quelques autres services déconcentrés.

a La protection maternelle et infantile

Le 18 décembre 1989, le conseil général récupère aussi les services de la protection maternelle et infantile (PMI), créée en France par l'ordonnance du 2 novembre 1945 : la PMI et l'ASE travaillent en effet en étroite collaboration. Les missions de la PMI sont détaillées dans le code de la santé publique (art. L. 2112-1 à L. 2112-10). Les articles 226-13 et 226-14 du code pénal relatifs au secret professionnel sont applicables « à toute personne appelée à collaborer au service départemental de protection maternelle et infantile », alors soumise au secret professionnel « par profession » (CSP, art. L. 2112-9) : il est bien sûr possible de comprendre de cet article que ne sont pas seulement astreints les salariés de la PMI, mais toute personne collaborant à ses missions, alors que le mot « mission » n'est jamais employé. Ce n'est pas donc pas un secret « par mission » (n'en déplaisent aux travailleurs sociaux et médico-sociaux qui adorent la formule), mais bien un secret « par profession », limité à ceux qui collaborent « au service » (un lien de subordination est indispensable).

2. LES MISSIONS DE L'AIDE SOCIALE À L'ENFANCE

Le service de l'aide sociale à l'enfance est placé sous l'autorité du président du conseil général (CASF, art. L. 221-2). Il est chargé des missions suivantes (CASF, art. L. 221-1) :

- apporter un soutien matériel, éducatif et psychologique aux mineurs, à leur famille ou à tout détenteur de l'autorité parentale, confrontés à des difficultés risquant de mettre en danger la santé, la sécurité, la moralité de ces mineurs ou de compromettre gravement leur éducation ou leur développement physique, affectif, intellectuel et social ; mener en urgence des actions de protection en faveur des mineurs mentionnés ;
- apporter un soutien matériel, éducatif et psychologique aux mineurs émancipés et majeurs de moins de 21 ans confrontés à des difficultés

familiales, sociales et éducatives susceptibles de compromettre gravement leur équilibre ;
- organiser, dans les lieux où se manifestent des risques d'inadaptation sociale, des actions collectives visant à prévenir la marginalisation et à faciliter l'insertion ou la promotion sociale des jeunes et des familles ;
- pourvoir à l'ensemble des besoins des mineurs confiés au service et veiller à leur orientation, en collaboration avec leur famille ou leur représentant légal ;
- mener des actions de prévention des situations de danger à l'égard des mineurs et, sans préjudice des compétences de l'autorité judiciaire, organiser le recueil et la transmission des informations préoccupantes relatives aux mineurs dont la santé, la sécurité, la moralité sont en danger ou risquent de l'être ou dont l'éducation ou le développement sont compromis ou risquent de l'être, et participer à leur protection ;
- veiller à ce que les liens d'attachement noués par l'enfant avec d'autres personnes que ses parents soient maintenus, voire développés, dans son intérêt supérieur.

Les services de l'ASE peuvent faire appel à des organismes publics ou privés habilités ou à des personnes physiques pour l'aider à accomplir ses missions « sans préjudice de ses responsabilités vis-à-vis des enfants qui lui sont confiés » (assistants familiaux dits « familles d'accueil », foyers associatifs, etc.). Il contrôle les personnes physiques ou morales à qui il a confié des mineurs. L'assistant maternel (la profession se masculinise) accueille à son domicile des enfants de un à trois ans, il est salarié par le(s) parent(s), alors que l'assistant familial (appelé souvent « famille d'accueil ») est salarié de l'ASE et accueille de façon permanente des mineurs et des jeunes majeurs de moins de 21 ans : il ne faut pas les confondre.

3. LA RÉFORME DE LA PROTECTION DE L'ENFANCE

La loi du 10 juillet 1989 organise la mission de protection de l'enfance des conseils généraux, devenus depuis « départementaux ».

Elle crée le SNATEM (service national d'accueil téléphonique pour l'enfance maltraitée qui gère le numéro vert 119) et assure son financement par la participation financière obligatoire de chaque département (CASF, art. L. 226-10).

Elle crée l'administrateur *ad hoc* (code civil, art. 388-2).

Elle augmente le délai de prescription, à compter de leur majorité, de certaines infractions subies par les mineurs : ils seront encore augmentés par la loi 95-116 du 4 février 1995, et par la loi 98-468 du 17 juin 1998, qui prévoit aussi l'enregistrement vidéo du témoignage de l'enfant victime (les mineurs victimes d'un délit ont 3 ou 10 ans pour porter plainte à compter de leur majorité, 20 ans pour un délit sexuel ou un crime).

La loi du 5 mars 2007 redéfinit les missions prioritaires de la protection de l'enfance (CASF, art. L. 112-3) :

- prévenir les difficultés auxquelles les parents peuvent être confrontés dans l'exercice de leurs responsabilités éducatives ;
- accompagner les familles et assurer, le cas échéant, selon des modalités adaptées à leurs besoins, une prise en charge partielle ou totale des mineurs ;
- prévenir les difficultés que peuvent rencontrer les mineurs privés temporairement ou définitivement de la protection de leur famille et assurer leur prise en charge.

La protection de l'enfance comporte un ensemble d'interventions en faveur des enfants et de leurs parents, qui peuvent également être destinées à des majeurs de moins de 21 ans connaissant des difficultés susceptibles de compromettre gravement leur équilibre : c'est le contrat jeune majeur (CASF, art. L. 222-5).

La loi du 5 mars 2007 se construit autour de trois points principaux :

- elle renforce la prévention pour détecter, par des bilans réguliers « aux moments essentiels du développement de l'enfant », les situations à risque : entretiens systématisés au quatrième mois de grossesse, visite à domicile dans les premiers jours suivant la sortie de maternité, bilans systématiques à l'école maternelle et primaire (CSP, art. L. 2112-2) ;
- elle réorganise les procédures de signalement en imposant la création, dans chaque département, d'une cellule de recueil de traitement et d'évaluation des informations préoccupantes (CRIPS) ;
- elle diversifie les modes de prise en charge des enfants.

Elle remplace le SNATEM par le SNATED, avec le D de « danger » (il gère toujours le numéro vert 119), retire à l'ODAS (observatoire décentralisé de l'action sociale) la mission de recenser les mineurs en danger – ce qu'il faisait pourtant très bien – et la confie à l'ONED (observatoire national de l'enfance en danger), créé pour l'occasion, placé, avec le SNATED, sous la tutelle du Groupement d'intérêt public enfance en danger (GIPED) dont la Cour des Comptes estime, dans son rapport annuel 2014 (février 2014), que les missions sont « insuffisamment assurées » (elle relève régulièrement, depuis son rapport public thématique sur la protection de l'enfance, publié en octobre 2009, « la complexité de l'organisation française en ce domaine »). Les agents du service d'accueil téléphonique concourant à la protection des mineurs maltraités et de l'observatoire national de l'enfance en danger sont astreints au secret « par fonction ou mission temporaire » (CASF, art. L. 226-9).

La loi du 5 mars 2007 entérine et officialise – on peut franchement le regretter – l'amalgame entre « enfants en danger ou en risque de l'être » (appelés « en risque » de 1989 à 2007) et enfants « victimes de maltraitances avérées » (appelés jadis « maltraités », les « en risque » et les « maltraités » constituant les « en danger »), en faisant du conseil général le destinataire privilégié des « informations préoccupantes » concernant l'enfant « en danger » (CASF, art. L. 226-3), quelle que soit la situation à laquelle il est confronté.

Or, un enfant en danger ou en risque et un enfant maltraité vivent des situations totalement différentes, qui appellent des réponses différentes, apportées par des interlocuteurs différents selon des méthodes et une logique différentes.

On ne rappellera jamais assez qu'un « enfant en danger ou en risque de l'être » doit être signalé aux services de l'ASE, alors qu'un enfant maltraité doit être signalé au parquet, dont la saisine directe reste possible, bien qu'exceptionnelle (CASF, art. L. 226-4) : les travailleurs sociaux ne sont pas formés pour évaluer et traiter des situations délictuelles ou criminelles qui restent de la compétence de la police, ou de la gendarmerie.

Elle entérine et officialise également – on peut tout autant le déplorer – la judiciarisation des mesures administratives, censées être contractualisées avec les familles : les deux tiers des mesures gérées par les services départementaux de l'aide sociale à l'enfance sont désormais judiciarisées (le juge des enfants est saisi et ordonne la mesure de protection après avoir constaté la non-coopération des parents), ce qui prouve l'incompétence et l'inefficacité des services qui ont pour mission de mettre en place ces mesures contractualisées (alors que la contractualisation est – avec l'évaluation – la nouvelle mode en action sociale, au détriment de l'action, reléguée au second plan).

Les services de l'ASE, entravés par une hiérarchie envahissante dont l'utilité n'a jamais été prouvée, peinent de plus en plus à convaincre les parents de leur utilité : travailler avec les parents pour obtenir leur accord, c'est déjà travailler avec la famille, mais les cadres administratifs qui dirigent les services exigent souvent la double signature des parents avant le début de toute intervention, ce qui est une aberration juridique et éducative.

La loi du 5 mars 2007 précise que « le président du conseil général est chargé du recueil, du traitement et de l'évaluation, à tout moment et quelle qu'en soit l'origine, des informations préoccupantes relatives aux mineurs en danger ou qui risquent de l'être » (CASF, art. L. 226-3), et que le représentant de l'État (le préfet) et l'autorité judiciaire (le procureur de la République) lui apportent leur concours. La loi organise la collaboration entre conseil général et parquet et impose la mise en place de conventions.

La cellule départementale de recueil, de traitement et d'évaluation de ces informations centralise le recueil des informations préoccupantes qui, après une évaluation qui peut être longue, font si nécessaire l'objet d'un signalement à l'autorité judiciaire.

Le président du conseil général avise par contre « sans délai » le procureur de la République (CASF, art. L. 226-4) lorsqu'un mineur est en danger et :

- qu'il a déjà fait l'objet d'une ou plusieurs actions qui n'ont pas permis de remédier à la situation ;
- que la famille refuse l'intervention du service de l'aide sociale à l'enfance ou de l'impossibilité dans laquelle elle se trouve de collaborer avec ce service ;
- qu'il est impossible d'évaluer la situation d'un mineur présumé être en situation de danger.

Le président du conseil général informe le cas échéant le procureur de la République des actions déjà menées, et le procureur de la République informe dans les meilleurs délais le président du conseil général des suites qu'il réserve à sa saisine.

4. UNE OBLIGATION DE FORMATION

La loi du 5 mars 2007 instaure « une formation initiale et continue, en partie commune aux différentes professions et institutions, dans le domaine de la protection de l'enfance en danger » pour les « médecins, l'ensemble des personnels médicaux et paramédicaux, les travailleurs sociaux, les magistrats, les personnels enseignants, les personnels d'animation sportive, culturelle et de loisirs et les personnels de la police nationale, des polices municipales et de la gendarmerie nationale » (code de l'éducation, art. L. 542-1, et CASF, art. L. 226-12). Elle impose que soient (enfin !) formés « les cadres territoriaux qui, par délégation du président du conseil général, prennent des décisions relatives à la protection de l'enfance et fixent les modalités de leur mise en œuvre » (CASF, art. L. 226-12-1).

Décret 2009-765 du 23 juin 2009 relatif à la formation dans le domaine de la protection de l'enfance en danger modifiant l'article D. 542-1 du code de l'éducation (pris en application de l'article L. 542-1 du même code)

Décret 2008-774 du 30 juillet 2008 relatif aux conditions de la formation des cadres territoriaux prenant des décisions relatives à la protection de l'enfance, et arrêté du 25 septembre 2008 relatif au contenu de la formation prévue à l'article D. 226-1-2 du code de l'action sociale et des familles

5. LE SIGNALEMENT DE L'ENFANT EN DANGER OU EN RISQUE DE L'ÊTRE

L'enfant en danger ou en risque de l'être n'est pas maltraité : il vit une situation sociale qui risque de compromettre sa santé, sa sécurité, sa moralité ou les conditions de son éducation, il a vocation à bénéficier d'une mesure de protection administrative mise en place par l'ASE, contractualisée avec ses parents, qui sont libres de l'accepter ou non et participent à son élaboration (CASF, art. L. 223-2), elle va apporter une réponse sociale à des difficultés sociales et familiales (liées au logement, à la santé, à la précarité, etc.).

L'enfant maltraité a vocation à bénéficier d'une mesure de protection judiciaire ordonnée par le juge des enfants (en urgence, par le procureur de la République), imposée aux parents, qui sont censés être poursuivis par la justice pénale.

L'enfant maltraité a été en 2003 défini par l'ODAS comme « un enfant victime de violences physiques, psychologiques, d'abus sexuels ou de négligences lourdes ayant des conséquences graves sur son développement physiologique et psychologique ».

On a actuellement tendance – c'est plus qu'un détail – à remplacer « abus sexuels » par « atteintes sexuelles » : un abus est un « usage abusif », l'emploi du terme « abus » laisse donc entendre qu'il existerait un usage sexuel des mineurs qui ne soit pas abusif, puisque ce n'est pas l'usage qui est pénalisé, mais l'abus (réflexion à mettre en perspective avec l'utilisation sans fondement légal de « attouchements », qui semble minorer l'impact du geste, puisqu'un attouchement paraît moins grave qu'une agression). Les atteintes sexuelles sont constituées d'agressions sexuelles et de viols, le viol implique la pénétration.

Un enfant en danger ou en risque de l'être doit être signalé, par quiconque en ayant connaissance, aux services de l'aide sociale à l'enfance (ASE).

Un enfant maltraité doit être signalé, par courrier, au procureur de la République.

Dans le doute, depuis la réforme du 5 mars 2007, les services de l'ASE sont compétents : ils évaluent la situation avant d'éventuellement transmettre les « informations préoccupantes » à la justice (en l'occurrence au procureur de la République, qui saisira, ou non, le juge des enfants). Selon le décret du 7 novembre 2013, l'information préoccupante est une « information transmise à la cellule départementale [...] pour alerter le président du conseil général sur la situation d'un mineur, bénéficiant ou non d'un accompagnement, pouvant laisser craindre que sa santé, sa sécurité ou sa moralité sont en danger ou en risque de l'être ou que les conditions de son éducation ou de son développement physique, affectif, intellectuel et social sont gravement compromises ou en risque de l'être ; la finalité de cette transmission est d'évaluer la situation d'un mineur et de déterminer les actions de protection et d'aide dont ce mineur et sa famille peuvent bénéficier ».

S'exonérer de cette obligation de signaler « aux autorités administratives ou judiciaires » (et non à l'assistante sociale, au directeur d'école ou à l'inspection académique) constitue un délit (CP, art. 434-1 et 434-3) puni de trois ans d'emprisonnement et de 30 000 euros d'amende (en réalité, très rares sont les poursuites).

Les signalements faits par l'intermédiaire du 119 sont *a priori* immédiatement transmis aux services de l'ASE pour évaluation (CASF, art. L. 226-6). L'affichage des coordonnées du service d'accueil téléphonique est obligatoire dans tous les établissements et services recevant de façon habituelle des mineurs (CASF, art. L. 226-8).

La loi du 5 mars 2007 vient en fait considérablement complexifier le dispositif de protection de l'enfance, alors qu'elle affiche l'ambition de le rendre plus performant.

Elle entrave et ralentit les procédures et les circuits du signalement qu'elle croyait fluidifier.

Le terme « signalement » n'existe d'ailleurs dans aucun texte, mais il est plutôt utilisé, désormais, pour les saisines du Parquet, qui peut être saisi directement de manière exceptionnelle principalement en cas de « maltraitances avérées ».

Le parquet, malheureusement, se décharge trop souvent sur les conseils départementaux, dont il attend (parfois longtemps) une évaluation, des signalements qu'il reçoit et qu'il ne sait pas toujours comment traiter : à sa décharge, les écrits qui lui sont adressés par des travailleurs sociaux ne sont souvent pas exploitables par l'autorité judiciaire (manque de faits précis, éléments subjectifs, considérations générales, méconnaissance des termes à employer, etc.).

La loi du 5 mars 2007 autorise de fait chaque département à fixer ses propres critères et ses propres règles, dont certaines sont délirantes, à mettre en place ses propres circuits internes, de transmission, de validation et de décision, à additionner les interlocuteurs qui déploient les parapluies et une force d'inertie souvent remarquable.

Rappelons ici à nos amis fonctionnaires (des trois fonctions publiques, d'État, territoriale et hospitalière) qu'ils ont toujours le devoir, lorsque, dans l'exercice de leurs fonctions, ils acquièrent la connaissance d'un crime ou d'un délit, « d'en donner avis sans délai au procureur de la République et de transmettre à ce magistrat tous les renseignements, procès-verbaux et actes qui y sont relatifs » (code de procédure pénale, art. 40) : un fonctionnaire peut donc en toute légalité ne pas respecter les procédures de signalement imposées par sa hiérarchie – et la sacro-sainte voie hiérarchique – pour s'adresser directement au procureur de la République.

6. LES MESURES DE PROTECTION DE L'ENFANT EN DANGER OU EN RISQUE DE L'ÊTRE

La protection administrative consiste en un ensemble de prestations d'aide sociale à l'enfance accordées par décision du président du conseil général du département où la demande est présentée (CASF, art. L. 222-1). Les prestations peuvent prendre la forme d'une aide éducative à domicile (AED), d'un placement ou d'un accueil de jour (CASF, art. L. 222-4-2).

Aucune mesure ne peut être prise pour une durée supérieure à un an (CASF, art. L. 223-5), elle est renouvelable dans les mêmes conditions.

Les familles ont des droits, objectifs et opposables, dans leurs rapports avec les services chargés de la protection de la famille et de l'enfance : ils leur ont été attribués, bien avant la loi du 2 janvier 2002, par la loi n° 84-422 du 6 juin 1984 relative aux droits des familles dans leurs rapports avec les services chargés de la protection de la famille et de l'enfance (CASF, art. L. 223-1 à L. 223-7, et R. 223-1 à R. 223-11).

La protection judiciaire appelée assistance éducative par le code civil (art. 375 et suivants), est de la compétence du juge des enfants : elle s'impose aux parents, même si le juge « doit toujours s'efforcer de recueillir l'adhésion de la famille à la mesure envisagée » (CC, art. 375-1 CC), et se prononcer « en stricte considération de l'intérêt de l'enfant ».

Les parents « continuent à exercer tous les attributs de l'autorité parentale qui ne sont pas inconciliables avec cette mesure » (CC, art. 375-7).

La durée d'une mesure judiciaire ne peut pas excéder deux ans (CC, art. 375), elle peut être renouvelée par décision motivée.

Le juge doit tenter de maintenir le mineur dans son milieu familial (CC, art. 375-2).

Il peut décider d'une action éducative en milieu ouvert (AEMO), et autoriser un hébergement dit « séquentiel », exceptionnel ou périodique.

Il peut aussi conditionner le maintien de l'enfant dans son milieu à des obligations particulières : fréquenter régulièrement un établissement sanitaire ou d'éducation, ordinaire ou spécialisé, le cas échéant sous régime de l'internat, ou exercer une activité professionnelle.

Enfin, « si la protection de l'enfant l'exige », il peut ordonner son placement (CC, art. 375-3) :

- dans sa famille ou chez un tiers digne de confiance ;
- au service départemental de l'aide sociale à l'enfance ;

- dans un service ou à un établissement habilité pour l'accueil de mineurs à la journée ou suivant toute autre modalité de prise en charge ;
- dans un service ou à un établissement sanitaire ou d'éducation, ordinaire ou spécialisé.

En cas d'urgence (et en cas d'urgence seulement), le procureur de la République du lieu où le mineur a été trouvé a le même pouvoir, à condition « de saisir dans les huit jours le juge compétent, qui maintiendra, modifiera ou rapportera la mesure ».

Si le juge aux affaires familiales (JAF) est déjà présent dans le dossier (séparation, divorce, etc.), le juge des enfants ne peut intervenir que « si un fait nouveau de nature à entraîner un danger pour le mineur s'est révélé postérieurement à la décision » du JAF, et la décision du juge des enfants ne peut faire obstacle à la faculté du JAF de décider à qui l'enfant doit être confié (CC, art. 375-3).

Les parents conservent l'exercice de leur autorité parentale (seul le juge aux affaires familiales pourrait le leur suspendre), mais « le juge des enfants peut exceptionnellement, dans tous les cas où l'intérêt de l'enfant le justifie, autoriser la personne, le service ou l'établissement à qui est confié l'enfant à exercer un acte relevant de l'autorité parentale en cas de refus abusif ou injustifié ou en cas de négligence des détenteurs de l'autorité parentale, à charge pour le demandeur de rapporter la preuve de la nécessité de cette mesure » (CC, art. 375-7). Le lieu d'accueil de l'enfant doit être recherché dans l'intérêt de l'enfant, il doit faciliter l'exercice du droit de visite et d'hébergement par le ou les parents et le maintien des liens de l'enfant avec ses frères et sœurs (idem).

Les frais d'entretien et d'éducation de l'enfant qui fait l'objet d'une mesure d'assistance éducative continuent d'incomber à ses père et mère ainsi qu'aux ascendants auxquels des aliments peuvent être réclamés, mais le juge peut les en décharger entièrement ou partiellement (CC, art. 375-8).

7. LE SECRET PROFESSIONNEL ET LE SECRET PARTAGÉ

Toute personne participant aux missions du service de l'aide sociale à l'enfance est tenue par profession (et non par mission) au secret professionnel (CASF, art. L. 221-6) : les assistants de service social (CASF, art. L. 411-3 CASF), ou les infirmières (CSP, art. L. 4314-3), le sont par état, et la consultation du dossier unique de personnalité (DUP) par le « personnel du secteur associatif habilité », saisi d'une mesure judiciaire concernant un mineur et expressément autorisé par le juge des enfants, est astreint par mission (ordonnance du 2 février 1945, art. 5-2) : c'est la consultation du dossier qui astreint le professionnel au secret.

La subtilité est la même pour l'ASE que pour la PMI, précédemment citée : le lien de subordination entre le professionnel et l'ASE est indispensable (tous les professionnels qui exercent une mission de protection de l'enfance ne sont donc pas astreints au secret, comme ils aiment le croire et le répéter, mais bien ceux qui participent « aux missions du service »).

La loi du 5 mars 2007 crée le secret partagé (CASF, art. L. 226-2-2) « entre personnes soumises au secret professionnel qui mettent en œuvre la politique de protection de l'enfance [...] ou qui lui apportent leur concours » : elles sont « autorisées à partager entre elles des informations à caractère secret afin de pouvoir évaluer une situation individuelle, déterminer et mettre en œuvre les actions de protection et d'aide dont les mineurs et leur famille peuvent bénéficier ». Bien évidemment, ce partage « est strictement limité à ce qui est nécessaire à l'accomplissement de la mission de protection de l'enfance », et il ne concerne pas les informations à caractère médical (soins, santé, traitements, diagnostic, etc.).

La majorité sexuelle

9

Références juridiques

Articles 227-25, 227-26 et 227-27 du code pénal

La majorité sexuelle est fixée en France à 15 ans pour les garçons et pour les filles depuis l'ordonnance 45-1456 du 2 juillet 1945 (relations hétérosexuelles) et depuis la loi 82-683 du 4 août 1982 (relations homosexuelles). Il n'a jamais existé sur ce sujet de différence d'âge entre filles et garçons.

La majorité sexuelle était auparavant fixée à 13 ans par la loi du 13 mai 1863, à 11 ans par la loi du 28 avril 1832 (cette loi, qui a introduit la majorité sexuelle dans le droit français, a aussi aboli le pilori). Le détournement de mineur a disparu du code le 1er mars 1994, et n'a jamais rien eu de sexuel : il punissait le fait de soustraire un mineur aux adultes ayant autorité sur lui (CP, ancien art. 227-8). Il se référait donc à la majorité civile, pas à la majorité sexuelle. Il a été remplacé par les délits de provocation (CP, art. 227-18 et suivants) et de corruption de mineur (CP, art. 227-22).

1. DES RELATIONS CONSENTIES AVEC DES ADULTES

La majorité sexuelle n'apparaît sous ce nom dans aucun article : on la déduit des termes de l'article 227-25 du code pénal qui punit de cinq ans d'emprisonnement et de 75 000 euros d'amende le fait, par un majeur, d'exercer sans violence, menace, contrainte ou surprise, une atteinte sexuelle sur la personne d'un mineur de quinze ans (par mineur de quinze ans, il faut toujours entendre « mineur de moins de quinze ans »). Une relation sexuelle qui se déroule sans violence, menace, contrainte ou surprise est une relation sexuelle consentie : la violence, la contrainte et la surprise sont, comme la menace, constitutives de l'agression (CP, art. 222-22). Le mineur ne peut donc pas avoir de rapports sexuels consentis avec un majeur avant d'avoir 15 ans : la loi estime que son éventuel consentement est vicié (frappé d'un vice), la relation sexuelle pourra donc être qualifiée d'agression sexuelle (s'il n'y a pas pénétration) ou de viol (s'il y a pénétration). Il n'existe aucune disposition pénale qui permette de sanctionner les relations sexuelles sans violence, menace, contrainte ou surprise entre un adulte et un mineur de plus de 15 ans, sauf si cet adulte est un ascendant légitime, naturel ou adoptif du mineur, ou une personne ayant autorité sur lui, ou par une personne qui abuse de l'autorité que lui confèrent ses fonctions : la loi estime que le mineur n'est pas suffisamment mûr pour que son consentement soit recevable si l'adulte a sur lui cette autorité familiale, professionnelle ou ponctuelle (CP, art. 227-27).

a L'inceste est une notion de droit civil

L'inceste, défini comme un rapport charnel entre proches parents ou alliés dont le mariage est prohibé par la loi, n'existe pas dans le code pénal. Il n'est pénalisé que si l'un des deux partenaires est mineur ou si, majeur, il n'est pas réellement consentant (une fille majeure peut avoir des relations sexuelles consenties avec son père, un frère et une sœur peuvent avoir des relations sexuelles consenties pendant leur minorité, et après leur majorité).

L'enfant né d'une relation incestueuse ne pourra avoir de filiation établie qu'envers un seul de ses deux parents (CC, art. 310-2), il est interdit d'établir la filiation de l'autre par quelque moyen que ce soit (idem) : une fille sera donc la fille de sa mère et la petite-fille de son père, ou la sœur de sa mère et la fille de son père.

2. DES RELATIONS LIBRES ENTRE MINEURS

L'âge de la majorité sexuelle n'est pas l'âge à partir duquel un mineur peut avoir des relations sexuelles, mais bien l'âge à partir duquel il peut avoir des relations sexuelles avec un majeur : il n'existe aucune disposition légale qui limite ou interdise les relations sexuelles entre mineurs, même en institution ou en centre de vacances.

Un principe de jurisprudence estime que la différence d'âge entre les partenaires « doit rendre le consentement plausible ».

Interdire les relations sexuelles entre majeurs en institution (ou plus largement entre usagers) n'est donc pas acceptable, ni respectueux des droits fondamentaux de chacun.

a Le droit d'utiliser librement une méthode de contraception

La loi 2001-588 du 4 juillet 2001 relative à l'interruption de grossesse et à la contraception (qui a prolongé de dix à douze semaines le délai légal pour que soit pratiquée l'IVG) a supprimé l'autorisation parentale pour qu'une mineure utilise une méthode de contraception : le consentement des titulaires de l'autorité parentale ou, le cas échéant, du représentant légal n'est pas requis pour la prescription, la délivrance ou l'administration de contraceptifs aux personnes mineures (CSP, art. L. 5134-1). D'ailleurs, les centres de planification ou d'éducation familiale sont autorisés à délivrer, à titre gratuit, des médicaments, produits ou objets contraceptifs, aux mineurs désirant garder le secret (CSP, art. L. 2311-4). La loi 2000-1209 du 13 décembre 2000 relative à la contraception d'urgence institue le principe de la délivrance de produits de contraception d'urgence pour les mineures en difficulté : ces produits peuvent être délivrés gratuitement aux mineures. La loi n° 2012-1404 du 17 décembre 2012 (de financement de la sécurité sociale) et le décret n° 2013-248 du 25 mars 2013 instaure la délivrance gratuite, en pharmacie, sur prescription médicale, des contraceptifs remboursables pour les jeunes filles âgées d'au moins 15 ans.

b Le droit d'avoir recours à l'interruption volontaire de grossesse

Les mineures enceintes n'ont pas besoin de l'accord de leur(s) parent(s) pour avoir recours à l'interruption volontaire de grossesse (IVG) : l'accord d'un au moins des deux était exigé (CSP, ancien art. L. 162-7) jusqu'à la loi du 4 juillet 2001, mais le juge des enfants avait la possibilité d'autoriser l'IVG. L'interruption volontaire de grossesse est gratuite pour les mineures. Le consentement d'un ou au moins des deux parents reste toutefois la règle, et le secret, l'exception : si la femme est mineure non émancipée, le consentement de l'un des titulaires de l'autorité parentale ou, le cas échéant, du représentant légal est recueilli (CSP, art. L. 2212-7). Néanmoins, si la femme mineure non émancipée désire garder le secret, le médecin doit s'efforcer, dans l'intérêt de celle-ci, d'obtenir son consentement pour que le ou les titulaires de l'autorité parentale ou, le cas échéant, le représentant légal soient consultés ou doit vérifier que cette démarche a été faite lors de l'entretien [...], si la mineure ne veut pas effectuer cette démarche ou si le consentement n'est pas obtenu, l'interruption volontaire de grossesse ainsi que les actes médicaux et les soins qui lui sont liés peuvent être pratiqués à la demande de l'intéressée (idem). La mineure doit néanmoins être accompagnée d'un adulte de son choix (idem).

L'accouchement anonyme

10

Créé par le décret législatif pour la protection des naissances du 2 septembre 1941, l'accouchement anonyme (dit « sous X ») a petit à petit évolué vers un accouchement secret, dont le secret peut de plus en plus facilement être levé.

1. L'ACCOUCHEMENT ANONYME

Références juridiques

Article 326 du code civil
Article L. 1112-28 du code de la santé publique

La femme enceinte peut demander que « le secret de son admission et de son identité soit préservé » lors de son accouchement (CC, art. 326) : « aucune pièce d'identité n'est exigée et aucune enquête n'est entreprise » (CSP, art. L. 1112-28). Les frais d'hébergement et d'accouchement sont pris en charge par le service de l'aide sociale à l'enfance (ASE) du département où est installée la maternité (CASF, art. L. 222-6). Ils sont également pris en charge si la femme, sans demander le secret, confie après l'accouchement l'enfant au service de l'ASE, en vue de permettre son adoption.

Dans les deux cas, la femme (elle n'est légalement pas la mère) peut attribuer trois prénoms à l'enfant : le troisième lui servira de nom provisoire.

L'officier de l'état civil, à défaut, ou l'officier de l'état civil délégué, le fera en rédigeant l'acte de naissance sur lequel le nom de la mère n'apparaîtra pas : « si les père et mère de l'enfant ou l'un d'eux ne sont pas désignés à l'officier de l'état civil, il ne sera fait sur les registres aucune mention à ce sujet » (CC, art. 57). La mère de l'enfant n'est pas désignée par un X, comme on l'entend souvent. La femme dispose d'un délai de deux mois pour revenir sur sa décision, à l'issue duquel l'enfant est déclaré adoptable : elle peut, à sa demande ou avec son accord, bénéficier d'un accompagnement psychologique et social de la part du service de l'aide sociale à l'enfance.

On dénombre chaque année 450 accouchements anonymes (environ), mais leur nombre ne cesse de diminuer : de 10 000 par an à la Libération, ils n'étaient plus que 780 en 1991, 620 en 1997, et 560 en 1999. On estime à un peu moins de 400 000 le nombre de personnes vivantes « nées sous X ». L'Institut d'études démographiques (INED) et le CNAOP (Conseil national d'accès aux origines personnelles) ont établi qu'entre le 1er juillet 2007 et le 30 juin 2009, 13 % des enfants « nés sous X » ont été repris par leur mère (9 %), par leurs deux parents (3 %) ou par leur père (1 %) : 120 femmes (sur 432) ont établi la filiation ou ont reconnu l'enfant dans les deux mois suivant sa naissance ou ont laissé ouvertement leur identité dans son dossier.

2. L'ACCÈS AUX ORIGINES PERSONNELLES

Références juridiques

Loi 96-604 du 5 juillet 1996 relative à l'adoption

Loi 2002-93 du 22 janvier 2002 relative à l'accès aux origines des personnes adoptées et pupilles de l'État

Article L. 222-6 du code de l'action sociale et des familles

La loi 96-604 du 5 juillet 1996 a fait évoluer l'accouchement anonyme vers un accouchement secret. Elle autorise les géniteurs à lever à tout moment le secret et à communiquer des renseignements non identifiants, conservés dans le dossier de l'enfant, qui lui seront communiqués à sa demande (et uniquement à sa demande).

L'enfant adopté a accès à son dossier depuis la loi du 17 juillet 1978, mais l'enfant adopté en adoption plénière n'a pas accès à son acte de naissance original, qui reste impubliable (impossible à consulter) pendant cent ans : il n'a accès qu'à l'acte de naissance qui a été rédigé lors de son adoption, et qui mentionne comme parents ses parents adoptifs (l'adoption simple est simplement reportée en marge de l'acte de naissance original).

La loi du 22 janvier 2002 tente de concilier deux droits fondamentaux : celui de la mère à accoucher anonymement et celui de l'enfant à connaître ses origines.

Elle s'efforce de mettre le droit français en conformité avec la Convention internationale des droits de l'enfant (CIDE), dont l'article 7 prévoit que « l'enfant, dès sa naissance, a [...] le droit de connaître ses parents et d'être élevé par eux ».

La loi 2009-61 du 16 janvier 2009 rend possible la recherche en maternité naturelle pour les enfants « nés sous X » : « l'action est réservée à l'enfant qui est tenu de prouver qu'il est celui dont la mère prétendue a accouché » (art. 325 CC). La loi, auparavant, l'interdisait formellement dans le cadre d'un accouchement anonyme : l'accouchement anonyme l'est donc de moins en moins. Néanmoins, si l'enfant a été adopté, l'adoption étant irrévocable, la recherche en maternité ne modifiera pas sa filiation (art. L. 147-7 CASF).

a La levée du secret

La femme qui demande le secret de son accouchement « est informée des conséquences juridiques » de sa demande, et « de l'importance pour toute personne de connaître ses origines et son histoire » (CASF, art. L. 222-6). Elle est également « invitée à laisser [...] des renseignements sur sa santé et celle du père, les origines de l'enfant et les circonstances de la naissance ainsi que, sous pli fermé, son identité ». Elle est informée « qu'elle peut à tout moment donner son identité sous pli fermé ou compléter les renseignements qu'elle a donnés au moment de la naissance » (CASF, art. L. 222-6) : les prénoms donnés à l'enfant, son sexe, la date, le lieu et l'heure de sa naissance « sont mentionnés à l'extérieur de ce pli » par les personnes, désignées par le président du conseil général au sein de ses services, qui représentent le CNAOP dans le département.

Son identité ne pourra être communiquée à son enfant, par le Conseil national d'accès aux origines personnelles (CNAOP), que si elle l'accepte ou si elle est décédée, sauf si elle a de son vivant exprimé une volonté contraire (CASF, art. L. 147-6) : la moitié des mères accepte la levée du secret lorsque le CNAOP les contacte suite à une démarche entreprise par l'enfant.

Les personnes qui représentent le CNAOP dans le département sont désignées par le président du conseil départemental au sein de ses services (elles sont en général deux). Elles sont chargées d'assurer les relations avec le conseil, d'organiser l'accompagnement psychologique et social dont peut bénéficier la femme et de recevoir, lors de la naissance, le pli fermé. Elles recueillent les renseignements relatifs à la santé des père et mère de naissance, aux origines de l'enfant et aux raisons et circonstances de sa remise au service de l'aide sociale à l'enfance ou à l'organisme autorisé et habilité pour l'adoption. Elles s'assurent également de la mise en place d'un accompagnement psychologique de l'enfant et délivrent à la femme l'information prévue à l'article L. 224-5 CASF :

- les mesures instituées, notamment par l'État, les collectivités territoriales et les organismes de sécurité sociale, pour aider les parents à élever eux-mêmes leurs enfants ;
- le régime de la tutelle des pupilles de l'État ;
- les délais et conditions suivant lesquels l'enfant pourra être repris par ses père ou mère ;
- la possibilité de laisser tous renseignements concernant la santé des père et mère, les origines de l'enfant, les raisons et les circonstances de sa remise au service de l'aide sociale à l'enfance.

Depuis la loi du 22 janvier 2002, le pli est conservé par les services du Conseil national d'accès aux origines personnelles (CNAOP). Il est remis à l'enfant s'il en fait la demande : le CNAOP ne lève le secret que lorsque les deux parties ont donné leur accord.

Les femmes qui ont « accouché sous X » avant la création du CNAOP peuvent lui faire parvenir un tel pli. Le CNAOP, dont le fonctionnement est prévu par le code de l'action sociale et des familles (articles L. 147-1 à L. 147-11), reçoit la demande d'accès à la connaissance des origines de l'enfant formulée par l'enfant majeur, par ses descendants majeurs en ligne directe s'il est décédé, par les représentants légaux de l'enfant mineur ou par le tuteur de l'enfant sous tutelle (CASF, art. L. 147-2).

La loi du 22 janvier 2002 facilite également la reconnaissance de l'enfant par son père : « si la transcription de la reconnaissance paternelle s'avère impossible, du fait du secret de son identité opposé par la mère, le père peut en informer le procureur de la République ; celui-ci procède à la recherche des date et lieu d'établissement de l'acte de naissance de l'enfant » (CC, art. 62-1).

Le droit pénal des mineurs

11

Références juridiques

Ordonnance 45-174 du 2 février 1945 relative à l'enfance délinquante
Article 122-8 du code pénal
Rapport du 3 décembre 2008 sur la refonte de la justice des mineurs

Les mineurs sont pénalement responsables dès leur naissance quand ils commettent des infractions (contravention, délit, crime) avec discernement (CP, art. 122-8).

Les parents ne sont jamais pénalement responsables de leurs enfants mineurs : ils n'ont pas à payer les amendes qui sont infligées à leurs enfants, et ne vont pas en prison à leur place, puisque la responsabilité pénale est personnelle (CP, art. 121-1). Les parents sont par contre civilement responsables de leurs enfants mineurs (CC, art. 1384) : ils doivent réparer pécuniairement les dommages volontaires ou involontaires qu'il cause.

L'ordonnance du 2 février 1945 adapte le droit pénal et la procédure pénale à la minorité, qui devient une circonstance atténuante appelée « excuse de minorité » (ordonnance du 2 février 1945, art. 20-2). La majorité pénale est fixée à 18 ans (depuis le 12 avril 1906) : le mineur devenu majeur ne bénéficie plus de l'excuse de minorité. Elle peut lui être retirée par le tribunal pour enfants ou la Cour d'assises des mineurs à partir de 16 ans « lorsque les circonstances de l'espèce et la personnalité du mineur le justifient » ou lorsque les faits sont « commis en état de récidive légale ».

1. LA MAJORITÉ PÉNALE ET LE DISCERNEMENT

Le code pénal de 1791 (le premier véritable code pénal français, après l'ordonnance criminelle de 1670, signée par Louis XIV, intégrée au Code Louis) fixe la majorité pénale à 16 ans. Il a été adopté entre le 25 septembre et le 6 octobre 1791 : inspiré des principes développés par Cesare Beccaria dans son *Des délits et des peines* (1764), il a été remplacé le 25 octobre 1795 (sous le régime du Directoire) par le code des délits et des peines, lui-même remplacé par le code pénal de 1810, qui reprend la notion de majorité pénale fixée à 16 ans et conserve le discernement comme base de la responsabilité. Il restera en vigueur jusqu'au 1er mars 1994. Il introduit la notion de discernement, qu'il définit comme « la faculté que possède une personne de savoir si un acte accompli par elle est bon ou mauvais, susceptible ou non de punition ». On admet alors que « la faculté de discernement se développe progressivement et qu'il est des périodes où elle existe très peu ou pas du tout ». Le discernement – apprécié souverainement par le juge – se substitue de manière plus rationnelle à la notion de « malignité » (la disposition naturelle à faire du mal à autrui).

Le discernement est la base de la responsabilité, pour les mineurs comme pour les majeurs : celui qui était atteint, « au moment des faits, d'un trouble psychique ou neuropsychique ayant aboli son discernement ou le contrôle de ses actes » (CP, art. 122-1) pourra bénéficier d'une irresponsabilité pénale et ne pas être jugé. Il sera alors vraisemblablement admis en hôpital psychiatrique, dans une unité pour malades difficiles (UMD), un service hospitalier psychiatrique spécialisé dans le traitement des malades mentaux présentant un danger potentiel pour eux-mêmes ou pour autrui. Notons également que « dans toute procédure le concernant, le mineur capable de discernement peut [...] être entendu par le juge ou, lorsque son intérêt le commande, par la personne désignée par le juge à cet effet » : le discernement a ici aussi remplacé l'âge.

Les députés de 1791 en profitent pour inventer l'enquête sociale et de personnalité, ils estiment que l'audience doit être précédée « d'une enquête préalable sur la vie, sur les mœurs de l'accusé », mais cette louable intention n'est pas conservée.

Le code pénal de 1791 prévoit également que le mineur délinquant de plus de 16 ans bénéficie de mesures éducatives, ou d'une réduction de peine (le 20 septembre 1792, la majorité civile est fixée à 21 ans, pour les hommes comme pour les femmes : elle était à 25 ans depuis 1579).

Le mineur sans discernement est remis à ses parents, ou « placé dans une maison d'éducation correctionnelle pour y être élevé et détenu » (ancêtre des structures à vocation éducative).

Le mineur avec discernement est incarcéré pour une durée plus courte que s'il était majeur, et les mineurs sont incarcérés avec les majeurs, jusqu'à l'adoption de la loi du 5 août 1850 sur l'éducation et le patronage des jeunes détenus, qui crée des établissements spécialisés, colonies pénitentiaires et bagnes pour enfants.

2. LA NAISSANCE DE LA JUSTICE DES MINEURS

On a souvent affirmé que la justice des mineurs fait ses premiers pas le 22 juillet 1912, mais la loi du 12 avril 1906 avait déjà entrepris de modifier le code pénal : « lorsque le prévenu ou l'accusé aura moins de 18 ans, s'il est décidé qu'il a agi sans discernement, il sera acquitté ; mais il sera, selon les circonstances, remis à ses parents ou conduit dans une colonie pénitentiaire pour y être élevé et détenu pendant le nombre d'années que le jugement déterminera et qui, toutefois, ne pourra excéder l'époque où il aura atteint sa majorité » (ancien code pénal, art. 66). C'est dans cet acquittement pour défaut de discernement que naît la légende – encore véhiculée et malheureusement enseignée aujourd'hui – de « l'irréfragable irresponsabilité pénale des mineurs », qui n'existe plus depuis longtemps.

L'article 340 du code d'instruction criminelle de 1808 (remplacé en 1959 par le code de procédure pénale) ordonne au président du tribunal « si l'accusé a moins de dix-huit ans » de poser la question « à peine de nullité » : a-t-il agi avec discernement ?

L'ordonnance du 2 février 1945 a donc renforcé la loi existante, en fixant à la naissance l'âge de la responsabilité pénale (difficile de l'abaisser encore), elle n'a pas créé pour les mineurs l'impunité déplorée par nos députés, qui feraient bien de la lire (et de la comprendre) avant de la critiquer. Il faut néanmoins reconnaître qu'elle a été modifiée trente-trois fois en soixante-cinq ans (aux dernières nouvelles, par la loi Mercier du 10 août 2011, dont le gouvernement actuel abroge une à une les dispositions), et qu'elle n'en finit plus d'agoniser...

Or donc, le juge des enfants apparaît le 22 juillet 1912, mais un seul, installé dans un seul tribunal pour enfants, est nommé : il exerce sa compétence sur le département de la Seine (disparu le 1er janvier 1968, il rassemblait Paris, les Hauts-de-Seine, la Seine-Saint-Denis et le Val-de-Marne, c'est-à-dire le territoire du futur Grand Paris prévu pour 2016).

Il n'est encore qu'un juge répressif : l'assistance éducative lui sera confiée par l'ordonnance du 23 décembre 1958.

La première guerre mondiale met un terme à cette évolution du droit pénal des mineurs, et la seconde voit l'émergence de l'ordonnance du 2 février 1945, rédigée principalement par Jean Chazal (1907-1991), à la demande du docteur Raymond Grasset, secrétaire d'État à la famille et à la santé du gouvernement vichyste de Pierre Laval. Ami de l'écrivain Gilbert Cesbron, il lui inspira le personnage de Julien Lamy, le juge du roman *Chiens perdus sans collier* (1954), campé par Jean Gabin dans le film éponyme (1955). L'ordonnance sera promulguée à la Libération par le général De Gaulle, chef du gouvernement provisoire mis en place par le Comité français de la libération nationale.

3. L'ORDONNANCE DE 2 FÉVRIER 1945

L'ordonnance du 2 février 1945 – qui adapte le droit pénal et la procédure pénale à la minorité en proclamant que « la France n'est pas assez riche d'enfants pour qu'elle ait le droit de négliger tout ce qui peut en faire des êtres sains » – supprime la majorité pénale, et la remplace par le discernement.

La minorité devient une circonstance atténuante, mais les mineurs « capables de discernement » sont « pénalement responsables des infractions dont ils sont reconnus coupables » (CP, art. 122-8).

Le code de la justice pénale des mineurs (CJM) – qui aurait dû être adopté en 2010 ou en 2011 et semble définitivement enterré – abandonnait le discernement pour revenir à la notion objective d'âge : il fixait la majorité pénale à 13 ans.

L'ordonnance du 2 février 1945 s'articule autour de quatre principes :

- le privilège de juridiction (les mineurs au moment des faits sont jugés par une juridiction spécialisée) ;
- l'excuse de minorité (la minorité est une circonstance atténuante) ;
- la primauté de l'éducatif sur le répressif ;
- la personnalité du mineur, doit être prise en compte.

Le juge des enfants (JE), qui peut siéger en audience « de cabinet », le tribunal pour enfants (TPE), composé d'un juge des enfants et de deux assesseurs du tribunal pour enfants (ATPE), et la cour d'assises des mineurs (CAM) sont les juridictions pénales de premier ressort compétentes pour juger les infractions commises par des mineurs. La chambre spéciale des mineurs de la Cour d'appel et la Cour de cassation sont ensuite compétentes pour l'appel et le pourvoi.

La loi Mercier du 10 août 2011 a créé un tribunal correctionnel pour mineurs (TCM), devant lequel devaient être renvoyés les mineurs de plus de 16 ans « poursuivis pour un ou plusieurs délits punis d'une peine d'emprisonnement égale ou supérieure à trois ans et commis en état de récidive légale » (ordonnance, art. 24-1) : le gouvernement actuel a annoncé la prochaine disparition de cette juridiction qui n'a jamais vraiment fonctionné.

L'ordonnance du 2 février 1945 prévoit trois catégories de peines :

- les mesures d'avertissement (admonestation et remise à parents, accessibles sans limite d'âge et mentionnées au casier judiciaire, mesures de protection judiciaire) ;
- les sanctions éducatives, créées par la loi du 9 septembre 2002 (séjour en centre éducatif fermé ou stage de citoyenneté d'un mois maximum pour les mineurs d'au moins 13 ans), mesures de réparation pénale (créée par la loi du 4 janvier 1993) ou de composition pénale (code de procédure pénale, art. 41-2 et 41-3) ;
- les sanctions pénales (prison et amende accessibles dès 13 ans, ou de 20 à 120 heures de travail d'intérêt général pour les mineurs de plus de 16 ans).

L'incarcération des mineurs n'est possible qu'à partir de 13 ans (depuis 1945) : plus de 5 000 mineurs ont été incarcérés en 2009, et 1 500, placés en détention provisoire (*Les chiffres clés de la justice 2010*, ministère de la Justice et des libertés, 13 décembre 2010), 3 400 ont été scolarisés en 2010, et 2 ont obtenu le bac (*Les chiffres clés de l'administration pénitentiaire*, direction de l'administration pénitentiaire, 4 mai 2011).

4. LA RETENUE ET LA GARDE À VUE

Le mineur de moins de dix ans ne peut pas être placé en garde à vue, il ne peut faire l'objet d'aucune mesure de rétention.

Néanmoins, s'il « refuse ou se trouve dans l'impossibilité de justifier de son identité, il peut [...] être retenu sur place ou dans le local de police où il est conduit aux fins de vérification de son identité » (code de procédure pénale, art. 78-3). Il est présenté immédiatement à un officier de police judiciaire qui procède aux opérations de vérification nécessaires : ce cadre légal s'applique à tout le monde, mineur ou majeur, mais, en ce qui concerne les mineurs, « le procureur de la République doit être informé dès le début de la rétention ».

La personne « ne peut être retenue que pendant le temps strictement exigé par l'établissement de son identité », qui ne peut excéder quatre heures : cette disposition permet par exemple à la police d'identifier les fugueurs.

Le mineur de plus de dix ans peut être retenu par les services de police ou de gendarmerie, dans des conditions à peu près semblables à celles des gardes à vue pour personnes majeures.

Il ne peut, de dix à treize ans, être retenu (24 heures maximum) par les services de police ou de gendarmerie que s'il existe des indices laissant présumer qu'il a commis ou tenté de commettre un crime ou un délit pouvant être puni de cinq ans d'emprisonnement ou plus (la peine visée est ici la peine encourue mentionnée au code pénal : le mineur ne risque que deux ans et demi, en application de l'excuse de minorité), les parents ou le tuteur de l'enfant en sont informés immédiatement (sauf opposition du magistrat responsable de la retenue), ils peuvent, comme le mineur lui-même, désigner un avocat pour l'assister (en plus des droits accordés à toute personne majeure, le mineur de moins de 13 ans bénéficie sans avoir à le demander d'un avocat et d'un examen médical).

L'appellation « mineur en garde à vue » est théoriquement impossible pour un mineur de moins de 13 ans : sur un plan légal, on évoquera « le mineur retenu par les services de police (ou de gendarmerie) ».

Il peut, de treize ans à seize ans, être mis en garde à vue par les services de police ou de gendarmerie (la garde à vue est une décision policière, pas judiciaire : la justice, procureur ou juge, peut la demander, et en surveille les conditions), s'il existe des indices laissant présumer qu'il a commis ou tenté de commettre un crime ou un délit pouvant être puni d'une peine inférieure à cinq ans d'emprisonnement (24 heures) ou supérieure à cinq ans d'emprisonnement (48 heures), les parents ou le tuteur de l'enfant en sont informés immédiatement sauf opposition du magistrat responsable de la retenue. Dans ce cas, si l'enfant est soupçonné d'un crime ou d'un délit sanctionné par une peine inférieure à cinq ans d'emprisonnement, ils seront prévenus 12 heures après le début de la garde à vue, 24 heures dans le cas contraire. Ils peuvent, comme le mineur lui-même, désigner un avocat pour l'assister, en plus des droits accordés à toute personne majeure, le mineur de treize à quinze ans bénéficie systématiquement d'un examen médical, mais l'avocat ne sera appelé qu'à sa demande.

Il peut, de seize à dix-huit ans, être mis en garde à vue par les services de police ou de gendarmerie, s'il existe des indices laissant présumer qu'il a commis ou tenté de commettre un crime ou un délit pouvant être puni d'une peine d'emprisonnement (24 heures renouvelables une fois s'il a agi seul, 24 heures renouvelables deux fois s'il a agi en bande organisée). Les parents ou le tuteur de l'enfant en sont informés immédiatement, sauf opposition du magistrat responsable de la retenue. Dans ce cas, ils seront prévenus au maximum 24 heures après le début de la garde à vue, ils peuvent, comme le mineur lui-même, désigner un avocat pour l'assister, et un examen médical (le mineur de plus de seize ans ne bénéficie d'aucun avantage spécial par rapport à une personne majeure).

Tout interrogatoire de mineur fait l'objet d'un enregistrement audiovisuel, dont l'original est placé sous scellé et une copie versée au dossier, l'enregistrement pourra être visionné par la suite en cas de contestation du contenu du procès-verbal d'interrogatoire, il sera détruit à l'expiration d'un délai de 5 ans à compter de la date d'extinction de l'action publique, ou le tribunal en prononcera la destruction en rendant son jugement.

5. L'AVOCAT D'ENFANTS ET L'AIDE JURIDICTIONNELLE

Dans toute procédure qui le concerne (civile, pénale, disciplinaire), le mineur « capable de discernement » (CC, art. 388-1) peut être entendu seul, accompagné d'une personne (majeure) de son choix, ou assisté d'un avocat. S'il choisit d'être assisté d'un avocat (pendant sa garde à vue, son audition, etc.), ou si le juge procède à la désignation d'un avocat, le mineur bénéficie de droit de l'aide juridictionnelle (article 9-1 de la loi 91-647 du 10 juillet 1991 relative à l'aide juridique, complété par la loi 93-22 du 8 janvier 1993). La plupart des Barreaux (regroupements d'avocats par tribunal de grande instance, ou par département) tient à disposition une liste des « avocats d'enfants » (qui acceptent les clients mineurs en aide juridictionnelle) et organise des permanences dédiées.

L'avocat de l'enfant ne sera pas l'avocat de son ou de ses parent(s), il ne portera que la parole de l'enfant et n'aura pas de compte à leur rendre.

6. LA PERSONNALITÉ DU MINEUR DOIT ÊTRE PRISE EN COMPTE

Il est indispensable, « avant toute décision prononçant des mesures de surveillance et d'éducation ou, le cas échéant, une sanction éducative ou une peine à l'encontre d'un mineur pénalement responsable d'un crime ou d'un délit » (ordonnance, art. 5-1), que soient « réalisées les investigations nécessaires pour avoir une connaissance suffisante de sa personnalité et de sa situation sociale et familiale » et ainsi « assurer la cohérence des décisions pénales dont il fait l'objet ». L'ensemble des éléments relatifs à la personnalité d'un mineur est désormais versé dans un dossier unique de personnalité (DUP) « placé sous le contrôle du procureur de la République et du juge des enfants qui connaissent habituellement la situation de ce mineur » (ordonnance, art. 5-2) : ce DUP est donc centralisé, ce qui est une première dans le fonctionnement de la justice et il comprend les investigations accomplies lors des procédures d'assistance éducative. Il est ouvert dès la première mesure pénale d'investigation, actualisé et versé au dossier de chaque procédure, mais il ne peut être utilisé que devant les juridictions pour mineurs (pas, par exemple, dans un litige familial instruit par un JAF). Les informations contenues dans ce dossier sont confidentielles (faire état auprès d'un tiers des informations qu'il contient est un délit puni de 3 750 euros d'amende), il n'est accessible qu'aux avocats du mineur, de ses père et mère, tuteur ou représentant légal, et de la partie civile, aux professionnels de la protection judiciaire de la jeunesse et aux magistrats saisis de la procédure. Le juge des enfants peut autoriser les personnels du service ou de l'établissement du secteur associatif habilité saisi d'une mesure judiciaire concernant le mineur à le consulter : ils se retrouvent, du coup, tenu au secret professionnel (preuve supplémentaire qu'ils ne le sont pas de fait), ce qui complique encore un peu le cadre légal de ce secret professionnel, auquel plus personne ne comprend quelque chose, et que chacun, du coup, accommode à une sauce qui lui est favorable. On attend un décret en Conseil d'État pour fixer – après avis de la Commission nationale de l'informatique et des libertés – les conditions dans lesquelles le dossier est conservé après la majorité du mineur.

La protection des majeurs 12

Références juridiques

Loi 68-5 du 3 janvier 1968 portant réforme du droit des incapables majeurs
Loi 2007-308 du 5 mars 2007 portant réforme de la protection juridique des majeurs

La loi 2007-308 du 5 mars 2007 portant réforme de la protection juridique des majeurs est entrée en vigueur le 1er janvier 2009. Elle réforme les mesures de protection des majeurs (sauvegardes, curatelles et tutelle) créées par la loi 68-5 du 3 janvier 1968 portant réforme du droit des incapables majeurs, pour remplacer le régime d'interdiction décrété le 29 mars 1803, destiné aux majeurs qui se trouvent dans un état habituel d'imbécillité, de démence ou de fureur (CC, ancien art. 489).

1. L'OUVERTURE DE LA MESURE

La demande d'ouverture de la mesure peut être présentée au juge des tutelles par la personne elle-même, son conjoint, le partenaire avec qui elle a conclu un PACS ou son concubin (sauf si la vie commune a cessé entre eux), un parent ou un allié, une personne entretenant avec le majeur des liens étroits et stables, ou la personne qui exerce à son égard une mesure de protection juridique (CC art. 430). Le juge peut également être saisi par le procureur de la République soit d'office, soit à la demande d'un tiers. Le contenu de la demande est précisé par les articles 1218 et 1218-1 du code de procédure civile (CPC).

Le juge statue après avoir entendu la personne concernée, qui peut être accompagnée par un avocat ou, sous réserve de l'accord du juge, par toute autre personne de son choix (CC, art. 432). Le juge, sur avis du médecin, peut décider qu'il n'y a pas lieu de procéder à l'audition de l'intéressé si elle est de nature à porter atteinte à sa santé ou s'il est hors d'état d'exprimer sa volonté. Il s'agit ici du juge des tutelles, qui siège au tribunal d'instance : les fonctions de juge des tutelles des mineurs sont exercées par le juge aux affaires familiales (JAF) depuis le 1er janvier 2010 (le JAF prononce désormais l'émancipation, gère l'administration légale, la tutelle des mineurs et des pupilles de la Nation).

a Le certificat médical circonstancié

La demande est accompagnée, à peine d'irrecevabilité, d'un certificat circonstancié rédigé par un médecin choisi sur une liste établie par le procureur de la République (CC, art. 431) : il ne s'agit pas forcément d'un psychiatre. Le médecin en question peut solliciter l'avis du médecin traitant de la personne concernée.

Le certificat circonstancié (CPC, art. 1219) :

- décrit avec précision l'altération des facultés ;
- donne au juge tout élément d'information sur l'évolution prévisible de cette altération ;
- précise les conséquences de cette altération sur la nécessité d'une assistance ou d'une représentation du majeur dans les actes de la vie civile, tant patrimoniaux qu'à caractère personnel (c'est le médecin qui choisit entre tutelle et curatelle) ;
- sur l'exercice de son droit de vote (ne concerne que les majeurs en tutelle) ;
- indique si l'audition du majeur est de nature à porter atteinte à sa santé ou si celui-ci est hors d'état d'exprimer sa volonté (cela conduira le juge à le convoquer, ou non).

Le certificat est remis par le médecin au requérant sous pli cacheté, à l'attention exclusive du procureur de la République ou du juge des tutelles (idem) : il est protégé par le secret médical et n'a donc pas vocation à être lu, encore moins photocopié et conservé, par celui qui est à l'origine de la demande, fût-il professionnel, ou par le mandataire qui sera nommé, qui n'a même pas le droit de le consulter.

Le coût maximal de ce certificat est fixé par décret en Conseil d'État (au 1er janvier 2010, il est de 160 euros maximum (CPC, art. R. 217-1) selon le décret 2008-1485 du 22 décembre 2008 relatif à la tarification des certificats et avis médicaux établis dans le cadre des mesures judiciaires de protection juridique des majeurs) : les médecins détestent en général qu'on leur rappelle qu'il s'agit d'un coût maximal et non d'une tarification imposée.

Contourner le certificat médical circonstancié

Lorsque le certificat médical est requis par le procureur de la République, ou ordonné par le juge des tutelles, son coût est assumé par la justice (dans les conditions prévues par le 3° de l'article R93 du code de procédure pénale, qui prévoit la prise en charge des frais « assimilés aux frais de justice criminelle »). Son recouvrement est ensuite poursuivi selon les procédures et sous les garanties prévues en matière d'amende pénale (CPC, art. 1256). Il convient donc, lors d'un signalement, d'argumenter sur l'absence de certificat (impossibilité de le payer ou de le faire prendre en charge, refus de la personne à protéger de consulter un médecin), afin que le procureur ou le juge nomme le médecin et le fasse rémunérer (quitte à se faire rembourser par la suite, par un ayant-droit, le curateur ou le tuteur nommé, etc.).

b La nomination du mandataire

Le juge désigne en priorité, comme tuteur ou curateur, le conjoint de la personne protégée, le partenaire avec qui elle a conclu un pacte civil de solidarité ou son concubin, à moins que la vie commune ait cessé entre eux ou qu'une autre cause empêche de lui confier la mesure (CC, art. 449). Il nomme par défaut un parent, un allié ou une personne résidant avec le majeur protégé ou entretenant avec lui des liens étroits et stables (idem). Il tient compte de l'avis du majeur s'il peut le recueillir, de ses relations habituelles et des éventuelles recommandations de ses parents et alliés, ainsi que de son entourage : plus de la moitié des mesures prononcées sont ainsi « familiales ». Lorsque personne ne peut ou n'accepte d'assumer la mesure, elle se retrouve vacante : c'est le cas d'un peu plus de la moitié des mesures ordonnées. Le juge désigne alors un mandataire judiciaire à la protection des majeurs (CC, art. 450) inscrit sur une liste dressée et tenue à jour par le représentant de l'État dans le département (CASF, L. 471-2), c'est-à-dire le préfet. Il peut s'agir d'associations tutélaires (20 %), de mandataires indépendants (15 %), agréés par le préfet sur avis conforme du procureur de la République (CASF, art. L. 472-1) ou d'établissements ou de services (10 %) qui accueillent des personnes âgées ou qui leur apportent à domicile une assistance dans les actes quotidiens de la vie (CASF, art. L. 472-6). Les établissements sociaux et médico-sociaux dont la capacité d'accueil est supérieure à 80 places autorisées au titre de l'hébergement permanent (CASF, art. D. 472-13) ont désormais l'obligation de désigner un agent pour exercer l'activité de mandataire judiciaire à la protection des majeurs en qualité de préposé d'établissement hébergeant des majeurs (CASF, art. L. 472-5). Cette désignation est soumise à déclaration préalable auprès du représentant de l'État dans le département, qui en informe sans délai le procureur de la République (CASF, art. L. 472-6). La déclaration doit comporter un certain nombre d'informations détaillées (CASF, art. D. 472-13).

Les tuteur, curateur et mandataire ne sont pas astreints au secret professionnel, mais un assistant de service social recruté comme délégué à la tutelle par une association tutélaire reste astreint au secret professionnel « par état ».

c L'altération des facultés mentales ou corporelles

La majorité est fixée à dix-huit ans accomplis : à cet âge, chacun est capable d'exercer les droits dont il a la jouissance (CC, art. 414), mais, pour faire un acte valable, il faut être sain d'esprit (CC, art. 414-1). Les majeurs qui ne sont pas « sains d'esprit » doivent être assistés, ou représentés : toute personne dans l'impossibilité de pourvoir seule à ses intérêts en raison d'une altération, médicalement constatée, soit de ses facultés mentales, soit de ses facultés corporelles de nature à empêcher l'expression de sa volonté peut bénéficier d'une mesure de protection juridique (CC, art. 425). La mesure est destinée à la protection tant de la personne que des intérêts patrimoniaux de celle-ci (idem), mais elle peut toutefois être limitée expressément à l'une de ces deux missions (idem).

Le majeur placé sous un régime de protection reste civilement responsable de ses actes (CC, art. 414-3) : il doit donc être assuré. Il pourra bénéficier au pénal de circonstances atténuantes pour « trouble psychique ou neuropsychique ayant aboli son discernement ou le contrôle de ses actes » (CP, art. 122-1).

2. DES MESURES « À LA CARTE »

Le dispositif de protection s'adapte à la situation de chacun : les personnes majeures reçoivent la protection de leur personne et de leurs biens que leur état ou leur situation rend nécessaire (CC, art. 415). Il a pour finalité l'intérêt de la personne protégée (idem) et s'exerce dans le respect des libertés individuelles, des droits fondamentaux et de la dignité de la personne. Il « met la personne vulnérable au cœur du dispositif de protection » (introduction de la circulaire DACS CIV/01/09/C1 du 9 février 2009 relative à l'application des dispositions législatives et réglementaires issues de la réforme du droit de la protection juridique des mineurs et des majeurs). Une Charte des droits et libertés de la personne majeure protégée garantit le respect des libertés individuelles et des droits civiques, de la dignité et de l'intégrité, de l'autonomie et des liens familiaux ou personnels de la personne protégée, la confidentialité des informations la concernant et le droit à la protection de ses biens dans son intérêt exclusif. Le décret 2008-1556 du 31 décembre 2008 relatif aux droits des usagers des mandataires judiciaires à la protection des majeurs et des délégués aux prestations familiales qui crée cette charte détaille également le contenu minimal de la notice d'information qui doit être remise à la personne protégée et accompagnée d'explications orales adaptées à son niveau de compréhension (CASF, art. D. 471-7). Les mesures doivent être révisées tous les cinq ans, ce qui permet de les adapter à l'évolution de l'état de santé du majeur protégé.

a La sauvegarde de justice

La sauvegarde de justice (CC, art. 433 à 439) est une mesure provisoire, limitée à un an, renouvelable une fois (CC, art. 439). Elle permet au juge des tutelles saisi d'une procédure de curatelle ou de tutelle (CC, art. 433) de placer pour la durée de l'instance une personne qui a besoin d'une protection juridique temporaire ou d'être représentée pour l'accomplissement de certains actes déterminés. Le juge peut nommer un mandataire dit « spécial » ou confier la défense des intérêts de la personne protégée à sa famille. Il peut, en cas d'urgence, statuer sans avoir procédé à l'audition de la personne, mais il entend celle-ci dans les meilleurs délais, sauf si, sur avis médical, son audition est de nature à porter préjudice à sa santé ou si elle est hors d'état d'exprimer sa volonté.

La personne placée sous sauvegarde conserve l'exercice de ses droits, mais elle ne peut faire un acte pour lequel un mandataire a été désigné.

Le juge des tutelles le nomme si la situation le nécessite, pour accomplir un ou plusieurs actes, même de disposition, énumérés dans l'ordonnance et rendus nécessaires par la gestion du patrimoine de la personne protégée : le mandat qu'il reçoit est adapté à la situation, c'est en cela qu'il est « spécial ».

Le juge peut à tout moment ordonner la mainlevée de la mesure si le besoin de protection cesse. La sauvegarde prend fin après l'accomplissement des actes pour lesquels elle a été ordonnée, ou par l'ouverture d'une mesure de curatelle ou de tutelle.

Le mandataire spécial est tenu de rendre compte de l'exécution de son mandat à la personne protégée et au juge.

b La sauvegarde médicale

La sauvegarde peut également résulter d'une déclaration faite (par le médecin) au procureur de la République dans les conditions prévues par l'article L. 3211-6 du code de la santé publique (CC, art. 434), qui précise que « le médecin qui constate que la personne à laquelle il donne ses soins a besoin [...] d'être protégée dans les actes de la vie civile peut en faire la déclaration au procureur de la République du lieu de traitement » : cette déclaration médicale a pour effet de placer le malade sous sauvegarde de justice si elle est accompagnée « de l'avis conforme d'un psychiatre ». Le médecin est « tenu, lorsqu'une personne est soignée dans un établissement de santé » (idem), s'il constate que l'état de cette personne nécessite une mesure de protection, d'en faire la déclaration au procureur de la République du lieu de traitement. Le préfet est informé par le procureur de la mise sous sauvegarde. La sauvegarde prend fin au bout d'un an (renouvelable une fois), ou par déclaration médicale faite au procureur de la République.

c La rescision pour lésion

Une sauvegarde sans mandataire est virtuelle, mais les actes que la personne protégée a passés et les engagements qu'elle a contractés pendant la durée de la mesure peuvent être rescindés pour simple lésion ou réduits en cas d'excès : les tribunaux doivent prendre en considération l'utilité ou l'inutilité de l'opération, l'importance ou la consistance du patrimoine de la personne protégée et la bonne ou mauvaise foi de ceux avec qui elle a contracté (CC, art. 435).

La rescision est la destruction prononcée par le tribunal d'un acte qui a lésé la personne protégée. La réduction pour excès est l'action de demander au tribunal de ramener à de justes limites un acte excessif par rapport à sa fortune. L'action appartient à la personne protégée et, après sa mort, à ses héritiers, sous certaines conditions : que l'acte porte en lui-même la preuve d'un trouble mental, qu'il ait été fait alors que l'intéressé(e) était placé(e) sous sauvegarde de justice, qu'une demande de tutelle ou de curatelle ait été introduite avant son décès aux fins d'ouverture d'une curatelle ou d'une tutelle, ou qu'effet ait été donné au mandat de protection future. Elle s'éteint au bout de cinq ans (CC, art. 414-2).

d La curatelle

Le dispositif de protection est conçu comme un dispositif « par substitution » : la curatelle est prononcée s'il est établi que la sauvegarde de justice ne peut assurer une protection suffisante (CC, art. 440). Le juge peut placer sous curatelle la personne qui, sans être hors d'état d'agir elle-même, a besoin [...] d'être assistée ou contrôlée d'une manière continue dans les actes importants de la vie civile : la curatelle est une mesure d'assistance et de contrôle.

La curatelle est mentionnée en marge de l'acte de naissance.

La personne placée en curatelle n'est pas frappée d'incapacité, mais elle a besoin de l'assistance de son curateur (qui se manifeste par l'apposition de sa signature à côté de celle de la personne protégée) pour un certain nombre d'actes (introduire une action ou se défendre en justice, faire une donation, se marier, signer la convention par laquelle elle conclut un pacte civil de solidarité, conclure un mandat de protection future, etc.). Elle peut par contre rompre seule son PACS et rédiger un testament, elle choisit librement son lieu de résidence et entretient librement des relations personnelles avec tout tiers, parent ou non (CC, art. 459-2). Elle a le droit d'être visitée et d'être hébergée par lesdits tiers. Elle conserve l'autorité parentale et peut librement l'exercer : d'une manière plus générale, « l'accomplissement des actes dont la nature implique un consentement strictement personnel » (déclaration de naissance et reconnaissance d'un enfant, déclaration du choix ou du changement du nom d'un enfant, consentement donné à sa propre adoption, à celle de son enfant, accès aux soins, etc.) « ne peut jamais donner lieu à assistance » (CC, art. 458). La personne en curatelle « prend seule les décisions relatives à sa personne dans la mesure où son état le permet » (CC, art. 459) : le curateur est cantonné, sauf exceptions, à la gestion des biens. En cas de désaccord, le juge des tutelles doit être saisi.

Les capitaux revenant de la personne en curatelle (loyers, salaire, pension) sont versés sur un compte (bancaire, de caisse d'épargne) ouvert à son nom, dont l'intitulé mentionne le régime de protection (CC, art. 468). La curatelle renforcée (CC, art. 472) permet au curateur de percevoir les revenus de la personne en curatelle sur un compte ouvert à son nom. Il règle les dépenses et dépose l'excédent sur un compte laissé à la disposition de l'intéressé ou le verse entre ses mains (c'est ce que les curateurs ont tendance à appeler « l'argent de poche » dont l'utilisation par la personne protégée n'a pas à être justifiée). La curatelle renforcée est soumise à quelques dispositions propres à la tutelle : inventaire des biens (CC, art. 503) et vérification du compte de gestion (CC, art. 510).

La personne protégée doit recevoir de son curateur, selon des modalités adaptées à son état, toutes informations sur sa situation personnelle, les actes concernés, leur utilité, leur degré d'urgence, leurs effets et les conséquences d'un refus de sa part (CC, art. 457-1).

La durée d'une curatelle ne peut excéder cinq ans (CC, art. 441), le juge peut la renouveler pour une même durée (CC, art. 442), mais, « lorsque l'altération des facultés personnelles de l'intéressé n'apparaît manifestement pas susceptible de connaître une amélioration selon les données acquises de la science, le juge peut, par décision spécialement motivée et sur avis conforme du médecin [...] renouveler la mesure pour une durée plus longue qu'il détermine ».

e La tutelle

La personne qui, en raison d'une altération, médicalement constatée, soit de ses facultés mentales, soit de ses facultés corporelles de nature à empêcher l'expression de sa volonté (CC, art. 425), doit être représentée d'une manière continue dans les actes de la vie civile, peut être placée en tutelle (CC, art. 440) : la tutelle est une mesure de représentation, la personne en tutelle est représentée par son tuteur, qui agit à sa place.

La personne en tutelle est frappée d'incapacité : les droits dont elle continue à jouir sont exercés par son tuteur, qui devient son représentant légal.

La tutelle est mentionnée en marge de l'acte de naissance.

Le juge peut organiser la tutelle avec ou sans conseil de famille (CC, art. 456), qui fonctionne comme le conseil de famille des mineurs. Il est composé d'au moins quatre membres (CC, art. 399). Le juge des tutelles le préside, avec une voix prépondérante (CC, art. 400). Il désigne les membres du conseil de famille selon les sentiments exprimés par la personne protégée, de ses relations habituelles, de l'intérêt porté à son égard et des recommandations éventuelles de ses parents et alliés, ainsi que de son entourage. Le conseil de famille désigne le tuteur, le subrogé tuteur, le tuteur *ad hoc* si nécessaire (le subrogé tuteur surveille les actes passés par le tuteur, le tuteur *ad hoc* le remplace si nécessaire). En l'absence de conseil de famille, les décisions sont prises par le juge.

La personne en tutelle conserve l'autorité parentale, mais elle ne peut plus l'exercer : elle conserve la capacité de jouissance, mais perd la capacité d'exercice (son tuteur n'a aucun pouvoir sur ses enfants mineurs : il conviendra de saisir le JAF de cette question).

Elle conserve le droit d'accomplir seule les actes dont la nature implique un consentement strictement personnel : déclaration de naissance et reconnaissance d'un enfant, déclaration du choix ou du changement du nom d'un enfant, consentement donné à sa propre adoption, à celle de son enfant, accès aux soins (CC, art. 458). Elle a besoin, pour se marier ou se pacser, de l'autorisation du juge ou du conseil de famille (CC, art. 460) : l'autorisation n'est donnée qu'après audition des futurs conjoints.

La personne en tutelle choisit librement son lieu de sa résidence, mais elle est domiciliée chez son tuteur. Elle entretient librement des relations personnelles avec tout tiers, parent ou non (CC, art. 459-2), elle a le droit d'être visitée et d'être hébergée par ces mêmes tiers : il n'est donc pas possible d'utiliser la tutelle pour « placer » une personne âgée en maison de retraite.

Elle peut, avec l'autorisation du juge ou du conseil de famille, être assistée ou représentée par le tuteur pour faire des donations. Elle peut faire un testament avec l'autorisation du juge ou du conseil de famille : le tuteur ne peut ni l'assister ni la représenter à cette occasion. Elle peut révoquer le testament fait avant ou après l'ouverture de la tutelle, mais le testament fait avant reste valable (CC, art. 476). La personne en tutelle conserve son droit de vote (elle le perdait jadis systématiquement), sauf décision contraire du juge : lorsqu'il ouvre ou renouvelle une mesure de tutelle, le juge statue sur le maintien ou la suppression du droit de vote de la personne protégée (code électoral, art. L. 5).

Le juge ou le conseil de famille décide des conditions dans lesquelles le tuteur chargé d'une mission de protection de la personne rend compte des diligences qu'il accomplit à ce titre (CC, art. 463), mais on ignore ce que le législateur cache derrière cette formule alambiquée de protection de la personne.

La durée d'une tutelle ne peut excéder cinq ans (CC, art. 441). Le juge peut la renouveler pour une même durée (CC, art. 442), mais, « lorsque l'altération des facultés personnelles de l'intéressé n'apparaît manifestement pas susceptible de connaître une amélioration selon les données acquises de la science, le juge peut, par décision spécialement motivée et sur avis conforme du médecin [...] renouveler la mesure pour une durée plus longue qu'il détermine ».

3. LE MANDATAIRE JUDICIAIRE À LA PROTECTION DES MAJEURS

a La rémunération du mandataire

Le mandataire, le tuteur et le curateur peuvent prétendre à une rémunération, qui prend le nom d'émoluments (sommes imposables mais non sujettes à charges sociales).

Les mesures dites « familiales » ne sont pas rémunérées, sauf exception.

Le coût des mesures est à la charge totale ou partielle de la personne protégée en fonction de ses ressources (CASF, art. L. 471-5). Lorsqu'il ne peut pas être intégralement supporté par la personne protégée, ou lorsque le montant des ressources qu'elle perçoit est inférieur ou égal au montant annuel de l'allocation aux adultes handicapés (CASF, art. R. 471-5-2) il est pris en charge par l'État (CASF, art. L. 361-1). Le montant du prélèvement effectué sur les revenus du majeur protégé est défini par l'article R. 471-5-2 CASF, issu de l'article 1 du décret 2008-1554 du 31 décembre 2008 :

- 7 % pour la tranche des revenus annuels soumis à prélèvement supérieure strictement au montant annuel de l'allocation aux adultes handicapés et inférieure ou égale au montant brut annuel du salaire minimum interprofessionnel de croissance en vigueur au 1er janvier de l'année de perception des revenus ;
- 15 % pour la tranche des revenus annuels soumis à prélèvement supérieure strictement au montant brut annuel du salaire minimum interprofessionnel de croissance en vigueur au 1er janvier de l'année de perception des revenus et inférieure ou égale au même montant majoré de 150 % ;
- 2 % pour la tranche des revenus annuels soumis à prélèvement supérieure strictement au montant brut annuel du salaire minimum interprofessionnel de croissance en vigueur au 1er janvier de l'année de perception majoré de 150 % et inférieure ou égale à 6 fois le montant brut annuel du salaire minimum interprofessionnel de croissance en vigueur au 1er janvier de l'année de perception.

La rémunération du mandataire est donc proportionnelle aux revenus perçus. On y ajoute annuellement le remboursement des frais engagés (déplacements, affranchissements, etc.), sur autorisation du juge.

b La formation du mandataire

Les mandataires judiciaires à la protection des majeurs doivent satisfaire à des conditions de moralité, d'âge, de formation certifiée par l'État et d'expérience professionnelle (CASF, art. L. 471-4). Ils doivent avoir suivi avec succès une formation complémentaire attestant des compétences nécessaires à l'exercice des fonctions de mandataire judiciaire (CASF, art. D. 471-3). Le certificat national de compétence qui est délivré à l'issue de cette formation de trois cents heures existe avec trois mentions : MJPM (mandataire judiciaire à la protection des majeurs), MAJ (mesure d'accompagnement judiciaire) et « délégué aux prestations familiales ». Le contenu est défini par l'arrêté du 2 janvier 2009 relatif à la formation complémentaire préparant aux certificats nationaux de compétence de mandataire judiciaire à la protection des majeurs et de délégué aux prestations familiales. Il existe même un diplôme universitaire (DU) de mandataire judiciaire à la protection des majeurs, qui permet la délivrance du certificat national de compétence.

Mandat de protection future, personne de confiance et testament

13

Références juridiques

Loi 2007-308 du 5 mars 2007 portant réforme de la protection juridique des majeurs
Articles L. 1111-4 et L. 1111-6 du code de la santé publique
Article 403 du code civil

1. LE MANDAT DE PROTECTION FUTURE

Le mandat de protection future a été créé par la loi du 5 mars 2007, applicable au 1er janvier 2009. Il permet à toute personne majeure ou mineure émancipée ne faisant pas l'objet d'une mesure de tutelle (CC, art. 477) d'anticiper l'organisation de sa propre protection, c'est-à-dire de choisir celui qui sera chargé de la représenter le jour où elle ne pourra plus pourvoir seule à ses intérêts (idem). Il est possible de désigner une ou plusieurs personnes. Le mandat de protection future est détaillé dans le code civil (CC, art. 477 à 494).

a Anticiper la protection de son enfant

Les parents ou le dernier vivant des père et mère, s'ils exercent l'autorité parentale sur leur enfant mineur, ou assument la charge matérielle et affective de leur enfant majeur, peuvent, si cet enfant ne peut pas pourvoir seul à ses intérêts, désigner un ou plusieurs mandataires chargé(s) de le représenter : cette désignation prend effet à compter du jour où le mandant décède, ou ne peut plus prendre soin de l'intéressé (CC, art. 477).

Le mandat qui permet aux parents de désigner un ou plusieurs mandataires pour leur enfant ne peut être conclu que par acte notarié.

Cette disposition ne concerne que les enfants susceptibles d'être placés, une fois majeurs, sous un régime de protection des majeurs : elle n'est en aucun cas un moyen pour les parents de désigner celui qui prendra en charge leur enfant mineur s'ils devaient décéder prématurément.

b Un mandataire librement choisi

Le mandataire est librement choisi par le mandant : il peut être une personne physique (ami, proche, membre de la famille, professionnel libéral), ou une personne morale inscrite sur la liste des mandataires judiciaires à la protection des majeurs. Il doit jouir de la capacité civile.

Le mandat prend effet lorsque le mandant ne peut plus pourvoir seul à ses intérêts.

Le mandataire doit alors produire le mandat au greffe du tribunal d'instance, accompagné du « certificat médical circonstancié » émanant d'un médecin inscrit sur la liste des médecins pouvant établir le certificat médical circonstancié nécessaire pour l'ouverture d'une mesure de protection. Une fois sa mission entamée, le mandataire ne pourra être déchargé de ses fonctions que par le juge des tutelles, à qui, chaque année, il rendra des comptes, pour justifier de sa bonne gestion. Tout intéressé peut saisir le juge des tutelles aux fins de contester la mise en œuvre du mandat ou de voir statuer sur les conditions et modalités de son exécution (CC, art. 484).

C Un mandat simple à conclure

Le mandat peut être conclu par acte notarié ou tout simplement par acte sous seing privé.

Le mandat sous seing privé peut être contresigné par un avocat, mais ce n'est pas une obligation. S'il n'est pas contresigné par un avocat, il doit être enregistré à la recette des impôts pour que sa date soit incontestable (les frais d'enregistrements sont d'environ 125 euros, à la charge du mandant). Le décret n° 2007-1702 du 30 novembre 2007 relatif au modèle de mandat de protection future sous seing privé définit le modèle du mandat sous seing privé qui n'est pas contresigné par un avocat (CERFA 13592*02). Une notice d'information, dont le contenu est précisé par l'arrêté du 30 novembre 2007 relatif à la notice d'information jointe au modèle de mandat de protection future sous seing privé, est très facilement accessible en ligne sur le site www.vos-droits.justice.gouv.fr.

2. LA PERSONNE DE CONFIANCE

Le code de la santé publique prévoit que toute personne prend, avec le professionnel de santé et compte tenu des informations et des préconisations qu'il lui fournit, les décisions concernant sa santé (CSP, art. L. 1111-4), et qu'aucun acte médical ni aucun traitement ne peut être pratiqué sans le consentement libre et éclairé de la personne et ce consentement peut être retiré à tout moment. Lorsque la personne est hors d'état d'exprimer sa volonté, « aucune intervention ou investigation ne peut être réalisée, sauf urgence ou impossibilité, sans que la personne de confiance [...] ou la famille, ou à défaut, un de ses proches ait été consulté ».

La personne de confiance, préalablement désignée par écrit et révocable à tout moment, peut être un parent, un proche ou le médecin traitant (CSP, art. L. 1111-6).

Elle est consultée au cas où la personne qui a pris la précaution de la désigner serait hors d'état d'exprimer sa volonté et de recevoir l'information nécessaire à la prise de décisions médicales. La personne de confiance porte la parole du malade : elle ne décide rien elle-même, ne signe rien, et ne peut pas accéder au dossier médical (sauf s'il s'agit du médecin traitant). Elle informe simplement le médecin sur ce que la personne qu'elle représente aurait voulu, mais le médecin n'est pas envers elle « relevé » de son secret professionnel.

Cette désignation est facultative, nul hôpital ou maison de retraite (etc.) ne peut l'imposer. De nombreux établissements de soins proposent des modèles de formulaire de désignation, mais la personne de confiance peut être désignée sur papier libre.

Si le malade le souhaite, la personne de confiance l'accompagne dans ses démarches et assiste aux entretiens médicaux afin de l'aider dans ses décisions.

Ces dispositions ne s'appliquent pas lorsqu'une mesure de tutelle est ordonnée : le juge des tutelles peut confirmer la mission de la personne de confiance antérieurement désignée, ou la révoquer (une personne en sauvegarde ou en curatelle peut nommer une personne de confiance : il suffit simplement d'être majeur ou émancipé).

3. LE TESTAMENT DES PARENTS

On affirme volontiers que l'enfant dont les parents disparaissent prématurément est confié à son parrain ou à sa marraine : ce serait même l'intérêt du baptême religieux et du baptême civil. C'est une légende. S'il n'y a pas de tuteur testamentaire, si celui qui a été désigné vient à cesser ses fonctions, ou s'il les refuse, plusieurs juges pourront statuer sur l'avenir de l'enfant :

- le juge des tutelles des mineurs (fonction exercée par le JAF) pourra désigner un tuteur, ou présider le conseil de famille qui le nommera ;
- le juge aux affaires familiales devra, s'il est saisi de cette question, statuer sur la délégation de l'exercice de l'autorité parentale, et pourra décider de mesures provisoires dans l'intérêt de l'enfant (comme de le confier provisoirement à un tiers) ;
- le juge des enfants pourra être saisi directement par une des parties ou par le parquet (on fait généralement appel à lui quand l'enfant se retrouve otage d'un conflit familial) pour décider de mesures provisoires dans l'intérêt de l'enfant (comme de le confier provisoirement à un tiers).

Il est donc prudent d'anticiper, quand on est parent, en décidant par testament du devenir de son enfant et en désignant celui à qui on souhaite qu'il soit confié.

Cette désignation ne peut être faite que dans la forme d'un testament, ou d'une déclaration spéciale devant notaire (CC, art. 403), elle s'impose alors au conseil de famille, sauf si l'intérêt du mineur commande au juge de l'écarter.

Le testament peut être rédigé par le notaire : c'est alors un acte authentique (et les honoraires du notaire sont libres). Le testament peut aussi être écrit de la main du testateur, daté et signé (et surtout pas dactylographié !) : c'est alors un testament olographe (CC, art. 970), qui ne doit respecter aucune forme préétablie.

Un testament olographe est un acte sous seing privé, il se conteste plus facilement après le décès qu'un testament authentique.

Un testament olographe peut être enregistré, par un notaire, au fichier central des dispositions de dernières volontés (FCDDV) : un tel enregistrement coûte une quarantaine d'euros. Un testament authentique y est systématiquement enregistré.

Le plus prudent est de nommer dans le testament un exécuteur testamentaire, qui pourra éventuellement contester la décision du juge si elle ne respecte pas le choix des parents. L'exécuteur testamentaire peut être n'importe qui, ami ou membre de la famille.

Il est également prudent de suggérer, dans ce même testament, une demi-douzaine de personnes susceptibles de siéger au conseil de famille : ils ne doivent pas forcément faire partie de la famille au sens biologique du terme, juste être proches des parents et surtout, de leur(s) enfant(s). Le tuteur désigné par le père ou la mère n'est évidemment pas obligé d'accepter la tutelle.

Les mesures d'accompagnement (MASP, MAJ et MJAGBF)

14

La loi 2009-526 du 12 mai 2009 de simplification et de clarification du droit et d'allégement des procédures a supprimé la TPS (tutelle aux prestations sociales) : la TPSA (adultes) a été remplacée par la MASP (mesure d'accompagnement social personnalisé), la TPSE (enfants) a été remplacée par la MJAGBF (mesure judiciaire d'aide à la gestion du budget familial), créée par la loi du 5 mars 2007 portant réforme de la protection juridique des majeurs et organisée par le décret d'application 2008-1486 du 30 décembre 2008 relatif au placement des mineurs et à la mesure judiciaire d'aide à la gestion du budget familial. La loi du 5 mars 2007 a également créé la mesure d'accompagnement judiciaire (MAJ).

La TPS apparaissait dans le code de la sécurité sociale (CSS), la MASP apparaît dans les articles L. 271-1 à L. 271-8 du code de l'action sociale et des familles (CASF), la MJAGBF est prévue par l'article 375-9-1 du code civil (et détaillée dans les articles 1200-2 à 1200-13 du code procédure civile), et la MAJ est inscrite dans le code civil (CC, articles 495 à 495-9).

1. LA TUTELLE AUX PRESTATIONS SOCIALES

La tutelle aux prestations sociales (TPS), instaurée par la loi 66-774 du 18 octobre 1966, n'était pas une mesure de protection, mais une mesure d'accompagnement social. Elle permettait que les allocations sociales (RMI, AAH, etc.), soient versées à un tuteur en prestation sociale, qui les gérait dans l'intérêt du bénéficiaire, qui n'était frappé d'aucune incapacité et conservait la libre disposition de son salaire et autres revenus éventuels.

La TPSE était de la compétence du juge des enfants.

La TPSA était de la compétence du juge des tutelles. Elle était souvent prononcée en même temps qu'une curatelle ou qu'une tutelle, pour en assurer le financement (la TPSA et la TPSE étaient financées par la CAF, à hauteur de 200 euros par mois environ).

a La suppression des allocations familiales

La TPS est née de l'article 16 du décret-loi (ancêtre des ordonnances) du 29 juillet 1939, qui permettait que soient suspendues les prestations familiales lorsque l'éducation des enfants était défaillante. Le 18 novembre

1942, la loi crée un tuteur aux allocations familiales chargé de gérer ces allocations : le régime de Vichy pense que supprimer les allocations est inutile et contre-productif.

La suppression des allocations familiales pour absentéisme scolaire (CSS, ancien art. L. 552-3) a été supprimée par la loi 2004-1 du 2 janvier 2004 relative à l'accueil et à la protection de l'enfance. Le décret 2004-162 du 19 février 2004 a instauré une contravention de quatrième classe (CP, art. R. 624-7) qui sanctionne d'une amende de 750 euros les familles qui n'ont pas pris les mesures nécessaires pour remédier à l'absentéisme de leur enfant. Les « émeutes » de 2005 ont fait réapparaître la suppression des allocations familiales : le décret 2006-1104 du 1er septembre 2006 a instauré le contrat de responsabilité parentale (CRP) qui permet, à la demande du président du conseil général, la suspension des prestations liées à l'enfant faisant l'objet du contrat (CASF, art. R. 222-4-5).

2. LA MESURE D'ACCOMPAGNEMENT SOCIAL PERSONNALISÉ (MASP)

La MASP est une mesure administrative contractuelle et provisoire mise en place par les services sociaux du conseil général. Elle est ouverte à toute personne majeure qui perçoit des prestations sociales et dont la santé ou la sécurité est menacée par les difficultés qu'elle éprouve à gérer ses ressources (CASF, art. L. 271-1). Son but est de permettre à la personne concernée de reprendre à terme la gestion de ses prestations sociales, mais une MASP peut également être ouverte à l'issue d'une MAJ arrivée à échéance.

La MASP comporte une aide à la gestion de ses prestations sociales et un accompagnement social individualisé. Elle prend la forme d'un contrat conclu entre l'intéressé et le département, représenté par le président du conseil général (idem), mais la gestion de la mesure peut être déléguée par convention à une autre collectivité territoriale, à un établissement public de coopération intercommunale ou à un centre communal ou intercommunal d'action sociale, une association ou un organisme à but non lucratif ou un organisme débiteur de prestations sociales (CASF, art. L. 271-3).

La MASP repose sur des engagements réciproques : le contrat d'accompagnement social personnalisé (CASP) prévoit des actions en faveur de l'insertion sociale, et d'autres qui tendent à rétablir les conditions d'une gestion autonome des prestations sociales. Il est conclu pour une durée de six mois à deux ans (CASF, art. 271-2), et peut être à tout moment modifié par avenant. Il peut être renouvelé, après avoir fait l'objet d'une évaluation, mais la durée totale d'une MASP ne peut en aucun cas excéder quatre ans.

Le bénéficiaire du contrat peut autoriser le département à percevoir et à gérer pour son compte tout ou partie des prestations sociales qu'il perçoit, qui sont alors affectées en priorité au paiement du loyer et des charges locatives : de nombreux départements appellent cette mesure MASP2, ou MASP renforcée.

Si l'intéressé refuse de signer le contrat d'accompagnement social personnalisé (CASP) ou n'en respecte pas les clauses, le président du conseil général peut saisir le juge des tutelles pour que soit procédé au versement direct des prestations sociales au bailleur, à hauteur du montant du loyer et des charges locatives dont il est redevable (CC, art. L. 271-5) : c'est ce que les conseils généraux appellent souvent MASP3, ou MASP aggravée.

Cette procédure n'est envisageable que si l'intéressé ne s'est pas acquitté de ses obligations locatives depuis au moins deux mois, et elle ne peut avoir pour effet de le priver des ressources nécessaires à sa subsistance et à celle des personnes dont il assume la charge effective et permanente. Le juge fixe la durée du prélèvement dans la limite de deux ans renouvelables sans que la durée totale de celui-ci puisse excéder quatre ans.

Une contribution aux frais de gestion de la mesure peut être demandée au bénéficiaire (CASF, art. L. 271-4) : son montant est fixé par le président du conseil général, et calculé selon les ressources de l'intéressé, dans la limite d'un plafond calqué sur la rémunération des mandataires judiciaires à la protection des majeurs (CASF, art. D. 271-5). Il semblerait qu'aucun département ne profite de cette possibilité.

Lorsque la MASP n'a pas permis à son bénéficiaire de surmonter ses difficultés, et que sa santé ou sa sécurité en est compromise, le président du conseil général transmet au procureur de la République un rapport comportant une évaluation de la situation sociale et pécuniaire de la personne ainsi qu'un bilan des actions personnalisées menées auprès d'elle (CASF, art. L. 271-6). Il joint à ce rapport les informations dont il dispose sur la situation médicale du bénéficiaire : elles doivent être transmises sous pli cacheté pour que le secret médical ne soit pas rompu. Si le procureur de la République requiert du juge des tutelles l'ouverture d'une sauvegarde de justice, d'une curatelle, d'une tutelle, ou d'une mesure d'accompagnement judiciaire, il en informe le président du conseil général.

3. LA MESURE D'ACCOMPAGNEMENT JUDICIAIRE (MAJ)

La mesure d'accompagnement judiciaire (MAJ) est une mesure contraignante, prononcée par le juge des tutelles, qui n'entraîne aucune incapacité (CC, art. 495-3). Elle permet à un mandataire judiciaire à la protection des majeurs de percevoir et de gérer tout ou partie des prestations sociales d'une personne majeure, en vue de rétablir son autonomie dans la gestion de ses ressources. Elle a vocation à être prononcée lorsqu'une MASP n'a pas fonctionné, et que la santé ou la sécurité de la personne concernée est compromise (CC, art. 495), mais la MAJ qui ne fonctionne pas non plus peut être suivie d'une MASP (qui sera quatre ans plus tard remplacée par une MAJ : l'altération des facultés est indispensable pour bénéficier d'une curatelle).

La MAJ ne peut pas être prononcée en complément d'une mesure de protection juridique (sauvegarde, curatelle, tutelle), et le prononcé d'une mesure de protection juridique met fin de plein droit à la MAJ (CC, art. 495-1), mais impossible de prononcer une MAJ à l'égard d'une personne mariée lorsque son époux permet une gestion satisfaisante des prestations sociales de l'intéressé. Le procureur de la République apprécie l'opportunité (de la mesure) au vu du rapport des services sociaux (CC, art. 495-2) et saisit le juge, qui statue après avoir entendu la personne concernée. La MAJ porte sur la gestion des prestations sociales choisies par le juge (CC, art. 495-4), mais les prestations pour lesquelles le juge des enfants a ordonné une mesure judiciaire d'aide à la gestion du budget familial (MJAGBF) sont de plein droit exclues de la MAJ et les professionnels chargés de l'exécution de ces mesures dans un même foyer doivent s'informer mutuellement des décisions qu'ils prennent (CC, art. 495-5).

Seul un mandataire judiciaire à la protection des majeurs peut être désigné par le juge pour exercer la mesure d'accompagnement judiciaire (CC, art. 495-6). Il perçoit les prestations sur un compte ouvert au nom de la personne auprès d'un établissement bancaire ou de caisse d'épargne (CC, art. 495-6). Il gère ces prestations dans l'intérêt de la personne en tenant compte de son avis et de sa situation familiale. Il exerce auprès d'elle une action éducative tendant à rétablir les conditions d'une gestion autonome des prestations sociales.

Le juge fixe la durée de la mesure : elle ne peut excéder deux ans.

Il peut, à la demande de la personne protégée, du mandataire ou du procureur de la République, la renouveler par décision spécialement motivée sans que la durée totale puisse excéder quatre ans (CC, art. 495-8).

4. L'ACCOMPAGNEMENT EN ÉCONOMIE SOCIALE ET FAMILIALE (AESF)

L'accompagnement en économie sociale et familiale (AESF) est une des aides proposées aux familles rencontrant des difficultés, au titre de l'aide sociale à l'enfance (CASF, art. L. 222-3).

Il repose sur le volontariat et ne peut être mis en œuvre qu'à la demande ou avec l'accord des parents. Il a pour objectif d'aider les parents dans la gestion de leur budget. Il est assuré par un professionnel formé à l'économie sociale et familiale (conseillère en économie sociale et familiale, ou assistante sociale). L'AESF précède souvent la mise en place d'une MJAGBF.

5. LA MESURE JUDICIAIRE D'AIDE À LA GESTION DU BUDGET FAMILIAL (MJAGBF)

Lorsque les prestations familiales ou le revenu de solidarité active (RSA) versé aux personnes isolées qui assument la charge d'un ou de plusieurs enfants (ou à la femme isolée en état de grossesse qui a effectué la déclaration de grossesse et les examens prénataux) ne sont pas employés pour les besoins liés au logement, à l'entretien, à la santé et à l'éducation des enfants, et que l'AESF (CASF, art. L. 222-3) n'apparaît pas suffisant, le juge des enfants peut ordonner qu'elles soient versées à une personne physique ou morale qualifiée, dite « déléguée aux prestations familiales » (CC, art. 375-9-1). Le délégué s'efforce de recueillir l'adhésion des bénéficiaires et de répondre aux besoins liés à l'entretien, à la santé et à l'éducation des enfants. Il exerce auprès de la famille une action éducative visant à rétablir les conditions d'une gestion autonome des prestations. Le juge fixe la durée de la mesure, qui ne peut excéder deux ans mais peut être renouvelée par décision motivée.

Le juge des enfants peut être saisi par le ou les représentants légaux du mineur (CPC, art. 1200-3) ; l'allocataire ou l'attributaire des prestations ; le procureur de la République ; le maire de la commune de résidence de l'allocataire ou de l'attributaire des prestations, ou son représentant au sein du Conseil pour les droits et devoirs des familles, ou le maire de la commune de résidence du mineur, conjointement avec l'organisme débiteur des prestations familiales. Il peut se saisir d'office à titre exceptionnel.

Le président du conseil général peut signaler au procureur de la République toute situation pour laquelle l'accompagnement en économie sociale et familiale est insuffisant.

L'affaire est instruite et jugée en chambre du conseil (CPC, art. 1200-8), c'est-à-dire qu'elle n'est pas publique (la chambre du conseil est la pièce, attenante à la salle d'audience, dans laquelle les juges se retirent pour délibérer), au siège du tribunal pour enfants ou au siège d'un tribunal d'instance situé dans le ressort. La décision du juge des enfants est susceptible d'appel dans un délai de quinze jours (CPC, art. 1200-11).

Les soins psychiatriques sans consentement 15

Références juridiques

Loi 2013-869 du 27 septembre 2013 modifiant certaines dispositions issues de la loi 2011-803 du 5 juillet 2011

Loi 2011-803 du 5 juillet 2011 relative aux droits et à la protection des personnes faisant l'objet de soins psychiatriques et aux modalités de leur prise en charge (entrée en vigueur le 1er août 2011)

Articles L. 3212-1 à L. 3212-12 du code de la santé publique (soins psychiatriques à la demande d'un tiers ou en cas de péril imminent)

Articles L. 3213-1 à L. 3213-11 du code de la santé publique (les soins psychiatriques sur décision du représentant de l'État)

Décret 2011-846 du 18 juillet 2011 relatif à la procédure judiciaire de mainlevée ou de contrôle des mesures de soins psychiatriques

Décret 2011-847 du 18 juillet 2011 relatif aux droits et à la protection des personnes faisant l'objet de soins psychiatriques et aux modalités de leur prise en charge

Circulaire CIV/03/11 du 21 juillet 2011 présentant les principales dispositions de la loi du 5 juillet 2011

Circulaire DGOS/R4/2011/312 du 29 juillet 2011 relative aux droits et à la protection des personnes faisant l'objet de soins psychiatriques et aux modalités de leur prise en charge

Circulaire du 11 août 2011 adressée au préfet par le ministère de l'Intérieur, relative aux droits et à la protection des personnes faisant l'objet de soins psychiatriques et aux modalités de leur prise en charge

La loi 2011-803 du 5 juillet 2011 relative aux droits et à la protection des personnes faisant l'objet de soins psychiatriques et aux modalités de leur prise en charge (entrée en vigueur le 1er août 2011) remplace l'hospitalisation d'office (HO) et l'hospitalisation à la demande d'un tiers (HDT) par les « soins psychiatriques sans consentement » (CSP, art. L. 3211-2-1) qui peuvent être mis en place à la demande d'un tiers ou en cas de péril imminent (SPDT) ou sur décision du représentant de l'État (SPDRE). L'hospitalisation libre (HL) reste bien évidemment le régime habituel (CSP, art. L. 3211-2) qui doit être privilégié lorsque l'état de la personne le permet : le patient signe alors lui-même son admission, et dispose des mêmes droits liés à l'exercice des libertés individuelles que les malades soignés pour une autre cause. Il peut décider de quitter l'hôpital contre avis médical, et le médecin peut exiger qu'il signe une décharge (son refus éventuel peut être constaté par deux témoins).

1. LES SOINS PSYCHIATRIQUES À LA DEMANDE D'UN TIERS, OU EN CAS DE PÉRIL IMMINENT (SPDT)

Il existe trois procédures, qui se substituent à l'hospitalisation sur demande d'un tiers (HDT) :

- une procédure de droit commun (CSP, art. L. 3212-1) ;
- une procédure d'urgence en cas de risque grave d'atteinte à l'intégrité du malade (CSP, art. L. 3212-3) ;
- une procédure en cas de péril imminent (CSP, art. L. 3212-1), pour lequel le tiers n'est pas nécessaire.

a L'admission

Une personne atteinte de troubles mentaux peut faire l'objet de soins psychiatriques sur la décision du directeur de l'établissement lorsque deux conditions sont réunies (CSP, art. L. 3212-1) : ses troubles mentaux rendent impossible son consentement et son état mental impose des soins immédiats assortis soit d'une surveillance médicale constante justifiant une hospitalisation complète, soit d'une surveillance médicale régulière justifiant une prise en charge sous une autre forme.

Le directeur de l'établissement prononce l'admission :

- lorsqu'il est saisi d'une demande présentée par un membre de la famille du malade ou par une personne justifiant de l'existence de relations avec le malade, antérieures à la demande de soins et lui donnant qualité pour agir dans l'intérêt de celui-ci, à l'exclusion des personnels soignants exerçant dans l'établissement prenant en charge la personne malade ;
- lorsqu'il s'avère impossible d'obtenir la demande d'un tiers, et qu'il existe, à la date d'admission, un péril imminent pour la santé de la personne, dûment constaté par un certificat médical.

Le tuteur, le curateur et le mandataire peuvent être tiers : la personne chargée de la protection du majeur peut prendre à l'égard de celui-ci les mesures de protection strictement nécessaires pour mettre fin au danger que son propre comportement ferait courir à l'intéressé ; elle en informe sans délai le juge ou le conseil de famille s'il a été constitué (CC, art. 459). Elle fournit à l'appui de sa demande un extrait de jugement de mise sous tutelle ou curatelle.

b La procédure de droit commun

La demande d'admission comporte les mentions manuscrites suivantes (CSP, art. R. 3212-1) :

- la formulation de la demande d'admission en soins psychiatriques ;
- les nom, prénoms, date de naissance et domicile de la personne qui demande les soins et de celle pour laquelle ils sont demandés ;
- le cas échéant, leur degré de parenté ou la nature des relations existant entre elles avant la demande de soins ;
- la date et la signature.

Si la personne qui demande les soins ne sait pas ou ne peut pas écrire, la demande est reçue par le maire, le commissaire de police ou le directeur de l'établissement, qui en donne acte.

La demande est accompagnée de deux certificats médicaux circonstanciés datant de moins de quinze jours : ils doivent être dactylographiés (CSP, art. R. 3213-3), et attester que les troubles mentaux rendent impossible le consentement, que l'état mental impose des soins immédiats assortis soit d'une surveillance médicale constante, soit d'une surveillance médicale régulière.

Le premier certificat doit être établi par un médecin extérieur à l'établissement : il constate l'état mental de la personne, indique les caractéristiques de la maladie et la nécessité de recevoir des soins. Il doit être confirmé par un second certificat d'un médecin qui peut exercer dans l'établissement.

c La procédure d'urgence

En cas d'urgence, lorsqu'il existe un risque grave d'atteinte à l'intégrité du malade, le directeur d'établissement peut prononcer, à titre exceptionnel, l'admission à la demande d'un tiers avec un seul certificat médical qui peut émaner d'un médecin exerçant dans l'établissement.

Les deux certificats médicaux suivants (CSP, art. L. 3211-2-2) sont alors établis par deux psychiatres distincts, afin que (dans tous les cas) trois médecins différents se prononcent sur la nécessité des soins.

d La procédure en cas de péril imminent

Le directeur de l'établissement peut prononcer l'admission lorsqu'il s'avère impossible d'obtenir la demande d'un tiers, et qu'il existe, à la date d'admission, un péril imminent pour la santé de la personne : un seul certificat suffit, d'un psychiatre extérieur à l'établissement (les deux certificats médicaux suivants sont également établis par deux psychiatres distincts).

Le cas particulier des mineurs

Un mineur n'a jamais besoin de l'accord de ses parents pour se faire hospitaliser (ou soigner, opérer) si son état le justifie, mais seuls ses parents peuvent l'hospitaliser contre son gré : le tiers demandeur de soins psychiatriques sans consentement ne peut être qu'un des titulaires de l'exercice de l'autorité parentale. Le dispositif de soins psychiatriques sans consentement sur décision du représentant de l'État (SPDRE) est réservé aux majeurs : seul le juge des enfants peut ordonner, dans le cadre d'une mesure d'assistance éducative (CC, art. 375-3), le placement de l'enfant dans un établissement recevant des personnes hospitalisées en raison de troubles mentaux. Un avis médical circonstancié d'un médecin extérieur à l'établissement est indispensable, et le placement ne peut excéder quinze jours (CC, art. 375-9). Il peut être renouvelé, après avis médical conforme d'un psychiatre de l'établissement d'accueil, pour une durée d'un mois renouvelable. Le juge des enfants peut également (au même titre que le juge d'instruction) confier provisoirement le mineur mis en examen à un établissement hospitalier (art. 10 de l'ordonnance du 2 février 1945).

e Le dispositif de soins

La personne admise en soins psychiatriques sans son consentement fait d'abord l'objet d'une période d'observation et de soins sous forme d'une hospitalisation complète de 72 heures (CSP, art. L. 3211-2-2).

Dans les 24 heures qui suivent l'admission :

- un médecin réalise un examen somatique complet ;
- un psychiatre de l'établissement établit un certificat médical constatant son état mental et confirmant ou non la nécessité de maintenir les soins psychiatriques (il ne peut être l'auteur du certificat médical ou d'un des deux certificats médicaux sur la base desquels la décision d'admission a été prononcée).

Dans les 72 heures qui suivent l'admission :

- un second certificat médical est établi par un psychiatre de l'établissement ;
- un psychiatre de l'établissement propose la forme de la prise en charge, et, le cas échéant, le programme de soins : soit l'hospitalisation complète, soit une autre forme incluant des soins ambulatoires, pouvant comporter des soins à domicile, une hospitalisation à domicile, des séjours à temps partiel ou des séjours de courte durée à temps complet effectués dans un établissement CSP, art. L. 3211-2-1).
- Lorsque l'un des deux certificats médicaux a conclu que l'état de la personne ne justifie plus la mesure de soins, le directeur de l'établissement d'accueil prononce immédiatement la levée de cette mesure (CSP, art. L. 3212-4).

Afin de favoriser leur guérison, leur réadaptation ou leur réinsertion sociale ou si des démarches extérieures sont nécessaires, les personnes faisant l'objet de soins psychiatriques sans consentement sous la forme d'une hospitalisation complète peuvent bénéficier d'autorisations de sortie de courte durée (CSP, art. L. 3211-11-1) :

- sous la forme de sorties accompagnées (pendant toute leur durée, par un ou plusieurs membres du personnel de l'établissement d'accueil, par un membre de leur famille ou par la personne de confiance) n'excédant pas 12 heures ;
- sous la forme de sorties non accompagnées d'une durée maximale de 48 heures. L'autorisation est accordée par le directeur de l'établissement d'accueil, sur avis favorable d'un psychiatre de l'établissement : dans le cadre d'une SPDRE, le représentant de l'État est sollicité au plus tard 48 heures avant la date de la sortie, à laquelle il peut s'opposer au plus tard 12 heures avant, dans le cadre d'une SPDT, le tiers est simplement informé.

f Le programme de soins

Un programme de soins est établi par un psychiatre de l'établissement d'accueil si l'hospitalisation complète n'est pas maintenue : pour tenir compte de l'évolution de son état de santé, il peut être modifié à tout moment par un psychiatre qui participe à la prise en charge du patient (CSP, art L. 3211-11).

Le programme de soins indique de manière détaillée si la prise en charge du patient inclut une ou plusieurs des modalités suivantes (CSP, art. R. 3211-1) :

- une hospitalisation à temps partiel ;
- des soins ambulatoires ;
- des soins à domicile ;
- l'existence d'un traitement médicamenteux prescrit dans le cadre des soins psychiatriques.

L'avis du patient doit être recueilli préalablement à la définition du programme de soins, et avant toute modification, à l'occasion d'un entretien avec un psychiatre de l'établissement d'accueil, qui lui donne l'information prévue à l'article L. 3211-3 du code de la santé publique.

Les personnes admises en soins psychiatriques sans consentement sous la forme d'une hospitalisation complète peuvent être prises en charge et transportées dans un établissement de santé sans leur consentement lorsque cela est strictement nécessaire, et par des moyens adaptés à leur état (CSP, art. L. 3222-1-1) : si le programme de soins est modifié, le patient peut donc être ramené « de force » à l'hôpital.

2. LES DROITS DU PATIENT

En toutes circonstances, la dignité de la personne doit être respectée et sa réinsertion recherchée. Les restrictions à l'exercice de ses libertés individuelles doivent être adaptées, nécessaires et proportionnées à son état mental et à la mise en œuvre du traitement requis (CSP, art. L. 3211-3). Elle doit être consultée et informée (par tout moyen et de manière appropriée à cet état) avant toute décision, et doit pouvoir faire valoir ses observations. Son avis sur les modalités des soins doit être recherché et pris en considération dans toute la mesure du possible.

En tout état de cause, le patient dispose du droit :

- de communiquer avec le préfet, le président du TGI, le procureur de la République et le maire de la commune (CSP, art. L. 3222-4), qui doivent « sans publicité préalable » visiter l'établissement « au moins une fois par an » ;
- de saisir la commission départementale des soins psychiatriques (la CDSP est chargée d'examiner la situation des personnes admises en soins psychiatriques au regard du respect des libertés individuelles et du respect de leur dignité), et la commission des relations avec les usagers et de la qualité de la prise en charge (CSP, art. L. 1112-3) ;
- de prendre conseil d'un médecin ou d'un avocat de son choix ;
- de porter à la connaissance du contrôleur général des lieux de privation de liberté des faits ou situations susceptibles de relever de sa compétence ;
- d'émettre ou de recevoir des courriers ;
- de consulter le règlement intérieur de l'établissement et de recevoir les explications qui s'y rapportent ;
- d'exercer son droit de vote ;
- de se livrer aux activités religieuses ou philosophiques de son choix.

a Le maintien dans le dispositif

Après le cinquième jour, et au plus tard le huitième jour à compter de l'admission d'une personne en soins psychiatriques, un psychiatre de l'établissement d'accueil établit un certificat médical circonstancié indiquant si les soins sont toujours nécessaires (CSP, art. L. 3212-7). Il précise si la forme de la prise en charge de la personne malade demeure adaptée, ou en propose une nouvelle. Lorsqu'il n'est pas possible de procéder à l'examen de la personne malade, le psychiatre établit un avis médical sur la base du dossier médical.

Les soins peuvent être maintenus pour une durée maximale d'un mois renouvelable : le certificat est alors établi dans les trois derniers jours de la période.

Ce certificat est systématiquement transmis au juge des libertés et de la détention (JLD).

b L'intervention du juge des libertés et de la détention

L'hospitalisation complète d'un patient ne peut se poursuivre sans que le juge des libertés et de la détention ne statue : il exerce un contrôle systématique des hospitalisations complètes avant l'échéance du douzième jour (CSP, art. L3211-12-1) : il doit être saisi par le directeur de l'établissement (SPDT), ou par le représentant de l'État dans le département (SPDRE) « dans un délai de huit jours à compter de l'admission » (lorsque l'échéance du contrôle arrive à échéance du sixième mois, le JLD doit être saisi au plus tard quinze jours avant l'expiration du délai dans lequel il doit statuer).

Il convoque et entend la personne hospitalisée, qui peut être assistée d'un avocat, ou représentée « si, au vu d'un avis médical, des motifs médicaux font obstacle, dans son intérêt, à son audition ».

Le débat contradictoire est public, il se déroule en principe au tribunal de grande instance, mais le juge a la possibilité d'organiser des « audiences foraines » si une salle d'audience « a été spécialement aménagée sur l'emprise de l'établissement d'accueil pour assurer la clarté, la sécurité et la sincérité des débats et permettre au juge de statuer publiquement » (CSP, art. L3211-12-2). Il peut également décider que les débats auront lieu ou se poursuivront en chambre du conseil « s'il doit résulter de leur publicité une atteinte à l'intimité de la vie privée, s'il survient des désordres de nature à troubler la sérénité de la justice ou si l'une des parties le demande » : si la demande émane de la personne qui fait l'objet de soins psychiatriques, le juge doit l'accepter.

Lorsque le juge des libertés et de la détention est saisi après l'expiration du délai, ou s'il n'a pas statué dans les délais, la mainlevée est acquise, à moins qu'il ne soit justifié de circonstances exceptionnelles à l'origine de la saisine tardive et que le débat puisse avoir lieu dans le respect des droits de la défense. Le juge des libertés et de la détention peut ordonner la mainlevée de la mesure d'hospitalisation complète, pour des raisons de fond, ou de forme, mais seulement « après avoir recueilli deux expertises établies par les psychiatres » inscrits sur une liste établie par le procureur de la République (CSP, art. L. 3211-12).

Lorsqu'il ordonne cette mainlevée, il peut décider qu'elle prendra effet dans un délai maximal de 24 heures afin qu'un programme de soins puisse être établi.

Le JLD peut être saisi à tout moment, par la personne hospitalisée ou ses proches, d'une demande de mainlevée.

c Les soins de longue durée

Lorsque la durée des soins excède un an, une évaluation approfondie de l'état mental de la personne est réalisée par un collège composé de trois membres appartenant au personnel de l'établissement (CSP, art. L. 3211-9), qui recueille l'avis du patient.

d La fin de la mesure

La mesure prend fin dès qu'un psychiatre de l'établissement certifie que les conditions qui l'ont motivée ne sont plus réunies (CSP, art. L. 3212-8) : le certificat mentionne l'évolution ou la disparition des troubles ayant justifié les soins. Le directeur de l'établissement prononce la levée de la mesure de soins lorsque celle-ci est demandée par la commission départementale des soins psychiatriques (CSP, art. L. 3212-9).

3. LES SOINS PSYCHIATRIQUES SUR DÉCISION DU REPRÉSENTANT DE L'ÉTAT (SPDRE)

Il existe deux procédures, qui se substituent à l'hospitalisation d'office (HO) :

- une procédure de droit commun (CSP, art. L. 3213-1) ;
- une procédure d'urgence (CSP, art. L. 3213-2).

a La procédure de droit commun

Le représentant de l'État dans le département prononce par arrêté préfectoral, au vu d'un certificat médical circonstancié qui ne peut émaner d'un psychiatre exerçant dans l'établissement d'accueil, l'admission en soins psychiatriques des personnes dont les troubles mentaux nécessitent des soins et compromettent la sûreté des personnes, ou portent atteinte, de façon grave, à l'ordre public (CSP, art. L. 3213-1). L'arrêté doit être motivé, énoncer avec précision les circonstances qui ont rendu l'admission nécessaire, et désigner l'établissement de prise en charge.

Un JLD de Lyon a ordonné le 19 octobre 2011 la mainlevée d'une mesure parce que le certificat médical qui avait permis la rédaction de l'arrêté était insuffisamment circonstancié et ne décrivait pas en quoi le comportement de la personne troublait de façon grave l'ordre public, ou était dangereux pour lui-même ou pour autrui.

Le directeur de l'établissement d'accueil transmet sans délai au représentant de l'État dans le département et à la commission départementale des soins psychiatriques les certificats médicaux, et, le cas échéant, la proposition de programme de soins : il a trois jours francs pour décider de la forme de prise en charge. Il tient compte de la proposition établie et des exigences liées à la sûreté des personnes et à l'ordre public.

b La procédure d'urgence

En cas de danger imminent pour la sûreté des personnes, attesté par un avis médical, le maire (ou à Paris les commissaires de police), arrête, à l'égard des personnes dont le comportement révèle des troubles mentaux manifestes, toutes les mesures provisoires nécessaires, à charge d'en référer dans les 24 heures au représentant de l'État dans le département qui statue sans délai et prononce, s'il y a lieu, un arrêté d'admission en soins psychiatriques : à défaut de décision du représentant de l'État, ces mesures provisoires sont caduques au bout de 48 heures (CSP, L. 3213-2).

c Le dispositif de soins

Il est à peu près identique au dispositif prévu pour les SPDT : dans les trois jours qui suivent le certificat médical établi « dans les soixante-douze heures suivant l'admission » (CSP, art. L. 3211-2-2), le représentant de l'État dans le département « décide de la forme de prise en charge (...), en tenant compte de la proposition établie, le cas échéant, par le psychiatre » (CSP, art. L. 3213-1), « en application des exigences liées à la sûreté des personnes et à l'ordre public ».

Dans les trois derniers jours du premier mois suivant l'admission, le représentant de l'État dans le département peut prononcer le maintien de la mesure de soins pour une nouvelle durée de trois mois. Ensuite, la mesure de soins pourra être renouvelée pour des périodes maximales de six mois (CSP, art. L. 3213-4). Faute de décision du représentant de l'État à l'issue de chacun des délais prévus au premier alinéa, la levée de la mesure de soins est acquise.

4. LA PRISE EN CHARGE DES DÉTENUS ATTEINTS DE TROUBLES MENTAUX

L'article L. 3214-1 du code de la santé publique prévoit que « les personnes détenues souffrant de troubles mentaux font l'objet de soins psychiatriques avec leur consentement ». Elles sont prises en charge sous la forme d'une hospitalisation complète. Lorsque leur intérêt le justifie, même « les personnes mineures détenues peuvent être hospitalisées au sein d'un service adapté ».

Le handicap : définition et reconnaissance

16

Références juridiques

Loi 2005-102 du 11 février 2005 pour l'égalité des droits et des chances, la participation et la citoyenneté des personnes handicapées

1. LE HANDICAP : TENTATIVE DE DÉFINITION

Selon l'Organisation mondiale de la santé (OMS), est appelé handicapé celui dont « l'intégrité physique ou mentale est progressivement ou définitivement diminuée, soit congénitalement, soit sous l'effet de l'âge, d'une maladie ou d'un accident, en sorte que son autonomie, son aptitude à fréquenter l'école ou occuper un emploi, s'en trouve compromise ».

Le handicap désigne donc la limitation des possibilités d'interaction d'un individu avec son environnement, causée par une déficience provoquant une incapacité, permanente ou non, impliquant du stress et des difficultés morales, intellectuelles, sociales et/ou physiques.

Le mot « handicap » proviendrait de l'expression anglaise *hand in cap*, qui signifie « main dans le chapeau » : lors d'un troc, celui qui recevait un objet d'une valeur supérieure à l'autre devait mettre, dans un chapeau, de quoi rétablir l'équité. L'expression est récupérée au XVIIIe siècle dans le milieu des courses hippiques : le handicap permettait de donner autant de chances à tous les concurrents en imposant des difficultés supplémentaires au(x) meilleur(s). Il s'est ensuite défini par opposition à la maladie : le patient était qualifié de « malade » tant que son état de santé était pris en charge, il devenait « handicapé » lorsqu'il était jugé incurable (1827).

En France, l'article 2 de la loi du 11 février 2005 portant sur l'égalité des droits et des chances, la participation et la citoyenneté des personnes handicapées, précise que « constitue un handicap, au sens de la présente loi, toute limitation d'activité ou restriction de participation à la vie en société subie dans son environnement par une personne en raison d'une altération substantielle, durable ou définitive d'une ou plusieurs fonctions physiques, sensorielles, mentales, cognitives ou psychiques, d'un polyhandicap ou d'un trouble de santé invalidant ».

La France compterait aujourd'hui 3,5 millions de personnes handicapées (pour 65 800 000 habitants) : 2 millions d'entre elles sont porteuses d'un handicap sévère, et 700 000 sont en situation de handicap mental (soit environ 20 % des personnes handicapées). Chaque année, entre 6 000 et 8 500 enfants naissent avec un handicap mental (selon l'INSEE, 822 000 naissances ont été enregistrées en 2011).

2. LA CLASSIFICATION DE L'OMS

La *Classification internationale du fonctionnement, du handicap et de la santé* (CIF – CIH2) présentée par l'OMS en 2001 est utilisée par la quasi-totalité des pays du monde : elle définit comme handicapé « toute personne souffrant d'une déficience (aspect lésionnel) ou d'une incapacité (aspect fonctionnel) qui limite ou interdit toutes activités considérées comme normales pour un être humain ».

La CIH2 se substitue à la *Classification internationale des handicaps* (CIH) adoptée en 1980.

Elle voit le handicap comme la rencontre d'une déficience avec une situation de la vie quotidienne : ces deux composantes sont soumises à l'influence de problèmes de santé (maladie, blessure, lésion) et de facteurs contextuels (environnement, facteurs personnels).

Elle propose quatre catégories de handicap :

- fonction organique (mentale, sensorielle, digestive, etc.) et fonctionnement corporel ;
- structure anatomique (système nerveux, structure liée au mouvement, etc.) ;
- activité et participation (activité de communication, de mobilité, etc.) ;
- facteurs environnementaux (produit et système technique, soutien et relation...).

L'OMS précise que le handicap est un terme général qui qualifie des incapacités, une limitation des actes de la vie quotidienne et une participation restreinte à la vie sociale. Il ne s'agit pas seulement d'un problème de santé, mais bien d'un phénomène complexe qui découle de l'interaction entre les caractéristiques corporelles d'une personne et les caractéristiques de la société où elle vit : des interventions destinées à lever les obstacles environnementaux et sociaux sont donc nécessaires pour surmonter les difficultés auxquelles les personnes handicapées sont confrontées. Le handicap est autant une notion sociale qu'une notion médicale. Il renvoie aux difficultés de la personne handicapée face à son environnement, en termes d'accessibilité, d'expression, de compréhension ou d'appréhension (ces limitations s'adaptent aux contextes nationaux ou sociétaux : en Suède, par exemple, la sensibilité électromagnétique est considérée comme un handicap).

3. LES DIFFÉRENTS TYPES DE HANDICAPS

Six types de handicaps ont été reconnus par la loi du 11 février 2005 : ils s'appuient sur la définition de l'OMS.

a Le handicap physique

Il se traduit par une déficience physique, une atteinte à la motricité du corps, ou d'une partie du corps. Les origines du handicap moteur sont d'ordre congénital (malformations consécutives à des maladies, poliomyélite, sclérose en plaques), consécutives à un accident, ou liées à l'altération due au vieillissement.

Il désigne l'altération de la capacité du corps ou d'une partie du corps à se mouvoir. La personne en fauteuil roulant est l'archétype du handicap moteur, qui recouvre néanmoins autant la difficulté à faire certains gestes, à saisir des objets, à parler, que la paralysie, c'est-à-dire l'ensemble des troubles qui entraînent une atteinte partielle ou totale de la motricité, notamment des membres supérieurs et/ou inférieurs (difficultés pour se déplacer, conserver ou changer une position, prendre et manipuler, effectuer certains gestes).

b Le handicap sensoriel

Il désigne les déficiences affectant un sens : la déficience visuelle (de la légère altération du champ de vision ou de l'acuité visuelle à la cécité) et la déficience auditive (de l'altération légère de la capacité auditive d'une ou des deux oreilles à la surdité totale) sont les plus connues mais la déficience peut aussi affecter l'odorat (anosmie) et le goût (agueusie).

Il existe deux catégories de déficients visuels : les non-voyants et les malvoyants, eux-mêmes classés en cinq catégories, de la déficience moyenne à la déficiente totale. Le handicap visuel atteint la perception : il peut se traduire par une baisse de l'acuité visuelle, une réduction du champ visuel, une modification de la sensibilité aux contrastes, aux couleurs, à la lumière, par des troubles de la convergence ou des paralysies oculomotrices.

c Le handicap mental

C'est une déficience qui altère le développement intellectuel en limitant la rapidité des fonctions mentales sur le plan de la compréhension, des connaissances et de la cognition. La personne handicapée mentale rencontre des problèmes d'apprentissage et de langage, au regard d'un retard mental basé sur le critère du quotient intellectuel (la déficience intellectuelle commence avec un QI inférieur à 69). Ces difficultés à réfléchir, conceptualiser, communiquer et à décider peuvent être plus ou moins importantes, elles ont des conséquences quotidiennes sur la vie sociale ; elles peuvent être compensées par un accompagnement humain adapté, permanent et évolutif et par un environnement aménagé. Le handicap mental peut apparaître dès la conception de l'individu (maladies ou accidents génétiques, aberrations chromosomiques, incompatibilité sanguine, etc.), pendant la grossesse (radiation ionisante, virus, médicaments, alcool, tabac, parasites, etc.), ou à la naissance (souffrance cérébrale du nouveau-né, prématurité, etc.). Il peut aussi être la conséquence de maladies infectieuses, d'intoxications, de traumatismes crâniens, d'accidents de la route, de noyades ou d'asphyxies, qui privent le cerveau d'oxygène. Les handicapés mentaux ont une espérance de vie affaiblie (celle des trisomiques est actuellement de 49 ans).

L'UNAPEI (Union nationale des associations de parents d'enfants inadaptés) estime que le handicap mental qualifie à la fois une déficience intellectuelle (approche scientifique) et les conséquences qu'elle entraîne au quotidien (approche sociale et sociétale).

L'autisme (trouble du développement précoce dans lequel la communication et les interactions sociales réciproques sont perturbées), le polyhandicap (déficiences cognitives et motrices associées très sévères auxquelles peuvent parfois s'ajouter des déficiences sensorielles), les syndromes de Prader-Willi ou de Smith-Magenis (maladies génétiques sporadiques), la trisomie 21 (accident génétique qui cause une anomalie chromosomique) et le syndrome X fragile (maladie génétique héréditaire qui touche un garçon sur 4 000 et une fille sur 7 000) provoquent des handicaps mentaux.

d Le handicap psychique

Il n'existe pas de définition exhaustive du handicap psychique, d'autant que la terminologie qui s'y rapporte (névrose, psychose, schizophrénie, trouble obsessionnel compulsif, etc.) est principalement maitrisée par les psychiatres. Le handicap psychique est la conséquence d'une maladie mentale sur une personne, dont les capacités sont par ailleurs normales (contrairement au handicap mental). Il n'affecte pas directement les capacités intellectuelles, mais leur mise en œuvre : il est toujours associé à des soins, et ses manifestations sont variables dans le temps. Il est possible, à l'aide d'une thérapie appropriée, de réduire la déficience, de la stabiliser, et parfois même de la guérir.

L'UNAFAM (Union nationale des amis et familles de malades psychiques) considère la personne porteuse de handicap psychique comme un individu souffrant « de troubles d'origines diverses qui entachent son mode de comportement d'une façon momentanée ou durable et inégalement grave ».

e Le handicap cognitif

Il désigne les déficiences affectant les capacités à recevoir et traiter une information (lire, parler, mémoriser, comprendre...). Il regroupe les troubles du langage, les troubles spécifiques d'apprentissage (dyslexie, dyscalculie, dyspraxie...), les troubles de la mémoire, etc.

Toutes les facultés qui permettent à une personne d'acquérir les informations dont elle a besoin pour régler son comportement dans la vie quotidienne se trouvent altérées.

f Le polyhandicap

Le polyhandicap associe des déficiences motrices et intellectuelles sévères, parfois à d'autres déficiences (intellectuelle, sensorielle, physique, psychique et somatique, qui interagissent). Il entraîne une restriction extrême de l'autonomie et des possibilités de perception, d'expression et de relation.

Le polyhandicap a souvent (plus de 50 % des cas) une cause prénatale : il est souvent lié à des malformations ou des maladies affectant l'embryon ou le fœtus (accident vasculaire cérébral, Sida, maladies génétiques) ou à une grande prématurité.

Il a parfois (environ 15 % des cas) une cause périnatale (au moment de l'accouchement).

Les polyhandicapés étaient jusque dans les années 80 appelés « encéphalopathes » ou « arriérés profonds ».

Le polyhandicap peut être dû à un traumatisme crânien grave (choc sévère au niveau de la tête ou du crâne, souvent suivi d'un coma qui entraîne séquelles neuropsychologiques) : les victimes sont souvent jeunes et le traumatisme est la conséquence d'un accident de la route.

On distingue alors les troubles neurologiques (goût, odorat, vue, audition, articulation du langage, déglutition, hémiplégies, mouvements anormaux), les troubles neuropsychologiques (langage, attention, mémoire, troubles visuels qui affectent l'identification des choses vues, troubles des fonctions d'exécution) et les troubles psychologiques d'ordre lésionnel (impulsivité, troubles de l'humeur, anxiété, etc.) ou relationnel (lunatique, dépressif, etc.).

On intègre également dans le champ du handicap les altérations dues à l'âge : le vieillissement, même en l'absence de maladies invalidantes ou de perte des facultés mentales, devient un handicap lorsque la personne ne peut plus assumer seule son quotidien, voit son autonomie et ses capacités motrices se réduire (on peut aussi citer la maladie d'Alzheimer, à l'origine de grandes dépendances chez les personnes âgées). Enfin, les troubles de santé (ou maladies) invalidant(e)s (qui peuvent être momentanés, permanents ou évolutifs) sont considérés comme handicapants à cause des restrictions d'activité qu'ils occasionnent (maladies respiratoires, digestives, parasitaires, infectieuse comme le diabète, la sclérose en plaques, l'hémophilie, le Sida et le VIH, le cancer ou l'hyperthyroïdie).

4. LE HANDICAP ET SA RECONNAISSANCE

La reconnaissance du handicap est indispensable pour bénéficier d'un certain nombre d'aides spécifiques nécessaires, mais il faut – pour être reconnu handicapé – faire partie de l'une des catégories suivantes :

- les travailleurs reconnus handicapés par la Commission des droits et de l'autonomie des personnes handicapées (CDAPH) qui permet l'obtention de la reconnaissance en qualité de travailleur en situation de handicap (RQTH) accordée par la MDPH ;
- les victimes d'accident du travail ou de maladie professionnelle ayant une incapacité permanente d'au moins 10 %, titulaires d'une rente au titre d'un régime de protection sociale obligatoire ou au titre des dispositions régissant les agents publics ;
- les titulaires d'une pension d'invalidité (à condition que cette invalidité réduise au moins des deux tiers leur capacité de travail ou de gain) ;
- les bénéficiaires mentionnés à l'article L. 394 du code des pensions militaires d'invalidité et des victimes de la guerre (invalides de guerre, victimes civiles de la guerre, victimes d'un acte de terrorisme, personnes qui ont contribué à une mission d'assistance à personne en danger, etc.) ;
- les bénéficiaires mentionnés aux articles L. 395 et L. 396 du même code (conjoints des précédents, pupilles de la nation, etc.) ;
- les sapeurs pompiers volontaires, titulaires d'une allocation ou d'une rente d'invalidité attribuée en cas d'accident survenu ou de maladie contractée en service ;
- les titulaires de la carte d'invalidité ;
- les titulaires de l'allocation adulte handicapé (AAH).

La maison départementale des personnes handicapées

17

Références juridiques

Articles L. 146-3 à L. 146-12 du code de l'action sociale et des familles

Loi 2011-901 du 28 juillet 2011 tendant à améliorer le fonctionnement des maisons départementales des personnes handicapées et portant diverses dispositions relatives à la politique du handicap (dite loi Blanc)

Décret 2005-1589 du 19 décembre 2005 relatif à la commission des droits et de l'autonomie des personnes handicapées et modifiant le code de l'action sociale et des familles

Décret 2005-1587 du 19 décembre 2005 relatif à la maison départementale des personnes handicapées et modifiant le code de l'action sociale et des familles

La maison départementale des personnes handicapées (MDPH) a été créée au même moment que la Commission des droits et de l'autonomie des personnes handicapées (CDAPH), lors de la mise en place de la loi du 11 février 2005. Elle est constituée sous la forme d'un « groupement d'intérêt public (GIP) constitué pour une durée indéterminée, dont le département assure la tutelle administrative et financière » (CASF, art. L. 146-4) : il existe donc une MDPH par département.

La MDPH a pour fonction « d'offrir un accès unique aux droits et prestations [...], à toutes les possibilités d'appui dans l'accès à la formation et à l'emploi et à l'orientation vers des établissements et services ainsi que de faciliter les démarches des personnes handicapées et de leur famille » (CASF, art. L. 146-3). Elle « exerce une mission d'accueil, d'information, d'accompagnement et de conseil des personnes handicapées et de leur famille, ainsi que de sensibilisation de tous les citoyens au handicap ».

Elle « assure à la personne handicapée et à sa famille l'aide nécessaire à la formulation de son projet de vie, l'aide nécessaire à la mise en œuvre des décisions prises par la Commission des droits et de l'autonomie des personnes handicapées (CDAPH), l'accompagnement et les médiations que cette mise en œuvre peut requérir [...], elle met en œuvre l'accompagnement nécessaire aux personnes handicapées et à leur famille après l'annonce et lors de l'évolution de leur handicap ». Elle organise des actions de coordination avec les autres dispositifs sanitaires et médico-sociaux concernant les personnes handicapées.

Elle peut travailler en liaison avec les centres locaux d'information et de coordination (CASF, art. L. 146-6) : les CLIC sont des structures de proximité destinées aux retraités, aux personnes âgées et à leur entourage, aux professionnels de la gérontologie et du maintien à domicile.

La MDPH peut s'appuyer sur des centres communaux ou intercommunaux d'action sociale (CCAS ou CIAS), ou des organismes (souvent associatifs) assurant des services d'évaluation et d'accompagnement des besoins des personnes handicapées avec lesquels elle passe convention. Elle met en place et organise le fonctionnement :

- de l'équipe pluridisciplinaire (CASF, art L. 146-8) ;
- de la commission des droits et de l'autonomie des personnes handicapées (CASF, art. L. 146-9) ;
- de la procédure de conciliation interne (CASF, art. L. 146-10) ;
- de la personne référente (CASF, art. L. 146-13), chargée de recevoir et d'orienter les réclamations individuelles des personnes handicapées ou de leurs représentants vers les services et autorités compétents.

Un référent pour l'insertion professionnelle est désigné au sein de chaque MDPH, parmi les membres de l'équipe pluridisciplinaire.

La MDPH « organise son activité et fixe ses horaires d'ouverture de telle sorte que les personnes handicapées et leurs familles puissent accéder aux services qu'elle propose ou à la permanence téléphonique » (CASF, art. L. 146-7). Elle met à disposition des personnes handicapées et de leurs familles un numéro téléphonique en libre appel gratuit pour l'appelant (même d'un téléphone mobile). Elle réalise périodiquement et diffuse un livret d'information sur les droits des personnes handicapées et sur la lutte contre la maltraitance.

1. LES COMPÉTENCES TERRITORIALES DE LA MDPH

L'évaluation des demandes et l'attribution des droits et prestations relèvent de la compétence de la MDPH du département où le demandeur réside : à défaut, celle où il a son « domicile de secours », « à défaut de domicile de secours, ces dépenses incombent au département où réside l'intéressé au moment de la demande d'admission à l'aide sociale » (CASF, art. L. 122-1).

a Le domicile de secours

Le domicile de secours « s'acquiert par une résidence habituelle de trois mois dans un département postérieurement à la majorité ou à l'émancipation » (CASF, art. L. 122-2). Les personnes admises en établissement ou en famille d'accueil « conservent le domicile de secours qu'elles avaient acquis avant » : le séjour dans ces établissements ou au domicile d'un particulier agréé ou dans un placement familial est sans effet sur le domicile de secours (le mineur non émancipé a le domicile de secours de l'une des personnes ou de la personne qui exerce l'autorité parentale ou la tutelle, sauf pour les prestations autres que celles de l'aide sociale à l'enfance). Le domicile de secours se perd (CASF, art. L. 122-3) par une absence ininterrompue de trois mois postérieurement à la majorité ou à l'émancipation, sauf si celle-ci est motivée par un séjour en établissement ou en famille d'accueil, ou par l'acquisition d'un autre domicile de secours (si l'absence résulte d'une hospitalisation involontaire, le délai de trois mois ne commence à courir que du jour où elle prend fin).

Les litiges entre départements quant au domicile de secours sont de la compétence de la Commission centrale d'aide sociale (CASF, art. L. 134-2), mais, si la situation du demandeur exige une décision immédiate, le président du conseil départemental où la demande est déposée prend ou fait prendre la décision (charge à lui de notifier par la suite la décision au service de l'aide sociale de la collectivité compétente dans un délai de deux mois).

2. LA COMMISSION EXÉCUTIVE DE LA MDPH

La MDPH est administrée par une commission exécutive présidée par le président du conseil départemental, qui comprend :

- des membres représentant le département, désignés par le président du conseil départemental, pour moitié des postes à pourvoir ;
- des membres représentant les associations de personnes handicapées, désignés par le conseil départemental consultatif des personnes handicapées, pour le quart des postes à pourvoir.

Le quart restant des membres est composé :

- des représentants de l'État désignés par le préfet et le recteur d'académie ;
- des représentants des organismes locaux d'assurance maladie (CPAM) et d'allocations familiales (CAF) ;
- des représentants des autres membres du GIP prévus par la convention constitutive du groupement (le cas échéant) ;
- le directeur de l'agence régionale de santé ou son représentant.

Les décisions de la commission exécutive de la MDPH sont prises à la majorité des voix. En cas d'égal partage des voix, celle du président est prépondérante. Le directeur de la maison départementale des personnes handicapées est nommé par le président du conseil départemental.

3. L'ÉQUIPE PLURIDISCIPLINAIRE DE LA MDPH

L'équipe pluridisciplinaire réunit des professionnels ayant des compétences médicales ou paramédicales, des compétences dans les domaines de la psychologie, du travail social, de la formation scolaire et universitaire, de l'emploi et de la formation professionnelle.

Elle est chargée d'évaluer les déficiences et incapacités des personnes handicapées : sa composition, propre à chaque MDPH, doit permettre la compréhension des besoins de compensation du handicap, quels qu'en soient la nature et le type.

Elle utilise le *Guide-barème pour l'évaluation des déficiences et incapacités des personnes handicapées* (décret 2007-1574 du 6 novembre 2007, annexe 2-4 du CASF).

Elle évalue également ses besoins de compensation sur la base de son projet de vie, comprenant un volet professionnel (CASF, art. L. 146-8). Elle utilise alors le *Guide d'évaluation des besoins de compensation de la personne handicapée* (GEVA), qui permet de rassembler tous les éléments nécessaires pour déterminer les besoins de compensation. Le GEVA est défini par le décret 2008-110 du 6 février 2008 et l'arrêté du 6 février 2008. Il ne se substitue pas aux bilans ou expertises réalisés par ailleurs, il les synthétise dans un document unique, commun à toute l'équipe pluridisciplinaire : il permet de mettre en évidence ce que la personne handicapée peut ou sait faire mais aussi ce que son environnement lui permet ou au contraire l'empêche de réaliser.

C'est sur cette base que l'équipe pluridisciplinaire propose ensuite un plan personnalisé de compensation du handicap (PPC).

Le GEVA est conçu pour faciliter l'analyse, par les évaluateurs de la MDPH, de la situation dans l'ensemble des dimensions pertinentes pour une personne donnée.

Il comporte dix volets :

- Identification, projet(s) de vie et souhaits de la personne ;
- Situation familiale et sociale, ressources ;
- Habitat et cadre de vie (logement, environnement posant des problèmes d'accessibilité, véhicule personnel ou familial, etc.) ;
- Parcours de formation (mode et modalités de scolarisation, évaluation de la scolarité, projet de scolarisation ou d'études supérieures, reconversion, etc.) ;
- Parcours professionnel ;
- Médical (pathologie(s) à l'origine du handicap, antécédents médicaux et chirurgicaux, histoire de la maladie, description clinique, récapitulatif des déficiences, prise en charge, contraintes, etc.) ;

- Bilan psychologique ;
- Activités et capacités fonctionnelles ;
- Aides mises en œuvre (intervention de l'entourage et des professionnels, articulation entre aidants professionnels et aidants familiaux, etc.) ;
- Synthèse (points saillants à porter à la connaissance de la CDAPH, mise en évidence des besoins de compensation).

Pour remplir ses différentes missions, l'équipe pluridisciplinaire se rend sur le lieu de vie de la personne, de sa propre initiative ou à la demande de la personne handicapée (la personne handicapée, ses parents ou son représentant légal peuvent être assistés par une personne de leur choix lors de l'évaluation). Elle doit entendre, de sa propre initiative ou lorsqu'ils en font la demande, la personne handicapée, ses parents lorsqu'elle est mineure, ou son représentant légal (CASF, art. L. 146-8). L'enfant handicapé lui-même est entendu par cette équipe dès lors qu'il est capable de discernement (il n'existe aucun âge fixé par la loi) : rappelons que l'article L. 311-3 du CASF prévoit « la participation directe (de l'usager) ou avec l'aide de son représentant légal à la conception et à la mise en œuvre du projet d'accueil et d'accompagnement qui la concerne ».

a L'équipe pluridisciplinaire de la MDPH et le secret professionnel

Le droit à « la confidentialité des informations la concernant » est reconnu à « toute personne prise en charge par des établissements et services sociaux et médico-sociaux » : le « respect de sa dignité, de son intégrité, de sa vie privée, de son intimité et de sa sécurité » lui est garanti (CASF, art. L. 311-3). Les membres de l'équipe pluridisciplinaire mentionnée sont donc tenus au secret professionnel (CASF, art. L. 241-10). Ils le sont « par profession », quels que soient leur fonction ou le diplôme dont ils sont titulaires. Ils sont autorisés « dans la limite de leurs attributions » (seuls des professionnels de santé peuvent avoir accès à des informations médicales), à « échanger entre eux tous éléments ou informations à caractère secret dès lors que leur transmission est strictement limitée à ceux qui sont nécessaires à l'évaluation de sa situation individuelle et à l'élaboration du plan personnalisé de compensation du handicap » : c'est un des quatre cas de secret partagé prévu par la loi. Ils peuvent communiquer aux membres de la CDAPH « tous éléments ou informations à caractère secret dès lors que leur transmission est strictement limitée à ceux qui sont nécessaires à la prise de décision ». Ils peuvent également échanger avec un ou plusieurs professionnels qui assurent l'accompagnement sanitaire et médico-social « les informations nécessaires relatives à la situation de la personne handicapée, dès lors que celle-ci ou son représentant légal dûment averti a donné son accord ».

b Le fonds départemental de compensation du handicap

La loi du 11 février 2005 pose le principe selon lequel la personne handicapée a droit à la compensation des conséquences de son handicap « quels que soient l'origine et la nature de sa déficience, son âge ou son mode de vie » (CASF, art. L. 114-1-1).

Cette compensation consiste principalement à répondre de manière adaptée aux besoins qui sont les siens (accueil de la petite enfance, scolarité, enseignement, éducation, insertion professionnelle, aménagements du domicile, du cadre ou du poste de travail, du véhicule, etc.) lorsqu'ils sont « nécessaires au plein exercice de sa citoyenneté et de sa capacité d'autonomie ». Chaque maison départementale des personnes handicapées gère donc un fonds départemental de compensation du handicap. Il est constitué de financements du département, de l'État, des collectivités territoriales, des organismes d'assurance maladie et des caisses d'allocations familiales, des organismes régis par le code de la mutualité (MSA, etc.). Il est abondé par le fonds de développement pour l'insertion professionnelle des handicapés (code du travail, art. L. 5214-1), géré par un comité de gestion composé de représentants des salariés, des employeurs et des personnes handicapées, ainsi que par des personnalités qualifiées.

L'équipe pluridisciplinaire élabore le plan personnalisé de compensation (PPC), qui permet d'accorder des aides financières destinées à permettre aux personnes handicapées de faire face aux frais de compensation restant à leur charge (achat et adaptation d'un véhicule, aménagement du domicile, achat d'un fauteuil roulant, etc.). Le plan personnalisé est élaboré au terme d'un dialogue avec la personne handicapée ou son représentant légal « en considération des besoins et des aspirations de la personne handicapée tels qu'ils sont exprimés dans son projet de vie » (CASF, art. L. 114-1-1). Il comprend des propositions de toute nature destinées à apporter une compensation aux limitations d'activités ou de restrictions de participation à la vie en société. Il peut comporter un volet consacré à l'emploi, à la formation professionnelle. Il est transmis à l'intéressé qui dispose alors de quinze jours pour faire connaître ses observations. La commission des droits et de l'autonomie des personnes handicapées est informée de ces observations. Les modalités précises d'intervention de ce fonds sont déterminées par chaque MDPH.

La commission des droits et de l'autonomie des personnes handicapées

18

Références juridiques

Article L. 146-9 du code de l'action sociale et des familles
Articles L. 241-5 à L. 241-11 du code de l'action sociale et des familles
Articles R. 241-24 à R. 241-34 du code de l'action sociale et des familles
Articles L. 114-1 et L. 146-8 du code de l'action sociale et des familles

La CDAPH a été créée au même moment que les maisons départementales des personnes handicapées (MDPH), lors de la mise en place de la loi du 11 février 2005 : elle résulte de la fusion des commissions techniques d'orientation et de reclassement professionnel (COTOREP), compétente pour les moins de 20 ans, et des commissions départementales d'éducation spécialisée (CDES), compétentes pour les plus de 20 ans. Elle prend, au sein de chaque MDPH, « les décisions relatives à l'ensemble des droits des personnes, notamment en matière d'attribution de prestations et d'orientation » (CASF, art. L. 146-9). Elle se base principalement sur « l'évaluation réalisée par l'équipe pluridisciplinaire » et sur « les souhaits exprimés par la personne handicapée ou son représentant légal dans son projet de vie » (idem).

1. LA COMPOSITION DE LA COMMISSION

La CDAPH est composée (CASF, art. R. 241-24) de :

- quatre représentants du département désignés par le président du conseil général ;
- quatre représentants de l'État et de l'agence régionale de santé (le directeur départemental chargé de la cohésion sociale ou son représentant ; le directeur régional des entreprises, de la concurrence, de la consommation, du travail et de l'emploi ou son représentant ; le directeur académique des services de l'éducation nationale agissant sur délégation du recteur d'académie ou son représentant ; le directeur général de l'agence régionale de santé ou son représentant) ;
- deux représentants des organismes d'assurance maladie (CPAM) et de prestations familiales (CAF) ;

- deux représentants des organisations syndicales (un représentant des employeurs, un représentant des salariés ou fonctionnaires) ;
- un représentant des associations de parents d'élèves ;
- sept membres représentant les associations de personnes handicapées et leurs familles ;
- un membre du conseil départemental consultatif des personnes handicapées désigné par ce conseil ;
- deux représentants des organismes gestionnaires d'établissements ou de services pour personnes handicapées (avec une voix consultative).

Le préfet et le président du conseil général nomment, par arrêté conjoint et pour une durée renouvelable de quatre ans, les membres titulaires, et trois suppléants (maximum) par membre titulaire. Les membres siègent à titre gratuit, mais leurs frais de déplacement sont (selon un barème) remboursés par la MDPH. La CDAPH siège en formation plénière. Le président de la commission est désigné tous les deux ans par les membres de la commission en son sein. Les membres de la CDAPH sont tenus au secret professionnel « par fonction ou mission temporaire » (CASF, art. L. 241-10).

La Commission peut également être organisée en sections locales ou spécialisées d'au moins trois membres (CASF, art. R. 241-28) : on parle alors de « procédure simplifiée » (à laquelle peut s'opposer la personne handicapée concernée ou son représentant légal) et de « formation restreinte » (qui comportent obligatoirement parmi leurs membres un tiers de représentants des personnes handicapées et de leurs familles).

Les compétences des formations restreintes sont limitées :

- renouvellement d'un droit ou d'une prestation dont bénéficie une personne handicapée lorsque son handicap ou sa situation n'a pas évolué de façon significative ;
- reconnaissance que « l'état (de la personne handicapée) nécessite une assistance ou une présence » (code de la sécurité sociale, 2e art. L. 381-1).
- attribution de la carte d'invalidité (CASF, art. L. 241-3) ou de la carte portant la mention « priorité pour personnes handicapées » (CASF, art. L. 241-3-1) ;
- reconnaissance de la qualité de travailleur handicapé, RQTH (code du travail, art. L. 323-10) ;
- situations nécessitant qu'une décision soit prise en urgence ;
- prolongation ou interruption de la période d'essai d'un travailleur handicapé en ESAT ;
- maintien ou non, à l'issue d'une mesure conservatoire (CASF, art. R. 243-4) d'un travailleur handicapé dans l'établissement ou l'ESAT dans lequel il a été admis (une mesure conservatoire de suspension, d'un mois maximum, peut être décidée par « le directeur de l'établissement ou

de l'ESAT » lorsque le « comportement d'un travailleur handicapé met gravement en danger sa santé ou sa sécurité, la santé ou la sécurité des autres travailleurs handicapés ou des personnels de l'établissement ou du service d'aide par le travail ou porte gravement atteinte aux biens de cet établissement ou service »).

2. LES COMPÉTENCES DE LA COMMISSION

La CDAPH est compétente (CASF, art. L. 241-6) pour :

- se prononcer sur l'orientation de la personne handicapée et les mesures propres à assurer son insertion scolaire ou professionnelle et sociale ;
- apprécier le taux d'incapacité de la personne handicapée, les besoins de compensation et la capacité de travail ;
- désigner, le cas échéant, les établissements ou les services correspondant aux besoins de l'enfant ou de l'adolescent ou concourant à la rééducation, à l'éducation, au reclassement et à l'accueil de l'adulte handicapé, et en mesure de l'accueillir (elle doit proposer à l'intéressé ou à son représentant légal un choix entre plusieurs solutions adaptées, elle ne peut désigner un seul établissement ou service que de manière exceptionnelle) ;
- attribuer, pour l'enfant ou l'adolescent, l'allocation d'éducation de l'enfant handicapé (AEEH) et, éventuellement, de son complément ;
- attribuer la carte d'invalidité (CIN) ;
- attribuer la carte de priorité pour personne handicapée ;
- attribuer l'allocation aux adultes handicapés (AAH) et le complément de ressources ;
- attribuer la prestation de compensation du handicap (PCH) ;
- reconnaître la qualité de travailleur handicapé (RQTH) aux personnes répondant aux conditions définies par l'article L. 5213-2 du code du travail ;
- statuer sur l'accompagnement des personnes handicapées âgées de plus de soixante ans hébergées dans les structures pour personnes handicapées adultes.

La décision de la Commission qui désigne les établissements ou les services chargés d'accueillir l'enfant, l'adolescent ou l'adulte handicapés « s'impose à tout établissement ou service dans la limite de la spécialité au titre de laquelle il a été autorisé ou agréé » (CASF, art. L. 241-6). Lorsque les parents ou le représentant légal de l'enfant ou de l'adolescent handicapé, ou l'adulte handicapé (ou son représentant légal), font connaître leur préférence pour un établissement ou un service en mesure de les accueillir, la Commission est tenue de faire figurer cet établissement ou ce service parmi ceux qu'elle désigne.

3. LE FONCTIONNEMENT DE LA COMMISSION

La personne handicapée (ou son représentant légal) doit déposer une demande auprès de la MDPH du lieu de résidence de la personne handicapée : le formulaire unique de demande est disponible auprès de la MDPH. Il peut également être téléchargé sur Internet (CERFA 13788*01), accompagné de sa notice explicative. Il est identique dans tous les départements.

Les décisions de la Commission sont prises par le vote de ses membres (CASF, art. R. 241-27), à condition que le quorum de 50 % de ses membres soit atteint (à défaut, elle délibère valablement sans quorum quinze jours plus tard). Ses décisions sont prises à la majorité simple. En cas de partage des voix, la voix du président est prépondérante. Lorsque la décision porte sur l'attribution de la prestation de compensation, la majorité des voix est détenue par les représentants du conseil général (les voix sont pondérées selon un coefficient, et celle du président n'est plus prépondérante).

La personne handicapée, ou son représentant légal, est informée, au moins deux semaines à l'avance de la date et du lieu de la séance au cours de laquelle la CDAPH se prononcera sur sa demande, ainsi que de la possibilité de se faire assister, accompagner ou représenter par la personne de son choix (CASF, art. R. 241-30). Les décisions de la Commission sont prises au nom de la MDPH, et motivées (CASF, art. R. 241-31). Leur durée de validité ne peut être inférieure à un an ni excéder cinq ans, sauf dispositions législatives ou réglementaires spécifiques contraires. Elles sont notifiées par le président de la Commission à la personne handicapée ou à son représentant légal, ainsi qu'aux organismes concernés (CASF, art. R. 241-32). Le silence gardé pendant plus de quatre mois par la CDAPH à partir du dépôt de la demande auprès de la MDPH vaut décision de rejet (CASF, art. R. 241-33).

4. LES RECOURS CONTRE LES DÉCISIONS DE LA COMMISSION

Le recours peut être « amiable » (il n'engage aucune procédure et recherche une conciliation) ou contentieux (devant la juridiction du contentieux technique de la sécurité sociale ou devant le tribunal administratif).

a Le recours amiable

Lorsqu'une personne handicapée, ou son représentant légal (ses parents si elle est mineure), estime qu'une décision de la CDAPH méconnaît ses droits, elle peut demander au directeur de la MDPH l'intervention d'une personne qualifiée chargée de proposer des mesures de conciliation (CASF, art. L. 146-10). L'engagement d'une procédure « amiable » de conciliation suspend les délais de recours.

La liste des personnes qualifiées est établie par la MDPH : elle peut être consultée à la MDPH. Elle est arrêtée par le président de la commission exécutive (voir la fiche traitant de la MDPH), tenue à jour et actualisée au moins tous les trois ans.

Les personnes qualifiées doivent, pour apparaître sur cette liste, remplir les conditions suivantes (CASF, art. R. 146-32) :

- ne pas avoir fait l'objet d'une condamnation, d'une incapacité ou d'une déchéance mentionnées sur le bulletin 2 du casier judiciaire ;
- n'avoir pas été l'auteur de faits contraires à l'honneur, à la probité et aux bonnes mœurs ayant donné lieu à une sanction disciplinaire ou administrative de destitution, radiation, révocation, de retrait d'agrément ou d'autorisation ;
- posséder par l'exercice présent ou passé d'une activité professionnelle ou bénévole, la qualification requise eu égard à la nature des différends à régler ;
- présenter les garanties d'indépendance nécessaires à l'exercice de la mission de conciliation.

La fonction de conciliateur est exercée à titre gratuit (CASF, art. R. 146-33), mais les frais de déplacement sont (selon un barème) remboursés par la MDPH.

Le conciliateur peut avoir accès au dossier MDPH relatif à la personne handicapée, à l'exclusion des documents médicaux. Il est tenu au secret professionnel « par fonction ou mission temporaire » (CASF, art. R. 146-35). Il dispose de deux mois pour effectuer sa mission de conciliation. La mission est close par la production d'un rapport de mission notifié au demandeur et à la MDPH (la notification met fin à la suspension des délais de recours).

Les constatations de la personne qualifiée et les déclarations qu'elle recueille ne peuvent être ni produites ni invoquées dans la suite de la procédure sans l'accord des parties, ni, en tout état de cause, dans une autre instance.

b Le recours contentieux

Le recours contentieux est porté devant la juridiction du contentieux technique de la sécurité sociale lorsque la décision de la CDPAH concerne les décisions suivantes :

- l'orientation de l'enfant ou l'adolescent handicapé et sur les mesures propres à assurer son insertion scolaire ou professionnelle et sociale ;
- la désignation de l'établissement ou du service correspondant aux besoins de l'enfant ou de l'adolescent ou concourant à la rééducation, à l'éducation, au reclassement et à l'accueil de l'adulte handicapé et en mesure de l'accueillir ;

- l'attribution ou non (si le taux d'incapacité de la personne handicapée le justifie) de l'AEEH (de son complément et de sa majoration) pour l'enfant ou l'adolescent (ainsi que de la carte d'invalidité et de la carte portant la mention « priorité pour personne handicapée »), et de l'AAH (et du complément de ressources) pour l'adulte (ainsi que de la carte d'invalidité et de la carte portant la mention « priorité pour personne handicapée ») ;
- l'attribution de la prestation de compensation du handicap (selon l'appréciation des besoins de compensation de l'enfant ou de l'adulte handicapé) ;
- l'attribution du complément de ressources qui peut être associé à l'AAH (selon la capacité de travail de la personne handicapée) ;
- l'accompagnement des personnes handicapées âgées de plus de soixante ans hébergées dans les structures pour personnes handicapées adultes.

Le recours contentieux est ouvert à toute personne et à tout organisme intéressé. Il est dépourvu d'effet suspensif, sauf lorsqu'il est intenté par la personne handicapée ou son représentant légal au sujet de la désignation de l'établissement ou du service chargé de l'accueillir.

La juridiction du contentieux technique de la sécurité sociale est le tribunal des affaires de sécurité sociale (TASS), qui siège au tribunal de grande instance (TGI). C'est une juridiction échevinale et paritaire composée d'un magistrat professionnel (juge d'instance) et de deux assesseurs non professionnels, désignés pour trois ans par le premier président de la Cour d'appel (un représentant des salariés + un représentant des employeurs). La compétence et l'organisation du TASS sont détaillées dans le code de la sécurité sociale (art. R. 143-1 à R. 143-5-3).

Les prestations liées au handicap

19

Références juridiques

Articles L. 381-1, D. 381-1 à D. 381-7 du code de la sécurité sociale (AVPF)

Articles L. 541-1 à L. 541-4, R. 541-1 à R. 541-10 du code de la sécurité sociale (AEEH)

Articles L. 544-1 à L. 544-9, R. 544-1 à R. 544-3, D. 544-1 à D. 544-10 du code de la sécurité sociale (AJPP)

Articles L. 1225-62 à L. 1225-65, R. 1225-14 à D. 1225-17 du code du travail (congé de présence parentale dans le secteur privé)

Décret 2006-536 du 11 mai 2006 relatif aux modalités d'attribution aux fonctionnaires et aux agents non titulaires de l'État du congé de présence parentale

Décret 2006-1022 du 21 août 2006 relatif aux modalités d'attribution aux fonctionnaires et aux agents non titulaires des collectivités territoriales du congé de présence parentale

Décret 2006-1535 du 5 décembre 2006 relatif aux modalités d'attributions du congé de présence parentale aux agents de la fonction publique hospitalière

Articles L. 112-1 à L. 112-5 (dispositions particulières aux enfants et adolescents handicapés), L. 213-11 et L. 213-12 (transports scolaires), R. 213-13 à R. 213-16 (financement des frais de déplacement des élèves et étudiants handicapés) du code de l'éducation

La reconnaissance du handicap ouvre l'accès à des aides financières spécifiques.

L'affiliation à l'assurance vieillesse est gratuite pour l'enfant ou l'adulte handicapé qui s'est vu attribuer le taux d'incapacité minimal requis (sous conditions de ressources), et pour la personne qui est dans l'obligation de rester au foyer pour s'occuper d'une personne handicapée (assurance vieillesse des parents au foyer, AVPF).

1. AIDES ACCORDÉES AUX PARENTS D'ENFANTS HANDICAPÉS

a L'allocation d'éducation de l'enfant handicapé (AEEH)

Elle remplace l'allocation d'éducation spéciale. Elle est versée aux personnes résidant en France ou dans un département d'outre-mer qui ont un enfant de moins de 20 ans (à charge au sens des prestations familiales) qui présente un handicap avec un taux d'incapacité, déterminé par la CDAPH, d'au moins 80 % (ou d'au moins 50 % s'il fréquente un établissement d'enseignement adapté ou si son état exige le recours à des soins), et dont la nature ou la gravité du handicap exige des dépenses particulièrement coûteuses ou nécessite le recours fréquent à l'aide d'une tierce personne. L'AEEH est attribuée par la MDPH pendant une période d'au minimum un an et d'au maximum cinq ans, sauf si l'état de santé de l'enfant s'aggrave et que le taux d'incapacité augmente. Elle est supprimée à l'âge de 16 ans si l'enfant perçoit des revenus professionnels supérieurs à 55 % du Smic mensuel brut. L'AEEH est versée mensuellement à la personne qui assume la charge de l'enfant, par la caisse d'allocations familiales (CAF) ou la caisse de MSA pour les personnes qui relèvent du régime agricole. Elle est destinée à compenser les frais d'éducation et de soins apportés à un enfant en situation de handicap, et elle n'est pas soumise à condition de ressources. Son montant est de 129,21 euros/mois (au 1er mars 2014).

Elle ne peut être cumulée qu'avec le troisième élément de la prestation de compensation du handicap (PCH), celui qui concerne les frais engagés pour l'aménagement du logement ou du véhicule, ou des surcoûts liés au transport (les deux premiers éléments concernent l'aide humaine, et l'aide technique, qui permet l'achat ou la location par la personne handicapée, pour son usage personnel d'un matériel conçu pour compenser son handicap). Ce choix de cumul s'effectue sur la base de propositions comparatives des montants de l'AEEH, de son complément (ci-dessous) et de la PCH figurant dans un plan personnalisé de compensation (PPC) élaboré par la maison départementale des personnes handicapées (MDPH).

L'assurance maladie, l'État ou l'aide sociale prend en charge l'intégralité des frais de séjour lorsque l'enfant est placé en internat : l'AEEH dans ce cas n'est due que pour les périodes de congés, où l'enfant est de retour au foyer, ou de suspension de la prise en charge (code de la sécurité sociale, art. L. 541-1).

b Le complément d'AEEH

Le montant du complément peut varier de 96,91 euros à 1 096,50 euros (au 1er mars 2014), selon la catégorie dans laquelle l'enfant est classé (code de la sécurité sociale, art. R. 541-2 et D. 541-2). Il existe six catégories de compléments AEEH, qui correspondent à six montants de compléments d'allocation : le classement dans l'une de ces catégories est effectué par la CDAPH, qui prend en compte différents critères (coût du handicap de l'enfant, cessation ou réduction d'activité professionnelle du parent ou du conjoint nécessitée par le handicap de l'enfant, embauche d'une tierce personne, etc.). Le complément d'AEEH n'est pas cumulable avec l'allocation journalière de présence parentale (AJPP).

c La majoration spécifique pour parent isolé

L'adulte qui assume seul la charge de son enfant (considéré comme parent isolé) peut bénéficier, en plus de l'AEEH et de son complément, de la majoration spécifique pour parent isolé, dont le montant varie de 52,49 euros et 432,06 euros (selon la catégorie dans laquelle l'enfant est classé) : sont considérées comme parents isolés les personnes veuves, divorcées, séparées, abandonnées ou célibataires qui assument seules la charge effective et permanente d'un ou plusieurs enfants résidant en France, ainsi que les femmes seules en état de grossesse ayant effectué la déclaration de grossesse et les examens prénataux prévus par la loi.

La majoration est ouverte aux bénéficiaires de l'AEEH et de la prestation de compensation du handicap (PCH), ou d'un complément de seconde, troisième, quatrième, cinquième ou sixième catégorie (le classement en première catégorie n'ouvre pas droit à la majoration), c'est-à-dire quand l'état de l'enfant contraint le parent à renoncer, cesser ou exercer une activité professionnelle à temps partiel ou exige le recours à tierce personne rémunérée (code de la sécurité sociale, art. D. 541-3 et D. 541-4). La majoration spécifique pour parent isolé d'enfant handicapé est due pour chacun des enfants handicapés remplissant ces conditions.

d L'allocation journalière de présence parentale (AJPP)

L'AJPP est attribuée au parent qui assume la charge d'un enfant âgé de moins de 20 ans, atteint d'une maladie, d'un handicap ou victime d'un accident d'une particulière gravité rendant indispensable une présence soutenue et des soins contraignants.

Un certificat médical détaillé doit être établi par le médecin qui suit l'enfant au titre de la maladie, du handicap ou de l'accident. Il doit préciser la particulière gravité de la maladie, du handicap ou de l'accident, le caractère indispensable d'une présence soutenue, les soins contraignants ainsi que la durée prévisible du traitement. Il doit être joint, sous pli cacheté, au formulaire de demande d'allocation journalière de présence parentale (CERFA 12666*02) que le parent adresse à la CAF ou MSA. Le versement de la prestation est soumis à l'avis favorable du service de contrôle médical de la caisse d'assurance maladie auprès de laquelle est affilié l'enfant en qualité d'ayant droit.

L'allocation est liée au bénéfice du congé de présence parentale, qui permet au parent de bénéficier d'une réserve de jours de congé pour s'occuper d'un enfant à charge atteint d'une maladie, d'un handicap ou victime d'un accident d'une particulière gravité rendant indispensables une présence soutenue et des soins contraignants. Le parent (salarié du privé ou du public) bénéficie d'un compte crédit de 310 jours de congé, à prendre sur trois ans et indemnisés sur une base journalière. Il perçoit autant d'allocations journalières que de jours d'absence (dans la limite de 22 jours par mois). Le versement de l'AJPP ouvre droit à l'assurance maladie, et le parent peut être affilié gratuitement à l'assurance vieillesse du régime général (sous certaines conditions).

Le droit est ouvert pour une période égale à la durée prévisible du traitement fixé par le médecin qui suit l'enfant. Cette durée fait l'objet d'un nouvel examen tous les six mois.

Si lors du réexamen, le médecin constate que l'enfant est guéri ou que le traitement est achevé, le droit à l'allocation est suspendu. Il pourra être réactivé si nécessaire, ou de nouveau ouvert, au-delà de la durée maximale, si le médecin constate une rechute ou récidive de la pathologie de l'enfant. Les mêmes conditions doivent être réunies.

L'AJPP est due à compter du premier jour du mois civil au cours duquel est déposée la demande, sous réserve que les conditions d'ouverture de droit soient réunies à cette date.

L'allocation cesse d'être due à compter du premier jour du mois civil suivant celui au cours duquel les conditions de droit ne sont plus réunies.

Après le prélèvement de la contribution au remboursement de la dette sociale (CRDS), le montant est de 42,71 euros si le parent vit en couple, et de 50,75 euros s'il vit seul.

L'allocation peut être partagée successivement entre les deux parents, ou bien simultanément entre les deux parents (dans ce cas, le montant versé par foyer est celui correspondant au parent vivant en couple).

L'allocation journalière de présence parentale n'est pas cumulable, pour un même bénéficiaire, avec les prestations suivantes :

- l'indemnisation des congés de maternité, de paternité ou d'adoption ;
- l'allocation forfaitaire de repos maternel ou l'allocation de remplacement pour maternité (indemnités pouvant être versées aux travailleurs indépendants par leur régime d'assurance maladie) ;
- l'indemnisation des congés de maladie ou d'accident du travail ;
- les indemnités versées aux demandeurs d'emploi ;
- une pension de retraite ou d'invalidité ;
- le complément de libre choix d'activité de la prestation d'accueil du jeune enfant (qui permet au parent qui le souhaite d'arrêter de travailler ou de travailler à temps partiel pour garder son ou ses enfant(s) de moins de trois ans) ;
- le complément et la majoration de l'allocation d'éducation de l'enfant handicapé (AEEH) perçus pour le même enfant ;
- l'allocation aux adultes handicapés (AAH).

e Le complément de l'AJPP pour frais

Le complément pour frais est soumis à des plafonds de ressources, selon le nombre d'enfants à charge, le montant des revenus et la situation familiale (couple avec un seul revenu, parent isolé ou couple avec deux revenus). Un remboursement mensuel de 109,25 euros (au 1er mars 2014) peut être effectué par la CAF ou la MSA si des dépenses (supérieures à 109,79 euros par mois) exigées par l'état de santé de l'enfant, non remboursées par la sécurité sociale ou par la mutuelle sont engagées par la famille (psychomotricité en libéral, par exemple). Ce complément est versé mensuellement même si, pour un mois donné, le bénéficiaire n'a pas perçu d'AJPP. Le versement n'intervient qu'au moment de l'examen par la CAF ou la MSA de l'attestation mensuelle.

f La prise en charge des frais de transport scolaire

Les frais de transport, du domicile à l'établissement scolaire fréquenté, sont pris en charge par le département du domicile de l'élève (code de l'éducation, art. R. 213-13), et remboursés directement aux familles ou aux intéressés s'ils sont majeurs, ou à l'organisme qui en a fait l'avance, le cas échéant (code de l'éducation, art. R. 213-14).

La prise en charge est assurée par les organismes de sécurité sociale dans le cadre d'une scolarisation dans un établissement spécialisé.

Tout élève (du primaire à la terminale), scolarisé en milieu ordinaire, dans un établissement d'enseignement général, agricole ou professionnel, public ou privé, qui présente une situation de handicap dont la gravité est médicalement reconnue (un taux d'incapacité supérieur à 50 % est généralement nécessaire), qui, en raison de son handicap, ne peut pas utiliser les moyens de transport en commun, peut, avec l'accord de la CDAPH, bénéficier d'un transport individuel adapté entre son domicile et son établissement scolaire.

Il existe plusieurs types de transport : transport collectif, transport individuel assuré par la famille, transport individuel dans un véhicule exploité par un tiers, etc.

Le remboursement des frais de déplacements s'opère sur la base d'un tarif fixé par le conseil départemental lorsque les déplacements s'effectuent dans un véhicule appartenant à l'élève ou à sa famille (code de l'éducation, art. R. 213-15). Il s'opère sur la base des dépenses réelles, dûment justifiées, lorsque les déplacements s'effectuent dans un véhicule exploité par un tiers rémunéré à ce titre (taxi, par exemple).

Le dossier de demande de transport subventionné doit être adressé au chef d'établissement scolaire fréquenté par l'enfant. Il comprend une copie de la décision de la CDAPH précisant le taux d'incapacité, une photocopie de l'emploi du temps, un imprimé de demande de carte de subvention des transports (le cas échéant), un devis du taxi ou une attestation des parents certifiant qu'ils transportent eux-mêmes leur enfant.

Lorsqu'une scolarisation en milieu ordinaire a été décidée par la CDAPH, mais que les conditions d'accès à cet établissement la rendent impossible, les surcoûts imputables au transport de l'enfant ou de l'adolescent handicapé vers un établissement plus éloigné sont à la charge de la collectivité territoriale compétente.

2. AIDES ACCORDÉES AUX HANDICAPÉS ADULTES JUSQU'À SOIXANTE ANS

a L'allocation adulte handicapé (AAH)

L'allocation adulte handicapé (AAH) garantit un revenu minimum, mais elle est soumise à des conditions tenant au handicap, à l'âge, au lieu de résidence, à la nationalité et aux ressources de la personne. L'âge minimum pour percevoir l'AAH est de 16 ans, à condition que l'enfant ne soit plus à la charge de ses parents pour le bénéfice des prestations familiales (garanties sous conditions jusqu'à 20 ans), l'âge maximum pour percevoir l'AAH est l'âge légal du départ à la retraite : la personne bascule alors dans le régime de retraite pour inaptitude.

En cas d'incapacité d'au moins 80 %, une AAH différentielle, c'est-à-dire une allocation mensuelle réduite, peut être versée au-delà de l'âge minimum légal de départ à la retraite, en complément d'une retraite inférieure au minimum vieillesse.

La personne doit résider de façon permanente, c'est-à-dire avoir son domicile habituel, en France métropolitaine ou dans les départements d'outre-mer, et, au cas où la personne est étrangère, non-ressortissante de l'espace économique européen (EEE), elle doit posséder un titre de séjour régulier ou être titulaire d'un récépissé de demande de renouvellement de titre de séjour.

Pour pouvoir bénéficier de l'AAH à taux plein (790,18 euros au 1er janvier 2014), les ressources ne doivent pas dépasser un plafond annuel fixé à 9 482,16 euros pour une personne seule (+ 4 741,08 euros par enfant à charge) et 18 964,32 euros pour un couple (+ 4 741,08 euros par enfant à charge).

Les ressources prises en compte correspondent à l'ensemble des revenus nets de la personne, ainsi que celles du conjoint, concubin ou partenaire de PACS (ce qui est juridiquement contestable, surtout concernant le concubinage, qui ne comprend aucune communauté d'intérêt).

La personne handicapée qui perçoit une pension (invalidité, rente d'accident du travail, retraite) bénéficie d'une allocation mensuelle réduite, dont le montant correspond à la différence entre la moyenne mensuelle de ses autres ressources et l'AAH.

Lorsqu'elle (ou son conjoint, son concubin ou son partenaire pacsé) perçoit un revenu d'activité, l'AAH est calculé en fonction d'une partie de ces revenus.

Le calcul de l'AAH mensuelle est simple : le montant du plafond annuel de ressources moins les ressources du ménage, divisé par 12. Exemple : pour un couple sans enfant, dont un des membres est bénéficiaire de l'AAH, qui perçoit 11 055,17 euros par an, le montant mensuel de l'AAH sera de 659,09 euros (18 964,32 – 11 055,17) / 12).

En cas de reprise d'une activité professionnelle en milieu normal, il est possible de cumuler intégralement l'AAH et les revenus d'une activité professionnelle, pendant six mois à compter de la reprise : à l'issue de cette période, le cumul sera partiel, si les revenus d'activité sont inférieurs à 30 % du SMIC brut, un abattement de 80 % sur les revenus d'activité sera accordé, de 40 % si les revenus d'activité sont supérieurs à 30 % du SMIC brut.

Depuis 1er janvier 2011, la déclaration trimestrielle de ressources, effectuée via le formulaire adressé par la CAF ou la MSA, peut être saisie en ligne, ou à l'aide d'un imprimé téléchargeable (CERFA 14208*01).

L'AAH peut être cumulée avec le complément de ressources (allocation forfaitaire de 179,31 euros par mois au 1er janvier 2014, qui s'ajoute à l'allocation aux adultes handicapés pour constituer une garantie de ressources dans le but de compenser l'absence durable de revenus d'activité des personnes handicapées ayant une capacité de travail inférieure à 5 %), la majoration pour la vie autonome, et, dans certains cas, l'aide à l'autonomie (complément d'allocation qui permet aux personnes handicapées qui ont fait le choix de vivre dans un logement indépendant, de faire face aux dépenses supplémentaires que cela implique).

b Quelques avantages

> Article L. 115-3 du code de l'action sociale et des familles
>
> Décret 2004-325 du 8 avril 2004 relatif à la tarification spéciale de l'électricité comme produit de première nécessité
>
> Décret n° 2008-778 du 13 août 2008 relatif à la fourniture de gaz naturel au tarif spécial de solidarité
>
> Article R. 20-34 du code des postes et des communications électroniques

Les bénéficiaires de la couverture maladie universelle complémentaire (CMU-C), les personnes éligibles à l'assurance complémentaire santé (ACS) ou les foyers dont le revenu fiscal de référence annuel ne dépasse pas

2 175 euros par part en métropole et 2 420,78 euros dans les départements d'outre-mer (les bénéficiaires de l'AAH entrent souvent dans ce cadre), peuvent, depuis le 26 décembre 2013, bénéficier pour leur résidence principale d'un tarif social de première nécessité (TPN) pour l'électricité et d'un tarif spécial solidarité (TSS) pour le gaz naturel (pour un foyer de deux personnes ou plus en logement collectif, la réduction forfaitaire annuelle peut aller jusqu'à 156 euros). On obtient les informations nécessaires auprès du fournisseur d'énergie ou de l'organisme d'assurance maladie (CNAM, RSI, MSA).

Les bénéficiaires du revenu de solidarité active (RSA), de l'allocation adulte handicapé (AAH), de l'allocation de solidarité spécifique (ASS) et les invalides de guerre peuvent également bénéficier d'une réduction sociale téléphonique sur l'abonnement mensuel et le raccordement au réseau téléphonique de leur résidence principale (pas sur le montant des communications). La CAF, la MSA ou Pôle emploi adressent directement au bénéficiaire des prestations une attestation à compléter pour obtenir la réduction auprès de certains opérateurs de téléphonie.

C La majoration pour la vie autonome

La majoration pour la vie autonome remplace le complément d'allocation pour adultes handicapés (AAH) depuis juillet 2005. Elle permet aux personnes en situation de handicap vivant dans un logement de faire face aux dépenses que cela implique.

D'un montant mensuel de 104,77 euros (au 1er janvier 2014), elle est attribuée automatiquement, dès lors que les cinq conditions d'attribution sont remplies, à savoir :

- percevoir l'AAH à taux plein ou en complément d'un avantage vieillesse ou d'invalidité ou d'une rente accident du travail ;
- avoir un taux d'incapacité au moins égal à 80 % ;
- disposer d'un logement pour lequel une aide au logement est versée (APL, ALF ou ALS) ;
- résider en France ;
- ne pas percevoir de revenu d'activité à caractère professionnel.

Le montant de la majoration pour vie autonome n'est pas cumulable avec le complément de ressources : il faut donc choisir de cumuler l'AAH et la majoration pour la vie autonome, ou l'AAH et le complément de ressources.

La majoration pour la vie autonome est effective à compter du premier jour du mois au cours duquel les conditions d'attribution sont remplies. Elle est versée mensuellement par la CAF ou la MSA. En cas d'hospitalisation, d'hébergement dans un établissement médico-social ou d'incarcération dans un établissement pénitentiaire, son versement est maintenu jusqu'au premier jour du mois suivant une période de 60 jours. Le versement reprend éventuellement, sans nouvelle demande, à compter du premier jour du mois suivant celui au cours duquel cesse l'hospitalisation, l'hébergement ou l'incarcération.

d La pension d'invalidité et les majorations ou prestations pour tierce personne

La personne qui est dans l'incapacité de reprendre son travail après un accident ou une maladie invalidante d'origine non professionnelle, peut percevoir une pension d'invalidité en remplissant les conditions suivantes :

- elle n'a pas atteint l'âge légal de la retraite (entre 60 et 62 ans) ;
- sa capacité de travail ou de revenus est réduite d'au moins deux tiers ;
- elle est immatriculé(e) depuis au moins 12 mois au moment de l'arrêt de travail ou au moment de la constatation de l'invalidité par le médecin conseil de la CPAM ;
- elle justifie, au cours des 12 mois qui précédent l'arrêt de travail pour invalidité ou la constatation médicale de l'invalidité, soit avoir effectué au moins 800 heures de travail salarié, soit avoir cotisé sur un salaire au moins égal à 2 030 fois le SMIC horaire.

Elle percevra entre 30 et 50 % de son salaire annuel moyen des dix meilleures années, ainsi qu'un montant mensuel variable en fonction de la catégorie d'invalidité.

Une majoration pour tierce personne est accordée aux personnes titulaires de la pension d'invalidité qui ne peuvent plus exercer une profession et qui sont dans l'obligation d'avoir recours à l'assistance d'une tierce personne pour effectuer les actes ordinaires de la vie (code de la sécurité sociale, art. L. 341-4, L. 355-1 et R. 355-1). Une prestation complémentaire pour recours à tierce personne est accordée à la victime d'un accident du travail ou d'une maladie professionnelle (AT-MP), titulaire d'une rente. Son taux d'incapacité permanente doit être au moins égal à 80 %, son incapacité doit l'empêcher d'accomplir seule les actes ordinaires de la vie et l'obliger à avoir recours à l'assistance d'une tierce personne. Cette prestation varie de 541,22 à 1 623,65 euros, selon le nombre d'actes nécessitant l'assistance d'une tierce-personne (voir la circulaire DSS/2C/2013/236 du 12 juin 2013 relative aux modalités de mise en œuvre de la prestation complémentaire pour recours à tierce personne).

3. RESSOURCES DES HANDICAPÉS DE PLUS DE SOIXANTE ANS

Toute personne peut demander son départ en retraite anticipée pour handicap, c'est-à-dire avant l'âge minimum de départ à la retraite (fixé entre 60 ans et 62 ans, selon la date de naissance) à condition qu'elle soit atteinte d'une incapacité permanente d'au moins 50 % ou d'un handicap de niveau comparable, qu'elle soit reconnue travailleur handicapé (RQTH), et qu'elle justifie d'une durée totale d'assurance minimale tous régimes de base confondus (dont une part minimale a donné lieu à cotisations) depuis que son handicap a été reconnu.

Le critère de la RQTH a été maintenu jusqu'au 31 décembre 2015. La loi 2014-40 du 20 janvier 2014 garantissant l'avenir et la justice du système de retraites, qui comprend un certain nombre de mesures en direction des personnes handicapées (dans son chapitre V : ouvrir des solidarités nouvelles en faveur des assurés handicapés et de leurs aidants) fait disparaître le critère de la RQTH et abaisse le taux d'incapacité de 80 % ou de 55 % à 50 %.

Les bénéficiaires de l'AAH sont réputés inaptes au travail dès l'âge de soixante ou soixante-deux ans (selon leur date de naissance), ils peuvent en conséquence faire valoir leurs droits à la retraite. Ils disposent de trois mois pour engager les démarches, durant lesquels ils peuvent bénéficier de l'AAH si leur taux d'incapacité est supérieur ou égal à 80 %. S'ils n'ont pas engagé les démarches à l'issue de ce délai, ils perdent tout droit à l'AAH. Si le taux est inférieur, le droit à l'AAH cesse à compter de l'âge légal du départ la retraite. Ils sont dispensés de la procédure de reconnaissance de l'inaptitude au travail, qui découle de l'AAH, et un dispositif de liaison est mis en place entre les caisses de sécurité sociale pour assurer la continuité du versement des mensualités, lorsque l'AAH est remplacée par la pension de vieillesse.

En cas d'incapacité d'au moins 80 %, si les conditions de ressources sont remplies, une AAH différentielle c'est-à-dire une allocation mensuelle réduite, peut être versée après le départ à la retraite, en complément d'une retraite inférieure au minimum vieillesse (787,27 euros par mois pour une personne seule et 1 222,27 euros par mois pour un couple au 1er janvier 2014).

Les personnes âgées peuvent bénéficier de l'allocation personnalisée d'autonomie (APA) en cas de perte d'autonomie, de l'allocation de solidarité aux personnes âgées (ASPA), si elles disposent de faibles revenus, de l'allocation supplémentaire d'invalidité (ASI) si elles sont invalides et n'ont pas atteint l'âge légal de départ à la retraite.

L'allocation supplémentaire d'invalidité (ASI) est une prestation versée sous certaines conditions aux personnes invalides titulaires d'une pension de retraite ou d'invalidité qui n'ont pas atteint l'âge légal de départ à la retraite pour bénéficier de l'allocation de solidarité aux personnes âgées (ASPA). Depuis 2006, l'ASI remplace l'allocation supplémentaire du minimum vieillesse (ASMV).

Les titulaires d'une pension de retraite ou d'invalidité qui souhaite bénéficier de l'allocation supplémentaire d'invalidité (ASI) doivent percevoir soit une pension d'invalidité, une pension de réversion, une pension de vieillesse de veuf (ou veuve) invalide, une pension de retraite anticipée pour handicap ou carrière longue, ou encore une pension de retraite pour pénibilité.

4. AVANTAGES FISCAUX ACCORDÉS AUX HANDICAPÉS ET À CEUX QUI LES ONT À CHARGE

L'adulte handicapé incapable de subvenir à ses besoins peut être rattaché au foyer fiscal de ses parents ou de la personne dont il est à charge.

Il doit pour cela être titulaire de la carte d'invalidité et résider effectivement avec la personne dont il est à charge. Il apporte une demi-part supplémentaire en raison du rattachement, et une demi-part grâce à la carte d'invalidité.

La personne qui a en charge une personne titulaire de la carte d'invalidité, un pensionné militaire ou un accidenté du travail déclare une demi-part supplémentaire par cas lors du calcul de son quotient familial (calculé ainsi : revenu net imposable divisé par le nombre de parts du foyer fiscal).

En général, le plafond de l'avantage fiscal procuré par chaque demi-part s'élève à 2 000 euros, mais le plafond de cet avantage varie en fonction de l'origine de la ou des demi part(s) additionnelle(s) dont bénéficie le foyer fiscal : ceux qui ont à charge un ou plusieurs enfant(s) titulaire(s) d'une carte d'invalidité, ou une ou plusieurs personne(s) vivant sous leur toit et titulaire(s) d'une carte d'invalidité d'au moins 80 % peuvent bénéficier d'une réduction d'impôt complémentaire maximale de 997 euros, qui atténuera les effets de ce plafonnement (soit 2 997 euros au total).

Il est également possible de bénéficier d'une réduction d'impôt pour l'emploi d'un salarié à domicile (dans la limite de 20 000 euros, au lieu de 10 000 euros), et de l'exonération, totale ou partielle, des cotisations sociales, ainsi que d'un abattement personnel en matière de succession (héritier ou légataire incapable de travailler dans des conditions normales de rentabilité, en raison d'une infirmité physique ou mentale, congénitale ou acquise, CGI, art. 779) de 159 325 euros (au 1er janvier 2014, inchangé depuis 2011) qui s'ajoute aux autres abattements dont il peut bénéficier en tant que parent du défunt.

Les dépenses d'équipement relatives aux personnes âgées ou handicapées dans leur résidence principale peuvent donner lieu à réduction d'impôt (dans la limite de 25 % des dépenses avec un plafond de 5 000 euros pour les personnes seules, de 10 000 euros pour les couples).

Les titulaires de l'allocation supplémentaire d'invalidité (ASI) ou de l'AAH sont exonérés de taxe foncière sur les propriétés bâties, de la taxe d'habitation (exonération ou plafonnement selon les revenus), et de la redevance audiovisuelle.

Le handicap et les droits des personnes handicapées

20

> **Références juridiques**
>
> Articles L. 114-1 à L. 114-5 du code de l'action sociale et des familles (droits fondamentaux)
>
> Articles L. 245-1 à L. 245-14 et article R. 245-1 du code de l'action sociale et des familles (droit à la compensation)

Toute personne handicapée a droit à la solidarité de l'ensemble de la collectivité nationale (CASF, ART. L. 114-1) : elle lui garantit l'accès aux droits fondamentaux reconnus à tous les citoyens, ainsi que le plein exercice de sa citoyenneté. L'État est garant de l'égalité de traitement des personnes handicapées sur l'ensemble de son territoire. La personne handicapée a droit à la compensation des conséquences de son handicap quels que soient l'origine et la nature de sa déficience, son âge ou son mode de vie (CASF, art. L. 114-1-1). Les familles, l'État, les collectivités locales, les établissements publics, les organismes de sécurité sociale, les associations, les groupements, organismes et entreprises publics et privés associent leurs interventions pour assurer aux personnes handicapées toute l'autonomie dont elles sont capables (CASF, art. L. 114-2). L'action poursuivie vise à assurer l'accès de l'enfant, de l'adolescent ou de l'adulte handicapé aux institutions ouvertes à l'ensemble de la population et son maintien dans un cadre ordinaire de scolarité, de travail et de vie, elle garantit l'accompagnement et le soutien des familles et des proches des personnes handicapées.

La personne « née avec un handicap dû à une faute médicale peut obtenir la réparation de son préjudice lorsque l'acte fautif a provoqué directement le handicap ou l'a aggravé, ou n'a pas permis de prendre les mesures susceptibles de l'atténuer » (CASF, art. L. 114-5), mais « nul ne peut se prévaloir d'un préjudice du seul fait de sa naissance » (extrait de la loi « anti-Perruche » sur « l'indemnisation des handicaps congénitaux » adoptée après l'arrêt dit « Perruche » de la Cour de cassation du 17 novembre 2000, reprise dans l'article 1 de la loi 2002-303 du 4 mars 2002 relative aux droits des malades et à la qualité du système de santé) : « lorsque la responsabilité d'un professionnel ou d'un établissement de santé est engagée vis-à-vis des parents d'un enfant né avec un handicap non décelé pendant la grossesse à la suite d'une faute caractérisée, les parents peuvent demander une indemnité au titre de leur seul préjudice [...], ce préjudice ne saurait inclure les charges particulières découlant, tout au long de la vie de l'enfant, de ce handicap » dont « la compensation [...] relève de la solidarité nationale ».

1. LE DROIT À LA PRÉVENTION, LA RÉDUCTION ET LA COMPENSATION DU HANDICAP

L'État, les collectivités territoriales et les organismes de protection sociale mettent en œuvre des politiques de prévention, de réduction et de compensation des handicaps, et les moyens nécessaires à leur réalisation qui visent à créer les conditions collectives de limitation des causes du handicap, de la prévention des handicaps se surajoutant, du développement des capacités de la personne handicapée et de la recherche de la meilleure autonomie possible (CASF, art. L. 114-3).

La politique de prévention, de réduction et de compensation des handicaps s'appuie sur des programmes de recherche pluridisciplinaires. Elle est constituée :

- d'actions s'adressant directement aux personnes handicapées ;
- d'actions visant à informer, former, accompagner et soutenir les familles et les aidants ;
- d'actions visant à favoriser le développement des groupes d'entraide mutuelle ;
- d'actions de formation et de soutien des professionnels ;
- d'actions d'information et de sensibilisation du public ;
- d'actions de prévention concernant la maltraitance des personnes handicapées ;
- d'actions permettant d'établir des liens concrets de citoyenneté ;
- d'actions de soutien psychologique spécifique proposées à la famille lors de l'annonce du handicap, quel que soit le handicap ;
- d'actions pédagogiques en milieu scolaire et professionnel ainsi que dans tous les lieux d'accueil, de prise en charge et d'accompagnement, en fonction des besoins des personnes accueillies ;
- d'actions d'amélioration du cadre de vie prenant en compte tous les environnements, produits et services destinés aux personnes handicapées et mettant en œuvre des règles de conception conçues pour s'appliquer universellement.

a Le droit à la compensation du handicap

Toute personne handicapée résidant de façon stable et régulière en France, âgée d'au maximum 75 ans dont le handicap est survenu avant l'âge de 60 ans, les mineurs handicapés qui répondent aux critères d'attribution de l'AEEH et de son complément, a droit à une prestation de compensation de son handicap (CASF, art. L. 245-1). Elle est accordée par la CDAPH, et versée par le département dans lequel le bénéficiaire a son domicile, son domicile de secours ou sa résidence (CASF, art. L. 245-2), selon ses besoins de compensation définis par le plan personnalisé de compensation, réalisé par l'équipe pluridisciplinaire de la MDPH (CASF, art. L. 245-3). La prestation de compensation du handicap (PCH) pourra être versée aux personnes qui rencontrent une difficulté absolue pour la réalisation d'au moins une activité essentielle ou une difficulté grave pour la réalisation d'au moins deux activités essentielles (la difficulté est absolue lorsque la personne ne peut pas du tout réaliser l'activité, elle est grave lorsque l'activité est réalisée difficilement et de manière altérée), la liste des activités concernées est répartie en quatre grands domaines (la mobilité, l'entretien personnel, la communication et la capacité générale à se repérer dans l'environnement et à protéger ses intérêts). L'évaluation doit prendre compte plusieurs éléments : les facteurs qui limitent l'activité ou la participation de la personne (son environnement), les éléments qui facilitent l'activité ou la participation (son environnement familial), le projet de vie exprimé par la personne. Le taux de prise en charge varie en fonction des ressources du demandeur : si ses ressources sont inférieures ou égales à 24 259,88 euros/an la prise en charge peut être de 100 %, dans la limite d'un plafond annuel, dans le cas où les ressources sont supérieures à cette somme, la prise en charge est de 80 %.

b Le droit d'accès au dossier médical

Loi 2002-303 du 4 mars 2002 relative aux droits des malades et à la qualité du système de santé

Articles L. 1111-7 et L. 1111-5 du code de la santé publique

Articles R. 1111-1 à R. 1111-8 du code de la santé publique

Décret 2002-637 du 29 avril 2002 relatif à l'accès aux informations personnelles détenues par les professionnels et les établissements de santé

Arrêté du 5 mars 2004 portant homologation des recommandations de bonnes pratiques relatives à l'accès aux informations concernant la santé d'une personne, et notamment l'accompagnement de cet accès

Arrêté du 3 janvier 2007 portant modification de l'arrêté du 5 mars 2004 portant homologation des recommandations de bonnes pratiques relatives à l'accès aux informations concernant la santé d'une personne, et notamment l'accompagnement de cet accès

La loi du 4 mars 2002 pose le principe de l'accès direct et sans entraves du patient « à l'ensemble des informations concernant sa santé, détenues par des professionnels et établissements de santé qui sont formalisés et ont contribué à l'élaboration et au suivi du diagnostic et du traitement ou d'une action de prévention ou ont fait l'objet d'échanges écrits entre professionnels de santé » (code de la santé publique, art. L. 1111-7), et la communication du dossier médical ne doit plus transiter par un médecin, comme c'était le cas auparavant : une présence médicale peut être proposée, suggérée, conseillée, mais elle ne peut en aucun cas être imposée (sauf dans le cas d'une personne hospitalisée en service psychiatrique, sans son consentement). Le dossier doit « nécessairement contenir les informations suivantes », selon le site Internet du Défenseur des droits :

- la fiche d'identification du malade ;
- les résultats des examens ;
- les fiches relatives à l'anesthésie ;
- les motifs de l'hospitalisation ;
- le compte rendu opératoire ;
- les éventuelles prescriptions thérapeutiques ;
- le dossier infirmier ;
- le diagnostic de sortie.

Le contenu du dossier médical est défini par le décret 2002-637 du 29 avril 2002 relatif à l'accès aux informations personnelles détenues par les professionnels et les établissements de santé (abrogé en 2003 et remplacé par le décret 2003-462 du 21 mai 2003). L'article 1112-2 CASP précise que « les informations mentionnant qu'elles ont été recueillies auprès de tiers n'intervenant pas dans la prise en charge thérapeutique ou concernant de tels tiers » ne sont pas communicables.

En cas de refus, ou d'impossibilité d'accès direct, il est conseillé d'adresser une demande par lettre recommandée, avec accusé de réception, au professionnel de santé ou au directeur de l'établissement de santé : aucun délai n'est prévu pour le professionnel de santé, qui doit donc permettre un accès immédiat aux informations qu'il détient, mais l'établissement hospitalier dispose d'un délai maximum de huit jours, à compter de la réception de la demande, pour faire parvenir le dossier au patient (ce délai est porté à deux mois lorsque les informations sollicitées datent de plus de cinq ans). L'accès au dossier se fait soit par consultation sur place, avec éventuellement remise de copies, soit par l'envoi des documents : les frais de délivrance de ces copies sont à la charge du demandeur (ils ne sauraient excéder le coût de la reproduction et le cas échéant, de l'envoi des documents).

Le droit d'accès au dossier médical est ouvert au patient lui-même, à son représentant légal (parents titulaires de l'exercice de l'autorité parentale si le patient est mineur, tuteur si le majeur est sous tutelle, une personne en curatelle peut consulter elle-même son dossier et son curateur n'y a pas accès), à son médecin (si le patient ou son représentant légal l'ont choisi comme intermédiaire), à ses héritiers après son décès (sous réserve d'indiquer le motif de la demande et sauf volonté contraire exprimée par le patient de son vivant). Le droit d'accès des héritiers est limité aux informations nécessaires à l'établissement de la cause du décès, à la défense de la mémoire du défunt ou pour faire valoir leurs droits.

Le médecin saisi d'une demande présentée par le titulaire de l'autorité parentale doit s'efforcer d'obtenir le consentement du mineur à la communication de son dossier, puisque le mineur peut s'opposer à la consultation de son dossier par le ou les titulaires de l'autorité parentale « afin de garder le secret sur son état de santé » (CSP, art. L. 1111-5). Si le mineur confirme ou maintient son opposition, la demande de ses parents ne peut être satisfaite.

La consultation du dossier médical par le tuteur, pourtant prévue par la loi, pose de véritables problèmes quant au respect du secret professionnel (auquel ni le tuteur, ni le curateur ne sont astreints), et du secret médical qui ne peut être partagé qu'entre « deux ou plusieurs professionnels de santé », dans le cadre strict de la continuité des soins (CSP, art. L. 1110-4). Les éducateurs, animateurs, psychologues, assistants de service social (etc.) n'ont en aucun cas le droit d'accéder au dossier médical des usagers qu'ils suivent, encadrent ou prennent en charge : ils devraient, par éthique personnelle, par déontologie, ou animés du souci de respecter la vie privée des usagers, refuser avec force, comme devraient le faire les mandataires judiciaires à la protection des majeurs, d'être destinataires ou dépositaires de la moindre information médicale ou sanitaire.

C Le droit d'accéder à son dossier social

Il n'existe pas de définition exacte du dossier (appelé souvent « de l'usager ») dans le secteur social, mais différents textes y font référence : la loi du 2 janvier 2002 dispose que « l'usager a accès à toute information ou document relatif à sa prise en charge » (art. 7). L'information doit être accessible, mais le mot dossier n'apparaît nulle part : il n'existe d'ailleurs que peu d'obligations d'ouvrir un dossier pour chaque usager, et personne ne sait à qui appartient ce dossier : à l'usager ? à la structure ? Le décret du 23 août 1985 relatif aux droits des familles dans leurs rapports avec les services chargés de la protection de la famille et de l'enfance prévoyait déjà un droit d'accès aux dossiers et documents administratifs, et le code de procédure civile prévoit la consultation du dossier d'assistance éducative par les parties « dès l'avis d'ouverture de la procédure » (CPC, art. 1187).

Seul le décret 2005-11 du 6 janvier 2005 fixant les conditions techniques d'organisation et de fonctionnement des instituts thérapeutiques, éducatifs et pédagogiques (ITEP) aborde très précisément la question du dossier : un dossier individuel renseigné et actualisé est ouvert pour chaque personne admise, il retrace l'évolution de la personne au cours de son accompagnement. Il comporte les divers volets correspondant aux composantes thérapeutiques, éducatives et pédagogiques du projet personnalisé d'accompagnement, et notamment le dossier établi lors de l'admission, ainsi que les comptes rendus de réunions ou d'interventions concernant l'enfant, l'adolescent ou le jeune adulte. Il contient les autorisations écrites demandées aux parents ou aux détenteurs de l'autorité parentale. Il fait aussi mention des faits notables intervenus dans le cadre de l'accompagnement et des suites qui leur ont été données.

On retrouve, dans « les établissements accueillant des enfants ou adolescents présentant des déficiences intellectuelles » (CASF, article D. 312-37), cette obligation de constituer et de conserver un dossier. Il doit comporter, outre les informations d'état-civil, un certain nombre de pièces (les résultats des examens et enquêtes qui ont motivé la décision d'orientation, le projet individualisé d'accompagnement défini par l'établissement, le projet personnalisé de scolarisation, le compte rendu des réunions de synthèse et de l'équipe de suivi de la scolarisation consacrées à l'enfant ou l'adolescent, etc.). Ce dossier doit bien évidemment être géré « dans le respect des règles de droit régissant le secret professionnel et la conservation des documents ».

Le droit commun prévoit un archivage de 30 ans (à compter de la fin de la prise en charge).

2. LE DROIT AU TRAVAIL

La reconnaissance du statut de travailleur handicapé (RQTS) est attribuée à la personne dont les possibilités d'obtenir, ou de conserver un emploi, sont réduites, à cause d'un handicap, d'une altération d'une ou plusieurs fonctions (physique, sensorielle, mentale ou psychique). La CDAPH examine le dossier de demande déposé à la MDPH, puis se prononce sur l'attribution de la qualité de travailleur handicapé (la demande doit être effectuée dans le département de résidence de la personne handicapée, ou le département où le demandeur se trouve en traitement ou en rééducation). La personne reconnue travailleur handicapé bénéficie d'aides spécifiques à la recherche d'emploi, qui facilitent son insertion professionnelle, comme un soutien spécialisé à la recherche d'emploi au sein des agences Pôle emploi et des services du réseau Cap Emploi, des actions spécifiques prévues par les programmes départementaux pour l'insertion professionnelle des travailleurs handicapés (PDTIH), et des services d'accompagnement à l'emploi créés au sein d'associations ou d'établissements privés spécialisés. Elle peut bien évidemment bénéficier des divers dispositifs d'aides à l'insertion communs à tous : droit individuel à la formation (DIF), congé individuel de formation (CIF).

a Le contrat d'apprentissage

La personne reconnue travailleur handicapé peut souscrire un contrat d'apprentissage (qui se déroule en partie en entreprise et en partie dans un centre de formation), d'une durée maximum de quatre ans, qui lui permet d'obtenir une qualification professionnelle. Elle peut bénéficier, si son état de santé l'exige, d'aménagements spécifiques de sa formation (prolongation d'un an ou plus de la période d'enseignement théorique, aménagement de la formation, d'un matériel spécifique, etc.). Elle peut aussi être autorisée à suivre par correspondance un enseignement équivalent à celui dispensé en centre de formation.

b L'accueil en centre de pré-orientation

Elle peut être accueillie, sur décision de la CDAPH, dans un centre de pré-orientation, pour une période de huit à douze semaines, en tant que stagiaire de la formation professionnelle, pour lui permettre, en cas de difficultés d'orientation professionnelle, d'affiner son projet, et de faciliter son insertion dans le monde du travail.

En fin de stage, le centre adresse un rapport à la CDAPH, et la personne handicapée peut se voir proposer, si son état de santé le justifie, un emploi dans une entreprise du milieu ordinaire, dans un établissement et service d'aide par le travail (ESAT, ex-CAT), dans une entreprise adaptée, ou une formation complémentaire, par exemple dans un centre de rééducation professionnelle.

c Le contrat de rééducation professionnelle

Le contrat à durée déterminée (d'une durée de trois mois à un an) permet au travailleur handicapé qui a perdu la possibilité d'exercer son emploi à la suite d'une maladie invalidante, d'un accident du travail, ou d'une maladie professionnelle, de bénéficier d'une aide qui lui permet de se réaccoutumer à sa profession, ou d'apprendre un nouveau métier tout en bénéficiant d'une formation pratique complétée, ou non, par des cours théoriques.

d Le stage de rééducation professionnelle

Le stage de rééducation professionnelle (d'une durée de dix à trente mois) permet de revenir dans le monde professionnel avec de nouvelles compétences. Il s'effectue dans un centre de rééducation professionnelle (établissement médico-social public ou privé). La prise en charge relève de l'assurance maladie (la demande doit être adressée à la caisse primaire d'assurance maladie, à la mutualité sociale agricole ou à la MDPH à l'aide du formulaire unique pour toutes les demandes faites à la MDPH). La rémunération du stagiaire varie selon sa situation personnelle : s'il est au début du stage en arrêt de travail (pour maladie, accident du travail ou maladie professionnelle), il continue à percevoir les indemnités journalières versées par la sécurité sociale, s'il est demandeur d'emploi, il peut bénéficier de l'allocation d'aide au retour à l'emploi-formation (AREF), ou du régime public de rémunération des stagiaires, par l'État ou la région. Dans certaines limites, la rémunération peut être cumulée avec l'allocation adulte handicapé (AAH), l'allocation compensatrice, ou les pensions et rentes versées par l'assurance maladie. Le travailleur handicapé peut bénéficier, à l'issue de son stage, parfois sous conditions, d'une prime de reclassement d'un montant de 100 euros (versée une seule fois).

e L'obligation d'emploi pour les employeurs privés

L'obligation d'emploi s'applique dans le secteur privé, aux entreprises de vingt salariés et plus.

Elle les astreint à employer des travailleurs handicapés dans une proportion de 6 % de leur effectif total ou de recourir à différents moyens de substitution.

Elles doivent annuellement effectuer une déclaration annuelle obligatoire d'emploi des travailleurs handicapés (DOETH) qui précise les actions engagées en faveur de l'emploi des personnes handicapées (employer des salariés handicapés, sous-traiter auprès d'établissements des secteurs protégé et adapté, accueillir des demandeurs d'emploi handicapés en formation, etc.). Si ces conditions ne sont pas respectées, les entreprises versent annuellement une contribution à l'AGEFIPH (le montant varie en fonction de la taille de l'entreprise et de sa masse salariale).

La gestion du fonds pour l'insertion des personnes handicapées dans le secteur privé

L'AGEFIPH est une association gérée par des représentants des salariés, des employeurs et des personnes handicapées : investie d'une mission de service public, elle exerce, par délégation et pour le compte de l'État, des compétences d'administration publiques. Elle gère le dispositif de reconnaissance de la lourdeur du handicap (RLH), qui permet qu'une aide financière soit versée à l'employeur d'une personne handicapée. Elle gère le financement et la mise en œuvre des parcours de formation professionnelle qualifiante et certifiante des demandeurs d'emploi handicapés. Elle gère également les contributions que versent les entreprises, et contrôle la déclaration annuelle obligatoire d'emploi des travailleurs handicapés (DOETH).

Elle développe des coopérations en assurant une mission de développement qui visent à amplifier les politiques publiques de l'emploi en faveur des personnes handicapées.

Elle coopère au moyen de conventions nationales, régionales ou locales avec les acteurs en charge de l'emploi, de la formation professionnelle et de la compensation du handicap (Pôle emploi, conseil régional, caisse nationale de solidarité pour l'autonomie).

Elle finance des projets, des actions en vue de favoriser l'insertion professionnelle et le maintien dans l'emploi de personnes handicapées dans les entreprises privées et en milieu ordinaire de travail. Elle propose des interventions composées de services, de prestations et d'aides destinés aux personnes handicapées et aux entreprises en complément des aides et dispositifs de droit commun.

f L'obligation d'emploi pour les établissements publics

La loi du 11 février 2005 renforce le principe de l'obligation d'emploi des employeurs du secteur public, et fixe à 6 % le taux d'emploi de personnes handicapées : tout employeur public qui emploie plus de 20 équivalents temps plein (tous statuts confondus, fonctionnaires ou contractuels), est assujetti à l'obligation d'emploi et effectue chaque année une déclaration annuelle qui permet de calculer le taux de travailleurs handicapés et assimilés, et le cas échéant, si ce taux n'est pas atteint, indique à l'employeur le montant de la contribution à verser en compensation au FIPHFP.

Le Fonds pour l'insertion des personnes handicapées dans la fonction publique

Le Fonds pour l'insertion des personnes handicapées dans la fonction publique (FIPHFP) est un établissement public administratif, placé sous la tutelle des ministres chargés des personnes handicapées, de la fonction publique et du budget. Il a pour mission de favoriser l'insertion et le maintien dans l'emploi des travailleurs handicapés dans les trois fonctions publiques (d'État, territoriale et hospitalière). Il gère l'obligation d'emploi des établissements publics. Sa gestion administrative est confiée à la Caisse des dépôts et consignations.

Le comité national, organe délibérant de l'établissement, comporte vingt membres représentant les employeurs publics, les personnels et les associations de personnes handicapées. Il fixe les orientations stratégiques du fonds, il est relayé par vingt-six comités régionaux, composés de manière analogue et présidés par le préfet de région.

Le FIPHFP aide l'employeur dans sa recherche de financement pour les adaptations des postes de travail, les rémunérations versées aux agents chargés d'accompagner une personne handicapée, les aides consacrées à l'amélioration des conditions de vie, la formation et l'information des travailleurs handicapés, les dépenses d'études, la formation et l'information des personnels, les outils de recensement des bénéficiaires de l'obligation d'emploi.

3. LE DROIT À LA MOBILITÉ

L'accessibilité est une condition primordiale pour permettre à tous d'exercer les actes de la vie quotidienne, et de participer à la vie sociale, c'est pourquoi nous lui consacrons une fiche (*cf.* fiche 21). La loi du 11 février 2005 prévoit le principe d'accessibilité généralisée et absolue, quel que soit le handicap (physique, sensoriel, mental, psychique, cognitif, polyhandicap). L'obligation d'accessibilité s'étend à toute la chaîne du déplacement : la personne handicapée doit pouvoir accéder à tous les bâtiments recevant du public et évoluer de manière continue, sans rupture, ce qui implique l'aménagement des voiries, l'accès aux gares, aux transports en commun, etc.

Le principe d'accessibilité concerne également la participation pleine, active et entière des personnes handicapées à la vie de la cité : accès aux services de communication publique en ligne (difficiles pour les malentendants ou les malvoyants), à la justice, aux bureaux techniques et de vote, aux examens, salles de cours, bibliothèques, concours et emplois, accessibilité des programmes télévisés, etc.

Le droit à la mobilité des personnes handicapées

21

Références juridiques

Loi 2002-2 du 2 janvier 2002 rénovant l'action sociale et médico-sociale

Loi 2005-102 du 11 février 2005 pour l'égalité des droits et des chances, la participation et la citoyenneté des personnes handicapées

Décret 2006-555 du 17 mai 2006 relatif à l'accessibilité des établissements recevant du public, des installations ouvertes au public et des bâtiments d'habitation et modifiant le code de la construction et de l'habitation

Arrêté du 1er août 2006 relatif à l'accessibilité aux personnes handicapées des établissements recevant du public et des installations ouvertes au public lors de leur construction ou de leur création

Arrêté du 21 mars 2007 relatif à l'accessibilité pour les personnes handicapées des établissements existants recevant du public et des installations existantes ouvertes au public

Circulaire interministérielle DGUHC 2007-53 du 30 novembre 2007 relative à l'accessibilité des ERP

Articles L. 111-7 à L. 111-8-4 du code de la construction et de l'habitation

Articles R. 111-19-7 à R. 111-19-12 du code de la construction et de l'habitation

Réussir 2015, rapport sur l'accessibilité des personnes handicapées au logement, aux établissements recevant du public, aux transports, à la voirie et aux espaces publics, établi par Claire-Lise Campion, Sénatrice de l'Essonne (mars 2013)

L'accessibilité est une condition primordiale pour permettre aux personnes porteuses d'un handicap de réaliser tous les actes de la vie quotidienne et de participer sans limites à la vie sociale : la loi du 11 février 2005 institue le principe de l'accessibilité absolue quel que soit le handicap (physique, sensoriel, mental, psychique, cognitif, polyhandicap), aux locaux d'habitation neufs, privés ou publics, et, dans certains cas, aux locaux d'habitation existants lorsqu'ils font l'objet de travaux. Une attestation de conformité est désormais délivrée en fin de chantier pour les travaux soumis à permis de construire.

La loi – timidement renforcée sur ce sujet par la loi du 2 janvier 2002 – étend l'obligation d'accessibilité à toute la chaîne du déplacement : la personne handicapée doit pouvoir accéder à tous les bâtiments qui reçoivent du public (et principalement aux ERP), elle doit pouvoir évoluer de manière continue, sans rupture (ce qui implique l'aménagement de voiries, de l'accès aux gares et aux transports en commun, etc.).

Le terme établissement recevant du public (ERP) est défini à l'article R. 123-2 du code de la construction et de l'habitation (CCH). Il désigne en droit français les lieux publics ou privés accueillant des clients ou des utilisateurs autres que les employés (salariés ou fonctionnaires), qui sont, eux, protégés par les règles relatives à la santé et sécurité au travail. Le terme ERP regroupe un très grand nombre d'établissements : les cinémas, théâtres, magasins (de l'épicerie à la grande surface), bibliothèques, écoles, universités, hôtels, restaurants, hôpitaux, etc. Les ERP sont classés en cinq catégories suivant leur activité et leur capacité (CCH, art. R. 123-19) : au-dessus de 1 500 personnes accueillies (1re cat.), de 701 à 1 500 (2e cat.), de 301 à 700 (3e cat.), 300 personnes et en-dessous (4e cat.), effectif inférieur au seuil (5e cat.) : les cabinets médicaux et paramédicaux sont par exemple classés en 5e catégorie (CCH, articles R. 123-18 et R. 123-19). Les textes réglementent la taille des toilettes (0,80 m × 1,30 m hors tout obstacle et hors débattement de la porte), la hauteur de la cuvette (entre 0,46 et 0,50 m), la hauteur du guichet du secrétariat (elle ne doit pas excéder 0,80 m), l'installation des poignées de portes et des interrupteurs électriques, etc.

Le non-respect des obligations d'accessibilité est puni d'une amende de 45 000 euros, qui pourra, en cas de récidive, être portée à six mois d'emprisonnement et 75 000 euros d'amende (CCH, art. L. 152-4), la structure peut être fermée (CCH, art. L. 111-8-3-1), et devra rembourser les éventuelles subventions publiques.

L'accessibilité doit être effective au 1er janvier 2015, mais « les délais fixés par la loi de 2005 ne seront pas respectés » affirme en conclusion de son rapport précité Claire-Lise Campion, sénatrice de l'Essonne, qui propose des « agendas d'accessibilité programmée » (AdAP), c'est-à-dire des « documents de programmation et de financement [...] élaborés par les gestionnaires ou propriétaires des ERP publics ou privés en application d'un processus différencié » : ils doivent permettre « d'enjamber 2015 et de poursuivre l'élan ».

Un projet de loi d'habilitation doit être présenté en conseil des ministres le 2 avril 2014 par Marisol Touraine, ministre des Affaires sociales, et Marie-Arlette Carlotti, ministre en charge des personnes handicapées. Il devrait être adopté par le Parlement au printemps 2014. Il sera suivi d'une ordonnance qui complètera la loi du 11 février 2005 et précisera les modalités des futurs agendas d'accessibilité programmée. Les établissements recevant du public (ERP), publics ou privés, auront entre trois et neuf ans supplémentaires, selon les cas, pour adapter leur accessibilité, et les transports, d'un délai supplémentaire de trois ans (transports urbains) à neuf ans (transports ferroviaires). Ces nouveaux délais dérogatoires ne seront accordés que si les acteurs concernés présentent un Agenda d'accessibilité programmé

(AdAP), qui détaille l'échéancier et la nature des travaux, avec des contrôles à des périodes intermédiaires (ils restent à défaut passibles des sanctions pénales prévues par la loi de 2005). Les dossiers AdAP doivent être déposés en préfecture avant le 31 décembre 2014. Cette « marche arrière » du gouvernement, qui a opéré « un réajustement de l'environnement normatif » pour le rendre plus lisible, plus « efficace » et plus « juste » en tenant compte de toutes les formes de handicap est accompagnée de mesures diverses qui visent « une meilleure prise en compte de toutes les formes de handicap » (le recrutement de 1 000 ambassadeurs de l'accessibilité en service civique, la généralisation de la formation des personnels d'accueil des établissements, l'instauration d'un « registre d'accessibilité » dans tous les ERP, l'amélioration de la signalétique urbaine et le développement des places de stationnement adaptées...).

1. LE DROIT D'ACCÉDER AUX TRANSPORTS PUBLICS

La loi institue un principe d'accessibilité générale : les personnes handicapées doivent être en mesure de monter et descendre des véhicules routiers ou des rames (le passage et l'installation sécurisée d'un fauteuil roulant doivent être possibles), elles doivent pouvoir se localiser, s'orienter et bénéficier en toutes circonstances et malgré leur handicap de l'information nécessaire (information sonore et visuelle, en braille).

a Le droit d'accès aux transports aériens

Un transporteur ne peut pas refuser, pour cause de handicap, d'embarquer un passager, qu'il soit personne à mobilité réduite (PMR) ou personne handicapée à mobilité réduite (PHMR).

L'infraction, considérée comme une discrimination, de « refuser la fourniture d'un bien ou d'un service quelconque » à une personne physique en raison de son handicap, est punie de trois ans d'emprisonnement et de 45 000 euros (CP, art. 225-2). Les peines sont portées à cinq ans d'emprisonnement et à 75 000 euros d'amende lorsque « le refus discriminatoire est commis dans un lieu accueillant du public ou aux fins d'en interdire l'accès ». Le règlement européen de juillet 2006 (CE 1107/2006 du 5 juillet 2006, relatif aux droits des personnes handicapées ou à mobilité réduite dans le transport aérien) prévoit néanmoins qu'un transporteur aérien « peut, pour cause de handicap pour mobilité réduite, refuser d'embarquer cette personne » et « exiger qu'un passager handicapé ou à mobilité réduite se fasse accompagner par une autre personne capable de lui apporter l'assistance qu'elle requiert ». Il oblige également les gestionnaires d'aéroports et les compagnies aériennes à fournir une assistance gratuite (fauteuil roulant, accompagnement, etc.) dans les aéroports (c'est la mission des agents d'accueil PMR/PHMR) et à bord des avions, comme le transport des fauteuils roulants ou des chiens d'aveugle (qui peuvent en théorie voyager en cabine).

Les avions doivent être adaptés afin de pouvoir accueillir des personnes à mobilité réduite (sur certaines compagnies, les sièges disposés le long de l'allée centrale sont par exemple munis d'accoudoirs relevables, et, pour les vols long-courriers, les avions sont équipés d'une chaise de bord qui permet la circulation dans les allées). Air France a ainsi créé en 2001 un service d'assistance (SAPHIR), dédié aux personnes handicapées, pour les informations et les réservations.

b Le droit d'accès aux transports ferroviaires

Un règlement européen (CE 1371/2007 du 23 octobre 2007 sur les droits et obligations des voyageurs ferroviaires, entré en vigueur le 3 décembre 2009) protège les voyageurs ferroviaires, ainsi que leurs effets personnels, lors d'un trajet en train dans n'importe quel pays de l'Union européenne.

Il garantit aux personnes handicapées (PH) et aux personnes à mobilité réduite (PMR) l'accès non discriminatoire aux trains, sans supplément de facturation lors de l'achat d'un billet et d'une réservation. Elles doivent être informées de l'accessibilité des services ferroviaires et des trains. Les entreprises ferroviaires (la SNCF, par exemple) et les gestionnaires de gare assurent l'accessibilité des trains et divers services ferroviaires dans la mesure du possible. Ils fournissent, gratuitement et dans la mesure du raisonnable, une assistance à bord des trains ainsi que dans les gares dotées de personnel (le passager est néanmoins, pour garantir une assistance dans les bonnes conditions, appelé à respecter certaines dispositions propres à chaque pays, comme prévenir 48 heures avant le départ). Les personnes handicapées et les personnes à mobilité réduite ont droit à une indemnisation si l'entreprise ferroviaire est responsable de la perte ou de l'endommagement d'un équipement de mobilité. La SNCF met à disposition des passagers une assistance gratuite à l'embarquement et au débarquement, sur les grandes lignes, les trains régionaux et les trains de banlieue : il faut la demander au service d'accueil au moins 30 minutes avant le départ du train, et de nombreux trains sont désormais munis d'un emplacement spécial pour faciliter l'accessibilité, et permettre de voyager en fauteuil roulant : souvent situé en 1re classe dans les TGV, il est accessible avec un billet de 2e classe, mais il n'y a que peu d'emplacements (l'avantage peut s'étendre à l'accompagnateur). Lorsque l'espace dédié n'est pas disponible, la personne handicapée peut s'installer sur un siège voyageur, en 1^{re}ou 2e classe : elle paiera alors son billet au tarif correspondant à la classe de la voiture choisie, et son accompagnateur éventuel bénéficiera de la gratuité ou du demi-tarif. Le fauteuil devra être plié et rangé dans le respect des règles de sécurité afin de ne pas gêner les déplacements.

La SNCF propose des réductions et des avantages tarifaires accordés aux personnes titulaires d'une carte d'invalidité (taux d'invalidité de 80 % et plus) et à leurs accompagnateurs.

L'accompagnateur voyage gratuitement si la carte d'invalidité (taux supérieur ou égal à 80 %) comporte la mention « besoin d'accompagnement » ou « besoin d'accompagnement cécité », « tierce personne », « cécité » et/ou « étoile verte » (la gratuité accordée ne dispense pas du paiement de la réservation place assise pour les trains soumis à réservation obligatoire). L'accompagnateur bénéficie d'une réduction de 50 % si la carte d'invalidité (taux supérieur ou égal à 80 %) est sans mention ou comporte la mention « station debout pénible » et/ou « canne blanche ». Les chiens guide d'aveugle ou d'accompagnement voyagent gratuitement et sans billet dans tous les trains, le port de la muselière n'est pas obligatoire à condition que l'éducation du chien guide ou d'accompagnement puisse être justifiée. L'accompagnateur ne bénéficie d'aucune réduction s'il accompagne le titulaire d'une carte « priorité personne handicapée ». L'accompagnateur ne peut pas être une personne handicapée, ni un enfant de moins de 12 ans.

C Le droit d'accès aux transports routiers : les autobus et les autocars

Le Parlement européen a adopté le 23 avril 2009 une résolution sur les droits des personnes handicapées et des personnes à mobilité réduite (résolution législative du 23 avril 2009 sur la proposition de règlement du Parlement et du Conseil concernant les droits des passagers dans le transport par autobus et autocar et modifiant le règlement CE 2006/2004). Elle affirme que « les passagers de bus, d'autocars et de bateaux doivent bénéficier de droits semblables à ceux des passagers aériens ».

Elle crée un véritable « droit au transport » (article 1) en affirmant que « les transporteurs, agents de voyages et voyagistes ne peuvent refuser d'accepter une réservation, d'émettre ou fournir un billet ou de faire monter à bord une personne au motif de son handicap ou de sa mobilité réduite », et que « aucun supplément n'est demandé aux personnes handicapées et aux personnes à mobilité réduite pour leurs réservations et leurs billets ». Elle prévoit néanmoins plusieurs exceptions (article 12) : « les transporteurs, agents de voyages et voyagistes peuvent refuser d'accepter une réservation, d'émettre ou fournir un billet ou de faire monter à bord une personne en raison de son handicap ou de sa mobilité réduite » pour respecter les exigences en matière de santé et de sécurité (ce qui laisse malheureusement une grande place à l'interprétation), ou lorsque la conception du véhicule ou les infrastructures, y compris les arrêts et stations d'autobus, rendent physiquement impossible la montée, la descente ou le transport de la personne handicapée ou de la personne à mobilité réduite.

En cas de refus d'accepter une réservation, d'émettre ou de fournir un billet, les transporteurs, agents de voyages et voyagistes doivent informer la personne concernée d'un service de rechange acceptable exploité par le transporteur. Ils doivent en communiquer immédiatement les raisons à la personne handicapée ou à la personne à mobilité réduite, et, sur sa demande, l'en informer par écrit dans un délai de cinq jours ouvrables. Si une personne handicapée ou une personne à mobilité réduite qui dispose d'une réservation ou d'un billet se voit refuser la permission de monter en raison de son handicap ou de sa mobilité réduite, elle se voit offrir (ainsi que son accompagnateur) le choix entre le remboursement ou la poursuite du voyage (ou le réacheminement) par d'autres « services de transport raisonnables » jusqu'au lieu de destination.

Si un transporteur, un agent de voyage ou un voyagiste refuse une réservation, l'émission ou la fourniture d'un billet, ou de faire monter à bord une personne au motif de son handicap ou de sa mobilité réduite, ou si le personnel de bord du véhicule concerné se compose seulement d'une personne qui conduit le véhicule et n'a pas la possibilité de prêter à la personne handicapée ou à mobilité réduite l'assistance nécessaire, la personne handicapée ou la personne à mobilité réduite peut demander à être accompagnée par une autre personne capable de lui fournir l'assistance qu'elle requiert, cet accompagnateur est transporté gratuitement et, dans la mesure du possible, une place lui est attribuée à côté de la personne handicapée ou de la personne à mobilité réduite.

Malgré tout, les autobus et les trams ne sont pas encore tous accessibles, les opérateurs de transport urbain renouvellent progressivement leur parc en rendant leurs véhicules plus accessibles (planchers bas, emplacement pour fauteuil, disparition des colonnes centrales, palette rétractable, etc.), ils adaptent plus ou moins vite leurs arrêts ou stations, et il est de la responsabilité des élus locaux (conseils municipaux, départementaux et régionaux) de les encourager à aller plus vite, ce qui est fait dans certaines communes ou agglomérations. Certains opérateurs de transport urbain ont mis en place des produits adaptés, souvent à la demande (comme Mobibus à Toulouse, Bordeaux ou Besançon, et PAM en Ile-de-France).

d Le droit d'accès aux transports routiers : les taxis

L'arrêté inter-préfectoral 01-16385 du 31 juillet 2001 relatif aux exploitants et conducteurs de taxi dans la zone parisienne (Paris et petite couronne), « interdit au conducteur de taxi en service de refuser de prendre en charge les personnes handicapées, même lorsqu'il est nécessaire de les aider à prendre place à l'intérieur du taxi » (article 25). Ils peuvent « refuser les voyageurs accompagnés d'animaux, sauf lorsqu'il s'agit d'aveugles avec leur chien guide » (article 26). Mais cet arrêté n'est valable qu'en région parisienne.

Saisi par une personne aveugle confrontée à des refus répétitifs de taxis parisiens de la prendre en charge avec son chien guide, le Défenseur des droits a réalisé une opération de tests de discrimination en mars 2013, et 43 % de refus discriminatoires ont été constatés en deux jours (sur 30 taxis testés, de compagnies privées ou indépendants, 13 ont refusé de la charger parce qu'ils n'acceptaient pas les chiens).

Les chauffeurs de taxi qui refusent de charger une personne handicapée – à Paris et ailleurs – s'exposent à des poursuites au titre de la discrimination (CP, art. 225-1), et aucun supplément ne peut être demandé pour le transport d'un fauteuil roulant ou d'un chien accompagnant une personne malvoyante (seuls les bagages ou tout autre objet encombrant sont surtaxés).

La mise en accessibilité de l'ensemble de la flotte de taxis va être longue et coûteuse, mais de plus en plus de taxis sont adaptés pour accueillir des personnes à mobilité réduite, certaines compagnies se sont même spécialisées dans le transport de personnes handicapées (comme le réseau national Ulysse, ou le réseau Vortex, qui loue également des véhicules adaptés).

e Le droit d'accès aux transports régionaux

La loi de 2005 sur l'accessibilité aux personnes handicapées impose que les quais soient tous mis avant le 1er janvier 2015, au niveau des trains, trams et métros, afin que l'accès puisse se faire facilement en fauteuil.

Tous ne sont pas encore aux normes, et on peut être pessimiste quant au respect de l'échéance, même s'il est indéniable que la situation s'améliore. La loi stipule qu'en cas d'impossibilité technique avérée de mise en accessibilité de réseaux existants, des moyens de transport adaptés aux besoins des personnes handicapées ou à mobilité réduite, organisés et financés par l'autorité organisatrice, doivent être mis à leur disposition, dont le coût pour les usagers handicapés ne doit pas être supérieur au coût du transport public existant.

2. LE DROIT DE CONDUIRE

Selon l'arrêté ministériel du 21 décembre 2005 fixant la liste des affections médicales incompatibles avec l'obtention ou le maintien du permis de conduire ou pouvant donner lieu à la délivrance de permis de conduire de durée de validité limitée, tout conducteur est supposé s'assurer de son aptitude à conduire (le non-respect de cette modalité est susceptible d'engager la responsabilité en cas d'accident, et est une cause d'exclusion pour beaucoup de compagnies d'assurance).

Le principe est que le permis de conduire ne doit être ni délivré ni renouvelé aux candidats ou conducteurs atteints d'une affection susceptible de constituer ou d'entraîner une incapacité fonctionnelle de nature à compromettre la sécurité routière lors de la conduite d'un véhicule à moteur. L'annexe de l'arrêté prévoit des dispositions particulières pour chaque handicap ou pathologie, tant pour le « groupe léger » (véhicules de tourisme, motocycles) que pour le « groupe lourd » (camions, cars, etc.), pathologie cardio-vasculaire, altérations visuelles, pratiques addictives, neurologie et psychiatrie, oto-rhino-laryngologie et pneumologie, appareil locomoteur, pathologie métabolique et transplantation.

Tout conducteur de véhicule doit se tenir constamment en état et en position d'exécuter commodément et sans délais toutes les manœuvres qui lui incombent (code de la route, art. R. 412-6), un conducteur, atteint d'une affection pouvant constituer un danger pour lui-même ou les autres usagers de la route, pourra donc être amené à interrompre temporairement la conduite jusqu'à l'amélioration de son état de santé.

La décision de délivrer (pour un premier permis) ou de renouveler un permis existant (en tenant compte de l'altération de l'état de santé) est laissée à l'appréciation de la Commission médicale départementale : avant chaque examen médical par un médecin agréé (liste disponible en préfecture) ou un médecin membre de la commission médicale, le conducteur doit compléter une déclaration pour « décrire loyalement ses antécédents médicaux, une éventuelle pathologie en cours et les traitements pris régulièrement » (annexe, introduction). Le médecin généraliste du conducteur, même s'il est agréé, ne peur pas délivrer le certificat.

La déclaration et le certificat médical sont transmis à la Commission, qui demande si nécessaire l'avis d'un médecin spécialisé.

Un test de conduite par une école de conduite (ou un inspecteur du permis de conduire) pourra être effectué, sur proposition de la Commission médicale départementale, et une concertation pourra être diligentée, préalablement à la formulation d'un avis, entre la commission médicale et les personnes autorisées à enseigner la conduite automobile qui auront pratiqué le test (cette concertation se fait évidemment dans le respect du secret professionnel et médical).

La commission médicale ou le médecin agréé peuvent, après un premier examen, s'ils le jugent utile, demander l'examen de l'intéressé par un médecin de la Commission d'appel (pour la Commission médicale), par un médecin de son choix, souvent un spécialiste (pour le médecin agréé).

Si les conditions l'exigent pour la sécurité routière, la Commission médicale ou le médecin agréé peuvent proposer au préfet que soient ajoutées des mentions additionnelles ou restrictives sur le titre de conduite sous forme codifiée (arrêté du 8 février 1999, art. 12-3) : l'embrayage automatique ou le changement de vitesses automatique, par exemple, permettent la délivrance du permis portant la mention « embrayage adapté » (code 10), ou « changement de vitesse adapté » (code 15).

La régularisation du permis de conduire est gratuite, seules les leçons de conduite, le cas échéant, sont à la charge du candidat. La démarche est à effectuer avant d'aller voir les équipementiers qui adapteront, selon les préconisations du médecin agréé, le véhicule (boîtier sur le volant d'un véhicule automatique pour une personne hémiplégique, par exemple). L'adaptation pourra en partie être prise en charge par la MDPH dans le cadre de la compensation du handicap (selon les départements, il est ou non nécessaire d'avoir l'accord de la MDPH avant d'acheter et d'équiper le véhicule).

3. LES AIDES TECHNIQUES

a L'acquisition d'un fauteuil roulant

Le fauteuil roulant est une des aides techniques les plus couramment utilisées pour améliorer la mobilité d'une personne handicapée, préalable nécessaire pour jouir de l'ensemble de ses droits, vivre dans la dignité, mener une vie active et devenir des membres plus productifs de leur communauté : un fauteuil roulant approprié, bien conçu et bien adapté, est l'outil indispensable pour permettre à la personne de s'insérer ou de se réinsérer dans la vie sociale. Une demande d'acquisition de fauteuil doit être adressée à la MDPH par l'intermédiaire du formulaire unique (CERFA 13788*01), elle s'inscrit dans le cadre de la compensation du handicap.

Les vingt-deux règles des Nations unies sur l'égalisation des chances des handicapés (résolution adoptée par l'Assemblée Générale le 20 décembre 1993), la Convention relative aux droits des personnes handicapées (signée à New York le 30 mars 2007 et ratifiée par le décret 2010-356 du 1er avril 2010 portant publication de la convention relative aux droits des personnes handicapées), et la résolution WHA 58.23 de l'Assemblée mondiale de la santé sur les incapacités, prévention, traitement et réadaptation compris, adoptée le 25 mai 2005, signalent toutes trois l'importance des fauteuils roulants et des autres aides techniques.

b L'acquisition d'un chien guide d'aveugle ou d'assistance

Décret 2014-362 du 20 mars 2014 relatif à la labellisation des centres d'éducation des chiens d'assistance et des centres d'éducation des chiens-guides d'aveugles et à la création d'un certificat national.

Arrêté du 20 mars 2014 relatif aux critères techniques de labellisation des centres d'éducation des chiens d'assistance et des centres d'éducation des chiens-guides d'aveugles et à la création d'un certificat national

Articles D. 245-24 à D. 245-24-4 du code de l'action sociale et des familles (CASF)

Avant d'être confié à une personne, le chien guide d'aveugle est éduqué dans un des dix centres d'éducation de chiens guides d'aveugles adhérentes à la Fédération française des associations des chiens guides d'aveugles (FFAC) fondée en 1972 et reconnue d'utilité publique en 1981. Elle regroupe les dix écoles, l'association nationale des maîtres de chiens guides d'aveugles (ANMCGA) et un Centre national d'élevage (CESECAH). Le chien reste jusqu'à sa retraite (ou sa réforme) la propriété du centre qui l'a éduqué, il peut ensuite être adopté.

Le décret 2014-362 du 20 mars 2014 détaille la procédure de labellisation (par arrêté du préfet de département, selon des critères définis par arrêté et pour une période de cinq ans) des centres d'éducation pour chiens-guides d'aveugles et d'assistance. Il crée également un certificat national, délivré sous la responsabilité des centres labellisés, qui est remis aux familles d'accueil pour les chiens en cours d'éducation, puis aux personnes handicapées attributaires d'un chien éduqué : ce certificat justifie de l'éducation du chien, il « permet l'accès aux transports, aux lieux ouverts au public ainsi qu'à ceux permettant une activité professionnelle, formatrice ou éducative » (CASF, art. D. 245-24-4) des personnes accompagnées de chiens-guides d'aveugles ou d'assistance, dès la période de formation du chien. L'arrêté du 20 mars 2014 définit les modalités d'agrément des éducateurs canins, le modèle de certificat, les critères techniques de labellisation des centres d'éducation.

Depuis 2006, les dépenses correspondant au chien guide d'aveugle ou à un chien d'assistance (entretien, nourriture, frais vétérinaires) « qui concourent à maintenir ou à améliorer l'autonomie de la personne handicapée dans la vie quotidienne » (CASF, art. D. 245-24) ne sont prises en compte dans le calcul de la prestation de compensation du handicap que si le chien a été éduqué dans une structure labellisée, par des éducateurs qualifiés selon des conditions définies par décret. Les chiens remis aux personnes handicapées avant cette date sont présumés remplir ces conditions (CASF, art. L. 245-3, qui réglemente « les charges liées à l'attribution et à l'entretien des aides animalières »).

Le chien (ou « l'animal éduqué », dit le code rural) accompagne partout la personne qu'il guide ou accompagne, et la loi du 11 février 2005 (articles 53 et 54) prévoit un accès libre, gratuit et sans muselière (code rural, art. L. 211-30) dans les transports, les lieux publics, les locaux ouverts au public ainsi que ceux permettant une activité professionnelle, formative ou éducative (article 88 de la loi 87-588 du 30 juillet 1987 portant diverses mesures d'ordre social). Le décret 2003-462 du 21 mai 2003 autorise même l'accès libre aux hôpitaux, hors chambres et lieux de soins. L'interdiction des lieux ouverts au public aux chiens guides d'aveugles et aux chiens d'assistance qui accompagnent les personnes titulaires de la carte d'invalidité, est punie de l'amende prévue pour les contraventions de la 3ᵉ classe, soit de 150 à 450 euros (CASF, art. L. 241-22).

C L'utilisation de la canne blanche

La canne blanche est largement reconnue comme un symbole de la cécité, elle est utilisée par certains déficients visuels (aveugles ou malvoyants) comme moyen de se repérer dans leur environnement spatial et de faciliter leur locomotion en évitant les obstacles, mais aussi d'indiquer leur handicap pour que les personnes qui les entourent (dans la rue, dans les transports, etc.) soient plus vigilantes à leur égard.

La carte d'invalidité est surchargée d'une mention « cécité » pour les personnes dont la vision centrale est nulle ou inférieure à un vingtième de la normale, elle est surchargée de la mention « canne blanche » pour les personnes dont la vision est au plus égale à un dixième de la normale. Les titulaires de cartes d'invalidité surchargées des mentions « cécité » ou « canne blanche » sont autorisés au port de la canne blanche (CASF, art. R. 241-14). L'usage indu de la canne blanche (mais aussi de la carte d'invalidité et de la carte de stationnement pour personnes handicapées) est puni de l'amende prévue pour les contraventions de la 5e classe (CASF, art. R. 241-21), soit de 750 à 1 500 euros, portée à 3 000 euros en cas de récidive (code pénal, art. 132-11).

Il existe maintenant (depuis 1998) des cannes électroniques : il s'agit de cannes blanches traditionnelles sur lesquelles est adapté un petit boîtier électronique de 100 grammes, appelé « Tom Pouce » qui signale les obstacles présents sur le trajet de la personne déficiente visuelle par des vibrations lui permettant d'anticiper la détection des obstacles (jusqu'à six mètres) grâce à un dispositif électronique, avant qu'elle ne touche l'objet avec le bout de sa canne. Il fonctionne à l'aide de deux piles, et de deux fenêtres infrarouges qui détectent les obstacles situés des genoux jusqu'au-dessus de la tête. L'utilisation d'une canne électronique améliore et sécurise les déplacements de la personne déficiente visuelle. Elle favorise l'autonomie et la mobilité des personnes aveugles ou malvoyantes, et permet d'atteindre une démarche fluide et naturelle. Elle est aussi une alternative au chien guide : choix personnel, environnement socio-professionnel particulier, problème d'allergie...

Le droit à l'éducation des enfants handicapés

22

Références juridiques

Articles L. 112-1 à L. 112-5 du code de l'éducation

Articles L. 351-1 à L. 352-1 du code de l'éducation (enseignement pour enfants ou adolescent présentant un handicap)

Articles D. 351-3 à D. 351-32 du code de l'éducation (enseignement pour enfants ou adolescent présentant un handicap)

Articles D. 312-98 à D. 312-110 du code de la santé publique (établissements et services prenant en charge des enfants ou adolescents atteints de déficience auditive grave)

Circulaire 2008-100 du 25 juillet 2008 relative à la formation des assistants d'éducation et des emplois vie scolaire

Circulaire 2003-093 du 11 juin 2003 relative à la scolarisation des jeunes présentant un handicap ou un trouble de santé invalidant

Circulaire 2010-088 du 18 juin 2010 relative à la scolarisation des élèves handicapés (BO 28 du 15 juillet 2010)

Circulaire 95-127 du 17 mai 1995 relative aux établissements régionaux d'enseignement adapté (EREA)

Deux principes découlent de la loi du 11 février 2005 pour l'égalité des droits et des chances, la participation et la citoyenneté des personnes handicapées : l'accessibilité (accès à tout pour tous) et la compensation (mesures individuelles rétablissant l'égalité des droits et des chances).

Ces dispositions fondamentales exigent de nombreux ajustements réglementaires dans le domaine de l'accueil et de la scolarisation des élèves et étudiants handicapés.

La loi dispose que « le service public de l'éducation assure une formation scolaire, professionnelle ou supérieure aux enfants, aux adolescents et aux adultes présentant un handicap ou un trouble de la santé invalidant » (code de l'éducation, art. L. 112-1). Dans ses domaines de compétence, « l'État met en place les moyens financiers et humains nécessaires à la scolarisation en milieu ordinaire des enfants, adolescents ou adultes handicapés ».

1. L'ACCUEIL D'UN ENFANT HANDICAPÉ DE MOINS DE SIX ANS

L'enfant, avant six ans, n'est pas soumis à « l'obligation scolaire » (« l'instruction est obligatoire pour les enfants des deux sexes, français et étrangers, entre six ans et seize ans », code de l'éducation, art. L. 131-1), mais certaines collectivités mettent en place un accueil en crèche ou en halte-garderie, et l'école maternelle accueille les enfants à partir de deux ans (code de l'éducation, art. L. 113-1) : un enfant atteint de handicap doit y être accueilli dans les mêmes conditions que les autres, mais des structures spécialisées existent pour l'enfant qui ne peut pas intégrer le milieu ordinaire, ou qui a besoin, en parallèle, d'un suivi particulier.

Lorsque l'état de santé de l'enfant exige « des soins que leur famille ne peut leur donner », il peut être accueilli jour et nuit dans une « pouponnière à caractère sanitaire » (CSP, art. R. 2324-1). Ces établissements sont dirigés par un médecin ou une puéricultrice (CSP, art. R. 2324-5). L'enfant atteint d'une déficience auditive, quels que soient le degré et la nature de sa surdité, peut être accueilli dans un service d'accompagnement familial et d'éducation précoce (SAFEP). Cet établissement propose un suivi médical et paramédical établi par les spécialistes de santé (médecin ORL, orthophoniste, psychomotricien, psychologue et audioprothésiste). La sécurité sociale finance la totalité de la prise en charge. Le SAFEP assure le conseil et l'accompagnement de la famille et apporte une aide au développement de l'autonomie et de la communication de l'enfant.

2. LE PROJET PERSONNALISÉ DE SCOLARISATION (PPS)

Le parcours de formation de l'élève s'effectue en priorité en milieu scolaire ordinaire, dans son établissement scolaire de référence (code de l'éducation, art. D. 351-4) : tout élève doit être inscrit à l'école ou l'établissement scolaire de son secteur, qui constitue l'établissement scolaire de référence. Ensuite, quels que soient l'âge ou le handicap, la commission des droits et de l'autonomie des personnes handicapées (CDAPH) se prononce, sur la base de ce projet personnalisé de scolarisation (PPS), quant à l'orientation propre à assurer l'insertion scolaire de l'élève, du collégien ou du lycéen handicapé (code de l'éducation, art. D. 351-7).

Selon le degré d'autonomie, la CDAPH peut décider de l'attribution d'une aide humaine ou d'un matériel spécifique dans le cadre du projet personnalisé de scolarisation qui définit les modalités de déroulement de la scolarité et les actions pédagogiques, psychologiques, éducatives, sociales, médicales et paramédicales répondant aux besoins particuliers des élèves présentant un handicap (code de l'éducation, art. D. 351-5). Élaboré par l'équipe pluridisciplinaire d'évaluation de la MDPH pour être présenté à la CDAPH, il développe pour chaque élève handicapé un véritable parcours scolaire personnalisé. Il tient compte, dans la mesure du possible, des souhaits de l'élève et de ses parents, ainsi que de l'évaluation de ses besoins. Il est réactualisé chaque année, et les éventuels ajustements peuvent donner lieu à un changement d'orientation.

Si nécessaire, des modalités aménagées d'enseignement à distance sont proposées par un établissement relevant de la tutelle du ministère de l'Éducation nationale, afin d'assurer la continuité du parcours de formation (code de l'éducation, art. L. 112-1).

Désormais, tout élève handicapé a un référent, chargé de réunir et d'animer les équipes de suivi de la scolarisation prévue par la loi.

3. LES ENSEIGNANTS RÉFÉRENTS

Décret 2005-1752 du 30 décembre 2005
Circulaire 2006-119 du 31 juillet 2006 (BO 31 du 31 août 2006)
Circulaire 2006-126 du 17 août 2006 (BO 32 du 7 septembre 2006)

L'enseignant référent est titulaire du CAPA-SH (certificat d'aptitude professionnelle pour les aides spécialisées, les enseignements adaptés et la scolarisation des élèves en situation de handicap) ou du 2CA-SH (certificat complémentaire pour les enseignements adaptés et la scolarisation des élèves en situation de handicap). Il exerce ses fonctions auprès de chaque élève handicapé du département et intervient aussi bien dans les écoles et les établissements du second degré (publics et privés), que dans des établissements de santé ou médico-sociaux, et s'assure de la mise en œuvre du projet personnalisé de scolarisation, dont il contribue à l'élaboration. Il est l'interlocuteur privilégié des parents et des différents intervenants, dont il coordonne l'action. Il assume auprès des directeurs d'école et d'établissements le rôle de personne-ressource. Il anime les équipes de suivi de la scolarisation (ESS) qui veillent à la bonne application du PPS (code de l'éducation, art. L. 112-2-1). Ces équipes réunissent au moins une fois par an la famille, l'enseignant référent, les enseignants de l'élève handicapé, les professionnels de santé et les acteurs sociaux qui suivent l'enfant. Elles rédigent annuellement un bilan, transmis à la MDPH.

4. LA SCOLARISATION EN ÉCOLE PRIMAIRE D'UN ENFANT HANDICAPÉ (MATERNELLE ET ÉLÉMENTAIRE)

Les conditions de scolarisation individuelle d'un enfant varient selon la nature et la gravité de son handicap : la scolarisation peut alors se dérouler sans aide particulière (si la CDAPH considère que l'élève peut être scolarisé de façon « classique »), avec des aménagements spécifiques ou en bénéficiant d'une assistance humaine.

a La scolarisation classique en établissement ordinaire

La CDAPH peut estimer que la scolarisation ordinaire de l'enfant est possible avec quelques aménagements, que l'enfant soit écolier, collégien ou lycéen.

Le décret 2005-1014 du 24 août 2005, modifiant le décret 90-788 du 6 septembre 1990 fixe l'organisation et le fonctionnement des écoles maternelles et élémentaires.

Il précise que « des adaptations pédagogiques et des aides spécialisées sont mises en œuvre pour les élèves présentant un handicap ou un trouble de la santé invalidant » (art. 10), et que les différentes interventions « peuvent être réalisées par les maîtres des classes fréquentées par l'élève, par des maîtres spécialisés, éventuellement au sein de dispositifs adaptés, ou par des spécialistes extérieurs à l'école » : ces interventions « peuvent être prévues dans le projet personnalisé de scolarisation élaboré pour l'élève ; elles se déroulent pendant tout ou partie de la semaine scolaire ; elles donnent lieu, le cas échéant, à l'attribution de bourses d'adaptation ».

Différents aménagements peuvent être envisagés :

- l'attribution de matériel pédagogique adapté et nécessaire à la réussite du parcours scolaire ;
- la mise à disposition de matériel à usage individuel dans le cadre d'une convention de prêt (clavier braille, périphériques adaptés, logiciels spécifiques, etc.) ;
- l'attribution de l'assistance d'un auxiliaire de vie scolaire (AVS), décidée après une analyse du degré d'autonomie de l'élève ;
- l'intervention d'un service d'éducation spéciale et de soins à domicile (Sessad), c'est-à-dire d'une équipe pluridisciplinaire qui apporte un soutien spécialisé à l'enfant pour le maintenir dans son milieu de vie ordinaire et d'éducation, participer à son intégration scolaire ou à l'acquisition de son autonomie.

L'AVS intervient uniquement pendant le temps scolaire. Il peut aider l'élève à s'installer en classe, à écrire ou à manipuler du matériel. Il peut aussi intervenir pendant les interclasses ou les repas ; L'assistance de l'AVS est en général destinée à un seul élève, mais elle peut être partagée entre plusieurs élèves. La prise en charge par l'AVS permet aussi à l'enfant de ne pas être exclu des activités physiques, sportives, ou des sorties pédagogiques.

Le soutien du Sessad peut prendre différentes formes selon les besoins de l'enfant (soutien scolaire et social, soins spécifiques, soutien à la famille, etc.).

b Les services d'éducation spéciale et de soins à domicile

Le service d'éducation spéciale et de soins à domicile (Sessad) est constitué d'équipes pluridisciplinaires qui peuvent intervenir sur tous les lieux de vie des enfants et adolescents (de zéro à vingt ans), maintenus dans leur milieu ordinaire, de vie et d'éducation, pour leur apporter un soutien spécialisé, dans les situations de scolarisation collective (CLIS, ULIS) et dans les situations de scolarisation individuelle (CASF, art. D. 312-55 à D. 312-59). Selon leur spécialité et l'âge des enfants, le Sessad peut porter différents noms :

- SAFEP, service d'accompagnement familial et d'éducation précoce, pour déficients sensoriels de 0 à 3 ans ;
- SSEFIS, service de soutien à l'éducation familiale et à l'intégration scolaire, pour déficients auditifs de plus de 3 ans ;
- SAAAIS, service d'aide à l'acquisition de l'autonomie et à l'intégration scolaire pour déficients visuels ;
- SSAD, service de soins et d'aide à domicile pour enfants polyhandicapés.

L'action du Sessad peut comprendre des actes médicaux spécialisés, de la rééducation dans divers domaines (kinésithérapie, orthophonie, psychomotricité, ergothérapie, etc.), mais aussi l'intervention d'un éducateur ou d'un enseignant spécialisés (soutien spécifique dans l'établissement scolaire ou au domicile de l'enfant, séances de rattrapage des apprentissages, etc.). Les soins et la rééducation peuvent également être dispensés en hôpitaux de jour, en centres de consultations ambulatoires, en centres médico-psycho-pédagogiques (CMPP), ou, plus rarement, par des praticiens libéraux. L'admission est prononcée par la CDAPH et l'ensemble des prestations est financé par l'assurance maladie.

c Les classes d'intégration scolaire en établissement ordinaire

D'après la circulaire 2009-087 du 17 juillet 2009, « la classe pour l'inclusion scolaire (CLIS) est une classe de l'école et son projet est inscrit dans le projet d'école » : elle a pour mission d'accueillir de façon différenciée dans certaines écoles élémentaires ou exceptionnellement maternelles, des élèves en situation de handicap (physique, sensoriel ou mental) qui ne peuvent pas intégrer une classe ordinaire, afin de leur permettre de suivre totalement ou partiellement un cursus scolaire ordinaire. Elle accueille un petit groupe d'enfants (au maximum 12) présentant le même type de handicap. L'enseignement est adapté à l'âge, aux capacités et au handicap. L'enfant en situation de handicap suit un apprentissage scolaire à un rythme proche de celui des autres élèves.

Une participation aux actions pédagogiques du projet collectif de l'école est prévue et le partage d'activités avec les autres élèves est organisé.

Chaque élève accueilli dans une CLIS bénéficie, selon ses capacités, d'un temps d'intégration individuelle dans une classe de l'école : son intégration en milieu ordinaire se fait donc de manière progressive, lorsqu'il est capable d'assumer les contraintes et les exigences minimales de la vie collective et de l'école, lorsqu'il a acquis ou est en voie d'acquérir une capacité de communication compatible avec la vie scolaire.

L'équipe pédagogique peut être soutenue par un auxiliaire de vie scolaire collectif (AVS).

Il existe quatre catégories de CLIS :

- la CLIS 1 est destinée aux élèves dont la situation de handicap provient des troubles des fonctions cognitives ou mentales (troubles envahissants du développement, troubles spécifiques du langage et de la parole) ;
- la CLIS 2 est destinée aux élèves en situation de handicap auditif, avec ou sans troubles associés ;
- la CLIS 3 est destinée aux élèves en situation de handicap visuel, avec ou sans troubles associés ;
- la CLIS 4 est destinée aux élèves en situation de handicap moteur (dont font partie les troubles dyspraxiques, avec ou sans troubles associés, ainsi qu'aux situations de pluri-handicap).

d Les sections d'éducation et d'enseignement spécialisés

Les sections d'éducation et d'enseignement spécialisés (SEES) accueillent des jeunes âgés de 3 à 12 ans, atteints de surdité moyenne, sévère ou profonde. Elles ont pour but de mener progressivement tout jeune sourd, vers une préparation à la vie autonome par la réussite d'un parcours scolaire adapté et l'apprentissage de la langue française orale et écrite, accompagnée si nécessaire par la langue des signes française (LSF). Elles fonctionnent avec des classes à petit effectif (sept enfants maximum). La prise en charge pédagogique est effectuée par des enseignants spécialisés et par des éducateurs (lors d'activités communes avec les entendants). Une équipe médicale et paramédicale accompagne les enfants tout au long de leur parcours. La prise en charge est financée à 100 % par la sécurité sociale.

e Les sections pour enfants avec handicap(s) associé(s)

Les sections pour enfants avec handicap(s) associé(s) (SEHA) accueillent des enfants de 3 à 12 ans atteints de surdité moyenne, sévère ou profonde, avec handicap(s) associé(s).

Elles ont pour but d'instaurer un mode de communication adapté au profil de l'enfant pour favoriser, faciliter et développer son entrée dans la vie relationnelle.

Elles fonctionnent avec des classes à petit effectif (cinq enfants maximum). La prise en charge pédagogique est effectuée par des enseignants spécialisés et par des éducateurs. Une équipe médicale et paramédicale accompagne les enfants tout au long de leur parcours. La prise en charge est financée à 100 % par la sécurité sociale.

5. LA SCOLARISATION AU COLLÈGE D'UN ENFANT EN SITUATION DE HANDICAP

Le décret 2005-1013 du 24 août 2005 modifiant le décret 96-465 du 29 mai 1996 fixe l'organisation et le fonctionnement des collèges.

Comme pour le primaire, la scolarisation d'un collégien doit se faire en priorité dans une classe ordinaire. Elle est facilitée par la mise en place d'aménagements spécifiques (attribution de matériel adapté, mise à disposition de matériel à usage individuel, assistance d'un auxiliaire de vie scolaire, etc.). Le collégien est inscrit dans son collège de secteur (son établissement de référence), et la CDAPH établit le projet personnalisé de scolarisation (PPS) qui décrit ses besoins.

Si son état de santé ou si son handicap l'empêche de suivre une scolarisation en milieu ordinaire, il peut bénéficier d'un mode de scolarisation plus souple et plus diversifié sur le plan pédagogique.

Quelles que soient les modalités de scolarisation et de formation proposées, elles s'inscrivent dans le cadre du projet personnalisé de scolarisation de l'élève (pour les adolescents d'au moins 14 ans, des formations professionnelles peuvent être proposées, assurées le plus souvent par des éducateurs techniques spécialisés).

a Les unités localisées pour l'inclusion scolaire

L'élève qui ne peut pas intégrer une classe ordinaire peut, sur proposition de la CDAPH, être accueilli en unité localisée pour l'inclusion scolaire (ULIS).

L'ULIS remplace depuis la rentrée 2010 l'unité pédagogique d'intégrations (UPI) et constitue un dispositif collectif qui met en œuvre le projet personnalisé de scolarisation (PPS) de l'élève handicapé. Elle est implantée dans un établissement scolaire et accueille l'enfant dont la situation de handicap génère une fatigabilité, une lenteur, des difficultés d'apprentissage ou des besoins pédagogiques spécifiques. L'enseignement qui y est pratiqué est adapté : l'élève bénéficie d'un temps de scolarisation dans une classe ordinaire pour apprendre à un rythme proche de celui des autres élèves, les cours peuvent être aménagés en fonction des exigences de certains apprentissages (matériel pédagogique adapté, lieu spécifique), et les élèves sont encadrés par un enseignant spécialisé, chargé d'organiser leur travail et d'assurer l'adaptation des situations d'apprentissage aux situations de handicap.

b Les sections d'enseignement général et professionnel adapté

La section d'enseignement général et professionnel adapté (SEGPA) accueille les jeunes qui ont des difficultés d'apprentissage graves et persistantes. Les élèves handicapés peuvent y être admis, sur décision de la CDAPH, dans le cadre d'un projet d'intégration individuelle avec soutien spécialisé.

Les enseignements dispensés sont adaptés à chaque élève, grâce à l'aménagement des situations, des supports et des rythmes d'apprentissage. Ils visent une qualification professionnelle, surtout à partir de la 4e. L'élève sera ensuite orienté, après la classe de 3e, vers un lycée professionnel, un centre d'apprentis ou un établissement régional d'enseignement adapté (EREA).

6. LA SCOLARISATION AU LYCÉE D'UN ADOLESCENT EN SITUATION DE HANDICAP

La scolarisation d'un lycéen en situation de handicap doit se faire en priorité dans une classe ordinaire de lycée. Cependant, son état de santé ou sa situation de handicap peut l'en empêcher, s'il a besoin de modalités de scolarisation plus souples et plus diversifiées sur le plan pédagogique. L'adolescent qui présente un handicap doit être inscrit dans son lycée de secteur, qui devient son établissement de référence, et la commission des droits et de l'autonomie des personnes handicapées (CDAPH) déterminera, après avoir été saisie, le type d'assistance qui lui sera nécessaire. Selon son degré d'autonomie, elle peut décider de l'attribution d'une aide humaine (assistance d'un auxiliaire de vie scolaire ou prise en charge par un Sessad) ou d'un matériel spécifique, défini dans le projet personnalisé de scolarisation (PPS), ou de son affectation dans un établissement spécialisé.

a Les unités localisées pour l'inclusion scolaire

L'élève qui ne peut pas intégrer une classe ordinaire peut, sur proposition de la CDAPH, être accueilli en unité localisée pour l'inclusion scolaire (ULIS).

b Les établissements régionaux d'enseignement adapté

L'établissement régional d'enseignement adapté (EREA) accueille l'adolescent en grande difficulté scolaire et/ou sociale, ou présentant un handicap auditif, visuel, moteur ou physique.

L'EREA assure un enseignement général, technologique ou professionnel adapté, en proposant si nécessaire l'hébergement de l'élève en internat éducatif. Il permet à l'élève de construire un projet d'insertion professionnelle et sociale par l'individualisation des durées et des parcours de formation. L'élève prépare ainsi une qualification certifiée et reconnue. Il est également préparé à la condition d'adulte et de citoyen. Il est en cours de route réorienté vers un établissement ordinaire quand cela est possible.

7. LES ÉTUDES SUPÉRIEURES

La loi du 11 février 2005 renforce les actions en faveur de la scolarisation des élèves, mais aussi des étudiants handicapés. Elle affirme le droit pour chacun à une scolarisation en milieu ordinaire au plus près de son domicile, à un parcours scolaire continu et adapté, jusqu'au plus haut niveau d'études. Chaque établissement universitaire se trouve donc dans l'obligation d'offrir un accueil personnalisé, un suivi et un soutien tout au long du parcours de l'étudiant en situation de handicap, au cours duquel différentes aides humaines et techniques peuvent être proposées :

- tutorat, aide à la prise de notes, interprète en langue des signes (LSF) ;
- accompagnement sur les chaînes d'inscription, en bibliothèque ;
- adaptation de documents (transcription de textes en braille, agrandissement de textes pour mal voyants, etc.) ;
- mise à disposition d'ordinateurs adaptés aux basses visions, équipés de matériel ergonomique ;
- salle de repos, coin repas ;
- accès aux contenus de cours facilités (mise à disposition des cours du service d'enseignement à distance en régime contrôle continu) ;
- accès aux salles de cours facilité.

Un aménagement des temps d'enseignement peut être mis en place, tant au niveau du rythme de la formation que sur l'aménagement d'examens (mise en place d'un temps de composition majoré, sujets en braille ou agrandis, etc.).

a Les aménagements des examens et concours

Article L. 112-4 du code de l'éducation

Articles D. 351-27 à D. 351-32 du code de l'éducation

Article D. 112-1 à D. 112-3 du code de l'éducation

Décret 2005-1617 du 21 décembre 2005 relatif aux aménagements des examens et concours de l'enseignement scolaire et de l'enseignement supérieur pour les candidats présentant un handicap

Circulaire 2011-220 du 27 décembre 2011, organisation des examens et concours de l'enseignement scolaire et de l'enseignement supérieur pour les candidats présentant un handicap

Pour garantir l'égalité des chances entre les candidats, des aménagements des examens et concours de l'enseignement scolaire et supérieur sont prévus (pour tout ou partie des épreuves). Ils concernent tous les examens ou concours, toutes les formes d'épreuves, quel que soit le mode d'évaluation.

Le candidat qui désire bénéficier d'aménagements doit obtenir l'accord de la commission des droits et de l'autonomie des personnes handicapées (CDAPH), dont il lui appartient de saisir un des médecins référents, directement ou non (code de l'éducation, art. D. 351-28).

Le candidat scolarisé dans un établissement, public ou privé sous contrat, du secondaire (collégien, lycéen, étudiant en BTS ou en classe préparatoire) transmet sa demande au médecin de son établissement scolaire (ou au médecin référent désigné par l'établissement).

Le candidat de l'enseignement supérieur transmet sa demande au médecin du service universitaire ou interuniversitaire de médecine préventive et de promotion de la santé (SUMPPS ou SIMPPS).

La demande doit être obligatoirement accompagnée d'informations médicales sous pli cacheté. Elle doit également contenir des éléments pédagogiques permettant d'évaluer la situation du candidat (le projet personnalisé de scolarisation, le projet d'accueil individualisé ou le livret de compétence). Elle peut être réalisée avec le formulaire académique mis à disposition des candidats par le service des examens et concours.

Le candidat qui réside à l'étranger transmet sa demande au médecin conseil placé auprès des autorités consulaires. Les autres candidats (scolarisé au centre national d'enseignement à distance, candidat individuel, etc.) transmettent directement leur demande au médecin de la CDAPH.

Une fois la demande déposée, le médecin rend un avis et propose des aménagements, l'administration organisatrice décide des aménagements accordés et notifie sa décision au candidat (il est fortement recommandé d'adresser simultanément une copie de la demande, sans les informations médicales, au service chargé d'organiser l'examen, pour lui permettre d'anticiper, et de réagir à temps).

Le candidat peut bénéficier d'aménagements (code de l'éducation, art. D. 351-27) portant sur :

- une majoration du temps imparti pour une ou plusieurs épreuves, qui ne peut excéder le tiers du temps normalement prévu pour chacune d'elles (elle peut cependant être allongée en cas de situation exceptionnelle du candidat, sur demande motivée du médecin désigné par la CDAPH) ;
- les conditions de déroulement des épreuves, pour lui permettre de bénéficier de conditions matérielles, d'aides techniques ou humaines appropriées à sa situation ;
- la conservation, pendant cinq ans, des notes aux épreuves ou des unités obtenues à l'un des examens, ainsi que le bénéfice d'acquis obtenus dans le cadre de la procédure de validation des acquis de l'expérience ;
- l'étalement du passage des épreuves sur plusieurs sessions ;

- des adaptations d'épreuves ou des dispenses d'épreuves, rendues nécessaires par certaines situations de handicap.

8. L'ACCUEIL EN ÉTABLISSEMENT SPÉCIALISÉ MÉDICO-ÉDUCATIF POUR ÉCOLIER, COLLÉGIEN OU LYCÉEN

On distingue différents types d'établissements, qui accueillent les jeunes de 6 à 20 ans présentant un trouble ou un handicap affectant leur scolarisation en milieu ordinaire (ils allient soins et éducation spéciale ou professionnelle) :

- l'institut médico-éducatif (IME) regroupe les anciens instituts médico-pédagogiques (IMP) et instituts médico-professionnels (IMPRO), il accueille l'enfant en situation de handicap mental ;
- l'institut thérapeutique éducatif et pédagogique (ITEP) remplace l'institut de rééducation (IR), il accueille le jeune qui présente des troubles de la conduite et du comportement perturbant gravement sa socialisation et l'accès aux apprentissages ;
- l'établissement pour polyhandicapés accueille l'enfant ou l'adolescent qui présente un handicap complexe associant une déficience mentale grave à une déficience motrice importante ;
- l'institut d'éducation sensorielle (IE) accueille le jeune qui présente un handicap auditif et/ou visuel ;
- l'établissement pour enfants déficients moteurs, appelé institut d'éducation motrice (IEM), assure la prise en charge de l'enfant ou de l'adolescent qui présente une déficience motrice nécessitant des moyens particuliers pour assurer un suivi médical, une éducation adaptée et une formation générale et professionnelle.

Les jeunes peuvent être pris en charge, selon leur âge et leur type de handicap ou de trouble, en internat (de semaine ou complet), en semi-internat, en externat, ou par le biais du placement familial.

a Accueil en établissement à caractère sanitaire

> Circulaire 91-303 du 18 novembre 1991 sur la scolarisation des enfants et adolescents accueillis dans les établissements à caractère médical, sanitaire ou social (maintien du lien avec l'école d'origine, réinsertion scolaire après l'hospitalisation, organisation de la vie quotidienne de l'élève)
>
> Circulaire 98-151 du 17 juillet 1998 sur l'assistance pédagogique à domicile en faveur des enfants et adolescents atteints de troubles de santé évoluant sur une longue période

L'enfant ou l'adolescent dont l'état de santé ne permet pas une scolarisation en milieu ordinaire est accueilli en établissement à caractère sanitaire. Les accords avec le ministère de l'Éducation nationale permettent, dans certains cas, qu'une scolarité soit organisée à l'intérieur de l'établissement. Chaque établissement est spécialisé dans le traitement d'un type de pathologie, l'admission est prononcée sur prescription médicale. L'enfant ou l'adolescent dont l'état de santé ne permet pas une scolarisation en milieu ordinaire peut également être scolarisé à domicile.

L'allocation personnalisée d'autonomie (APA)

23

Références juridiques

Loi 2001-647 du 20 juillet 2001 relative à la prise en charge de la perte d'autonomie des personnes âgées et à l'allocation personnalisée d'autonomie

Loi 2003-289 du 31 mars 2003 portant modification de la loi n° 2001-647 du 20 juillet 2001 relative à la prise en charge de la perte d'autonomie des personnes âgées et à l'allocation personnalisée d'autonomie

Décret 2003-278 du 28 mars 2003 relatif aux conditions d'attribution de l'allocation personnalisée d'autonomie

Articles L. 232-1 à L. 232-28 du code de l'action sociale et des familles

Articles R. 232-1 à R. 232-61 du code de l'action sociale et des familles

L'allocation personnalisée d'autonomie (APA) a remplacé la prestation spécifique dépendance (PSD) le 1er janvier 2002. Elle est destinée à couvrir en partie toutes les dépenses qui renforcent l'autonomie des personnes âgées qui ont besoin d'aide pour accomplir des actes essentiels de la vie ou dont l'état nécessite une surveillance régulière : attribuée sous conditions par le département, elle concourt au maintien à domicile des personnes de plus de soixante ans. Contrairement à la PSD, l'APA « ne fait pas l'objet d'un recouvrement sur la succession du bénéficiaire, sur le légataire ou sur le donataire » (CASF, art. L. 232-19). Elle n'est pas subordonnée à la mise en œuvre de l'obligation alimentaire définie par les articles 205 à 211 du code civil (CASF, art. L. 232-24).

La PSD a été créée par la loi du 24 janvier 1997 pour remplacer et améliorer l'allocation compensatrice pour tierce personne (ACTP) instaurée par la loi du 30 juin 1975 : l'ACTP permettait aux adultes handicapés de moins de 60 ans de faire face aux frais engendrés par l'emploi, à domicile ou en établissement, d'une tierce personne pour accomplir « les gestes essentiels de la vie quotidienne ». Elle pouvait être exceptionnellement prolongée au-delà de 60 ans. Elle a été remplacée le 1er janvier 2006 par la prestation de compensation du handicap (PCH).

Les recours contre les décisions relatives à l'allocation personnalisée d'autonomie sont formés devant les commissions départementales d'aide sociale (CASF, art. L232-20) : lorsque le recours est relatif à l'appréciation du degré de perte d'autonomie, la commission départementale recueille l'avis d'un médecin gériatre ou gérontologue.

1. CONDITIONS D'ATTRIBUTION : RÉSIDENCE, ÂGE ET AUTONOMIE

La personne âgée doit habiter en France de manière stable et régulière (titre de séjour en cours de validité pour les étrangers). Elle doit résider à son propre domicile, chez un accueillant familial, dans un établissement dont la capacité d'accueil est inférieure à 25 places, ou dans un foyer logement pour personnes valides. Elle doit être âgée d'au moins 60 ans, et avoir besoin d'une « aide pour l'accomplissement des actes essentiels de la vie ou être dans un état nécessitant une surveillance régulière ». Il n'y a pas de condition de ressources pour l'APA, mais le montant des revenus du demandeur a des conséquences sur la part des dépenses qui restent à sa charge.

Le dossier de demande d'APA est constitué auprès du CCAS (centre communal d'action sociale) de la commune de résidence, qui le transmet au conseil général. Les équipes médico-sociales évaluent la perte d'autonomie en relation avec le médecin traitant de la personne âgée. Elles proposent un plan d'aide qui est soumis à la personne âgée et à son entourage (on peut regretter que cet « entourage » ne soit pas mieux défini, dans un souci de respect de la vie privée et du secret médical). Le dossier est présenté à la commission départementale APA qui fixe le montant de l'aide en fonction du plan d'aide établi. Le département doit rendre sa décision dans les deux mois suivant le dépôt du dossier complet de demande : passé ce délai, l'APA est considérée comme accordée, et un montant forfaitaire est versé dans l'attente d'une décision explicite. Les droits à l'allocation sont ouverts à la date de notification de la décision d'attribution.

Le bénéficiaire de l'APA doit adresser au conseil général, dans le mois suivant la notification de la décision d'attribution de l'allocation, une déclaration (formulaire CERFA 10544*02) mentionnant : le ou les salariés embauchés, ou le service d'aide auquel il a recours (et tout changement de salarié ou de service doit être aussitôt déclaré, de la même manière). Le bénéficiaire de l'APA est tenu de produire tous les justificatifs de dépenses (bulletins de salaires, déclarations Urssaf, talons de CESU, factures de service d'aide à domicile, etc.) pour justifier de l'utilisation de l'allocation perçue.

2. LA GRILLE AGGIR

La grille nationale AGGIR (autonomie, gérontologique, groupes iso-ressources) permet d'évaluer le degré de dépendance du demandeur et de déterminer le niveau d'aide dont il a besoin. Elle évalue les capacités de la personne âgée à accomplir dix activités corporelles et mentales (dites discriminantes) et sept activités domestiques et sociales (dites illustratives) : les dix activités discriminantes sont utilisées pour déterminer le GIR dont relève la personne âgée, les sept activités illustratives sont destinées à apporter des informations pour l'élaboration du plan d'aide de la personne âgée.

Les capacités de la personne âgée sont évaluées selon trois modalités pour chaque activité :

- fait seule, totalement, habituellement et correctement ;
- fait partiellement, ou non habituellement ou non correctement ;
- ne fait pas.

Le niveau de dépendance est ensuite classé dans un des six groupes « iso-ressources » (GIR) : à chaque GIR correspond un niveau de besoins d'aides pour accomplir les actes essentiels de la vie quotidienne.

Les GIR 1 à 4 ouvrent droit à l'APA.

Les GIR 5 ou 6 permettent d'obtenir une aide ménagère à domicile.

Le guide AGGIR se télécharge en ligne sur le site de la caisse nationale de solidarité pour l'autonomie (CNSA).

a Les dix activités discriminantes (corporelles et mentales)

Communiquer verbalement et/ou non verbalement, agir et se comporter de façon logique et sensée par rapport aux normes admises par la société.

Se repérer dans l'espace et le temps.

Faire sa toilette.

S'habiller, se déshabiller.

Se servir et manger.

Assurer l'hygiène de l'élimination urinaire et fécale.

Se lever, se coucher, s'asseoir, passer de l'une de ces trois positions à une autre.

Se déplacer à l'intérieur du lieu de vie.

Se déplacer en dehors du lieu de vie.

Utiliser un moyen de communication à distance (téléphone, alarme, sonnette, etc.) dans le but d'alerter en cas de besoin.

b Les sept activités illustratives (domestiques et sociales)

Gérer ses affaires, son budget et ses biens, reconnaître la valeur monétaire des pièces et des billets, se servir de l'argent et connaître la valeur des choses, effectuer les démarches administratives, remplir les formulaires.

Préparer les repas et les conditionner pour qu'ils puissent être servis.

Effectuer l'ensemble des travaux ménagers courants.

Utiliser volontairement un moyen de transport collectif ou individuel.

Acheter volontairement des biens.

Respecter l'ordonnance du médecin et gérer soi-même son traitement.

Pratiquer volontairement, seul ou en groupe, diverses activités de loisir.

C Les six niveaux de dépendance (GIR)

GIR 1 : personne confinée au lit ou au fauteuil, dont les fonctions mentales sont gravement altérées et qui nécessite une présence indispensable et continue d'intervenants, ou personne en fin de vie.

GIR 2 : personne confinée au lit ou au fauteuil, dont les fonctions mentales ne sont pas totalement altérées et dont l'état exige une prise en charge pour la plupart des activités de la vie courante, ou personne dont les fonctions mentales sont altérées, mais qui est capable de se déplacer et qui nécessite une surveillance permanente.

GIR 3 : personne ayant conservé son autonomie mentale, partiellement son autonomie locomotrice, mais qui a besoin quotidiennement et plusieurs fois par jour d'une aide pour les soins corporels.

GIR 4 : personne n'assumant pas seule ses transferts mais qui, une fois levée, peut se déplacer à l'intérieur de son logement, et qui a besoin d'aides pour la toilette et l'habillage, ou personne n'ayant pas de problèmes locomoteurs mais qui doit être aidée pour les soins corporels et les repas.

GIR 5 : personne ayant seulement besoin d'une aide ponctuelle pour la toilette, la préparation des repas et le ménage.

GIR 6 : personne encore autonome pour les actes essentiels de la vie courante.

Le classement dans un GIR (qui conditionne le montant de l'APA) est revu régulièrement par l'équipe médico-sociale du conseil général (pour la personne à domicile), par le médecin coordonnateur ou un médecin conventionné (pour la personne en établissement). La révision peut aussi être demandée à tout moment par le bénéficiaire de l'allocation (ou un de ses proches) par courrier adressé aux services du Conseil général (qu'il nous faut petit à petit appeler départemental).

3. L'ACCUEILLANT FAMILIAL

L'accueillant familial et la famille d'accueil (ou assistant familial) constituent deux modes d'accueil familiaux différents destinés à l'accueil de personnes âgées et handicapées adultes (accueillant familial) et à l'accueil de mineurs et de jeunes majeurs (familles d'accueil ou assistant familial). Il ne faut pas confondre « assistant familial » et « assistant maternel » : l'assistant (le plus souvent, l'assistante) accueille à son domicile des enfants mineurs confiés par leurs parents directement ou par l'intermédiaire d'un service d'accueil familial géré par une collectivité locale (crèche familiale). L'accueillant familial, l'assistant familial (la famille d'accueil) et l'assistant maternel doivent tous être agréés par le conseil général (devenu départemental).

L'accueillant familial est une personne ou un couple agréé pour accueillir à son domicile, de manière permanente ou temporaire, et moyennant rémunération, des personnes âgées ou handicapées adultes : l'accueil familial est un mode d'accueil et d'hébergement pour des personnes âgées ou handicapées qui ne disposent pas de l'autonomie suffisante pour vivre à leur domicile. L'accueillant familial prend en charge les repas, le ménage, les courses et les activités de la personne accueillie. La personne âgée ou handicapée hébergée (ou son tuteur) est l'employeur de l'accueillant familial : il ne doit pas y avoir de lien de parenté entre la personne accueillie et l'accueillant familial.

L'agrément est accordé pour une période renouvelable de cinq ans par le président du conseil général du département de résidence de la personne ou du couple demandeur. Il fixe le nombre de personnes qui peuvent être hébergées simultanément, qui ne peut être supérieur à trois (éventuellement, la répartition entre personnes âgées et handicapées). Le refus d'agrément est motivé et devient automatiquement caduc en cas de séparation s'il a été délivré à un couple. Une personne non agréée qui accueillerait à son domicile une ou plusieurs personnes âgées ou handicapées à titre onéreux s'expose à une peine d'emprisonnement de trois mois et à une amende de 3 750 euros (CASF, art. L. 321-4). La personne accueillie peut bénéficier (sous conditions) de l'APA ou de la PCH et de l'allocation de logement sociale (ALS), de l'allocation de logement familiale (ALF) ou de l'aide personnalisée au logement (APL). Elle peut aussi bénéficier d'une réduction ou d'un crédit d'impôt au titre de l'emploi d'un salarié à domicile.

L'accueil familial peut également être organisé par un établissement de santé mentale, et s'adresser à des personnes souffrant de maladie mentale, il s'agit alors d'un accueil familial thérapeutique : l'accueillant familial est salarié de l'établissement de santé et les frais d'accueil relèvent de l'assurance maladie.

4. L'AIDE MÉNAGÈRE À DOMICILE

Une aide sociale, sous forme d'aide ménagère, peut être attribuée aux personnes âgées d'au moins 65 ans ou d'au moins 60 ans (personnes reconnues inaptes au travail) qui ne bénéficient pas de l'APA, si leur état de santé le justifie (GIR 5 et 6). Le nombre d'heures attribué dépend des besoins et la prise en charge financière du montant des ressources. L'aide ménagère à domicile est prise en charge par le département (au titre de l'aide sociale) ou par la caisse de retraite (selon les ressources). La personne peut bénéficier de l'exonération des cotisations sociales sur la partie restant à sa charge (les barèmes diffèrent d'un département à l'autre, d'une caisse de retraite à l'autre).

Les compléments retraite

L'allocation de solidarité aux personnes âgées (ASPA) est une allocation destinée aux personnes âgées d'au moins 65 ans (à l'âge minimum de départ légal à la retraite pour les personnes atteintes d'une incapacité de travail d'au moins 50 % et reconnues définitivement inaptes au travail, et pour les bénéficiaires d'une retraite anticipée pour handicap), disposant de faibles revenus en vue de leur assurer un niveau minimum de ressources. Elle a remplacé au 1er janvier 2006 le « minimum vieillesse », créé en 1956, héritier de l'allocation aux vieux travailleurs salariés mise en place en 1942.

L'allocation supplémentaire d'invalidité (ASI) est une prestation versée sous certaines conditions aux personnes invalides titulaires d'une pension de retraite ou d'invalidité qui n'ont pas atteint l'âge légal de départ à la retraite pour bénéficier de l'ASPA (depuis 2006, l'ASI remplace l'allocation supplémentaire du minimum vieillesse).

Le revenu de solidarité active

24

Références juridiques

Loi 2008-1249 du 1er décembre 2008 généralisant le revenu de solidarité active et réformant les politiques d'insertion

Articles L. 262-1 à L. 262-58 du code de l'action sociale et des familles

Articles R. 262-1 à R. 262-121 du code de l'action sociale et des familles

Décret 2012-294 du 1er mars 2012 relatif aux procédures d'orientation, de suspension et de radiation applicables aux bénéficiaires du revenu de solidarité active (et Note d'information DGCS/SD1C/2012/167 du 18 avril 2012 en précisant les modalités d'application)

Le revenu de solidarité active (RSA) est entré, en vigueur, en France métropolitaine, le 1er juin 2009 : il a remplacé le revenu minimum d'insertion (RMI) et l'allocation parent isolé (API). Il « a pour objet d'assurer à ses bénéficiaires des moyens convenables d'existence, d'inciter à l'exercice d'une activité professionnelle et de lutter contre la pauvreté de certains travailleurs, qu'ils soient salariés ou non salariés » (CASF, art. L. 262-1).

Le RMI, mis en place par le gouvernement de Michel Rocard (de juin 1988 à mai 1991) a existé du 1er décembre 1988 au 31 mai 2009 : l'allocation (454,63 euros au 1er janvier 2009, pour une personne seule sans aide au logement) était financée par l'État, et les actions d'insertion par les conseils généraux. Elles étaient contractualisées. Le RMI était versé par les caisses d'allocations familiales (CAF) ou la mutualité sociale agricole (MSA). Le RMI était une prestation incessible et insaisissable (sauf en cas de trop-perçu : le recouvrement de l'indu s'opérait alors par une retenue de 20 % sur les prestations à venir).

Le RSA est ouvert, sous conditions, aux personnes âgées d'au moins 25 ans et aux personnes âgées de 18 à 24 ans si elles sont parents isolés ou justifient d'une certaine durée d'activité professionnelle (CASF, art. L. 262-7-1). Il est géré par les conseils généraux (appelés maintenant « conseils départementaux ») et versé par la CAF ou la MSA.

Le RSA est financé par le fonds national des solidarités actives, et par les départements. Le fonds national des solidarités actives est administré par un conseil dont la composition, les modalités de désignation des membres et les modalités de fonctionnement sont fixées par décret, il est géré par la caisse des dépôts et consignations. Il a bénéficié en 2009 d'une dotation budgétaire de 550 millions d'euros, et perçoit chaque année 1,5 milliard d'euros (environ) provenant de la contribution additionnelle de 1,1 % sur les revenus du capital et des revenus de l'épargne (à l'exception du livret A, du livret de développement durable, du livret jeune et du livret d'épargne populaire).

1. UN COMPLÉMENT DE RESSOURCES

Le RSA a été construit sur le constat qu'un allocataire du RMI qui retrouvait du travail gagnait souvent moins en travaillant qu'avec son seul RMI : le RSA complète les ressources d'un foyer pour qu'elles atteignent le niveau d'un revenu garanti, calculé comme la somme d'un montant forfaitaire. Il ne les réduit pas : il est donc incitatif (les revenus perçus étaient déduits du RMI). Il est ouvert à toute personne « résidant en France de manière stable et effective » (CASF, art. L. 262-2), Il a été imaginé en 2007 par l'Agence nouvelle des solidarités actives (ANSA) dirigée par Martin Hirsch, Haut-commissaire aux solidarités actives contre la pauvreté du gouvernement Fillon. La loi du 21 août 2007 en faveur du travail, de l'emploi et du pouvoir d'achat (dite « loi TEPA » et surnommée « paquet fiscal ») a d'abord lancé une expérimentation, limitée aux bénéficiaires du RMI, dans 34 départements, avant que le dispositif ne soit étendu à tout le territoire national par la loi 2008-1249 du 1er décembre 2008 généralisant le revenu de solidarité active et réformant les politiques d'insertion, qui le fait entrer dans le CASF.

Le montant du RSA varie en fonction de la composition du foyer, du nombre d'enfant(s) à charge, et d'une fraction des revenus professionnels des membres du foyer, fixée par décret à 62 %. Si les ressources initiales du foyer sont inférieures au montant forfaitaire, la différence s'appelle le RSA socle (499,31 euros au 1er janvier 2014 pour une personne seule).

Le montant forfaitaire est majoré, pendant une période d'une durée déterminée, pour les personnes isolées assumant la charge d'un ou de plusieurs enfants et les femmes isolées en état de grossesse, une fois la déclaration de grossesse et les examens prénataux effectués (CASF, art. L. 262-9).

Le complément de revenu d'activité éventuel, égal à 62 % des revenus d'activité, s'appelle le RSA activité. Selon le niveau de ressources du foyer par rapport au montant forfaitaire et la présence ou non de revenus d'activité, un foyer peut percevoir une seule composante du RSA ou les deux (pour environ 30 % des bénéficiaires, le RSA est un complément).

Il y avait 2,23 millions de bénéficiaires du RSA en septembre 2013, soit une progression de 7,4 % en un an (lettre trimestrielle *RSA Conjoncture*, CNAF,

31 décembre 2013) : 1,756 million (+ 8,4 %) percevaient le RSA « socle », 496 000 (+ 4,1 %) le RSA « activité » (qui n'est pas toujours réclamé par les ayants droit) et 242 000 (+ 7,7 %), des deux prestations.

Lors du dépôt de sa demande, l'intéressé reçoit, de la part de l'organisme auprès duquel il effectue le dépôt, une information sur les droits et devoirs des bénéficiaires du RSA, il est informé des droits auxquels il peut prétendre au regard des revenus que les membres de son foyer tirent de leur activité professionnelle et de l'évolution prévisible de ses revenus en cas de retour à l'activité (CASF, art. L. 262-17).

2. LES CONDITIONS D'ACCÈS

Le bénéfice du revenu de solidarité active est subordonné au respect de plusieurs conditions (CASF, art. L. 262-4) :

- être âgé de plus de 25 ans ou assumer la charge d'un ou plusieurs enfants nés ou à naître ;
- être français ou titulaire, depuis au moins cinq ans, d'un titre de séjour autorisant à travailler (condition non applicable aux réfugiés, apatrides, étrangers titulaires de la carte de résident ou d'un titre de séjour prévu par les traités et accords internationaux et conférant des droits équivalents) ;
- ne pas être élève, étudiant ou stagiaire (sauf cas particuliers) ;
- ne pas être en congé parental, sabbatique, sans solde ou en disponibilité (sauf cas particuliers).

Pour bénéficier du RSA, le travailleur indépendant ne doit pas employer de salarié (sauf stagiaire ou apprenti), et réaliser un chiffre d'affaires n'excédant pas un niveau fixé par décret (CASF, art. L. 262-7), le travailleur agricole non-salarié doit mettre en valeur une exploitation pour laquelle le dernier bénéfice agricole connu n'excède pas un montant fixé par décret.

a Les conditions de ressources

L'ensemble des ressources du foyer est pris en compte pour le calcul du revenu de solidarité active (CASF, art. L. 262-3) :

- les ressources qui ont le caractère de revenus professionnels ou qui en tiennent lieu ;
- les avantages en nature (disposition d'un logement à titre gratuit par exemple, déterminé de manière forfaitaire) ;
- les prestations et aides sociales (y compris l'allocation logement et l'aide personnalisée au logement)
- les prestations et aides sociales qui ne sont généralement pas incluses dans le calcul des ressources à raison de leur finalité sociale particulière.

Le patrimoine, c'est-à-dire « la valeur en capital des biens non productifs de revenu, qui est évaluée » (CASF, art. L. 132-1) est également pris en compte.

L'admission au RSA est subordonnée (CASF, art. L. 262-10) à la condition que le foyer fasse valoir ses droits aux créances d'aliments qui lui sont dues au titre des obligations alimentaires entre ascendants et descendants et de la prestation compensatoire due après un divorce.

b Les droits, devoirs et obligations du bénéficiaire

Le bénéficiaire du revenu de solidarité active a droit à un accompagnement social et professionnel adapté à ses besoins et organisé par un référent unique (CASF, art. L. 262-27).

Le montant des revenus tirés de l'exercice d'une activité professionnelle en deçà duquel le bénéficiaire du revenu de solidarité active est tenu de rechercher un emploi, d'entreprendre les démarches nécessaires à la création de sa propre activité ou les actions nécessaires à une meilleure insertion sociale ou professionnelle est égal, en moyenne mensuelle calculée sur le trimestre de référence, à 500 euros (CASF, art. D. 262-65).

L'organisme qui verse le RSA informe dès l'ouverture des droits le conseil général, chargé d'orienter dans les deux mois le bénéficiaire vers un parcours professionnel ou social :

- le bénéficiaire qui est en capacité de reprendre immédiatement un emploi est orienté (dans les quinze jours qui suivent son inscription) vers Pôle emploi (ou un autre organisme de placement, comme la maison de l'emploi), pour conclure un projet personnalisé d'accès à l'emploi (PPAE) ;
- le bénéficiaire qui n'est pas en capacité de reprendre immédiatement un emploi en raison de difficultés sociales est orienté vers les services sociaux du conseil général (ou un organisme d'insertion).

Le bénéficiaire qui est en capacité de reprendre immédiatement un emploi est orienté vers un conseiller Pôle emploi, ou vers un autre organisme qui participe au « service public de l'emploi », qui « a pour mission l'accueil, l'orientation, la formation et l'insertion ; il comprend le placement, le versement d'un revenu de remplacement, l'accompagnement des demandeurs d'emploi et l'aide à la sécurisation des parcours professionnels de tous les salariés » (code du travail, art. L. 5311-1). Il élabore, avec le conseiller Pôle emploi (CASF, art. L. 262-34), le projet personnalisé d'accès à l'emploi (PPAE) : ce projet précise, en tenant compte de la formation du demandeur d'emploi, de ses qualifications, de ses connaissances et compétences acquises au cours de ses expériences professionnelles, de sa situation personnelle et familiale ainsi que de la situation du marché du travail local, la nature et les caractéristiques de l'emploi ou des emplois recherchés, la zone géographique privilégiée et le niveau de salaire attendu (code du travail, art. L. 5411-6-1) : le bénéficiaire ne pourra alors refuser plus de deux « offres raisonnables d'emploi » ainsi définies.

Il retrace les actions que l'institution s'engage à mettre en œuvre dans le cadre du service public de l'emploi (accompagnement personnalisé, formation, aide à la mobilité, etc.). Le PPAE est actualisé au moins tous les trois mois : le demandeur d'emploi est tenu de participer à sa définition et à son actualisation.

Le bénéficiaire qui est orienté vers les services sociaux du conseil général (concrètement : celui dont l'employabilité est limitée) sera amené à conclure dans un délai d'un mois « un contrat librement débattu » avec le département, qui énumère « leurs engagements réciproques en matière d'insertion professionnelle » (CASF, art. L. 262-35) et « précise les actes positifs et répétés de recherche d'emploi que le bénéficiaire s'engage à accomplir ».

Il précise également « la nature et les caractéristiques de l'emploi ou des emplois recherchés, la zone géographique privilégiée et le niveau de salaire attendu » : le bénéficiaire ne pourra alors refuser plus de deux « offres raisonnables d'emploi » ainsi définies.

Est considérée comme offre raisonnable d'emploi, une offre d'emploi compatible avec les qualifications et compétences professionnelles du demandeur d'emploi et rémunérée selon un barème dégressif (l'équivalent du dernier salaire les trois premiers mois, 85 % du dernier salaire après six mois de recherche, l'équivalent des allocations perçues au bout d'un an). Est considérée comme offre raisonnable d'emploi, après six mois d'inscription, une offre d'emploi entraînant un temps de trajet, aller/retour, en transport en commun, entre le domicile et le lieu de travail, d'une durée maximale d'une heure ou une distance à parcourir d'au plus 30 km. Lorsque le demandeur d'emploi suit une formation prévue dans son PPAE, les durées d'inscription sur la liste des demandeurs d'emploi mentionnées ci-dessus sont prolongées du temps de cette formation.

3. L'AIDE PERSONNALISÉE DE RETOUR À L'EMPLOI (APRE)

Une aide personnalisée de retour à l'emploi (APRE) peut être attribuée au bénéficiaire du RSA, pour prendre en charge tout ou partie des coûts auxquels il doit faire face lorsqu'il débute ou reprend une activité professionnelle (prise en charge de titres de transport en commun, de frais de carburant, aide à l'achat de vêtements, chaussures adaptées à l'emploi, aide au déménagement, prise en charge de frais de garde de jeunes enfants, obtention d'un diplôme, d'une licence, certification ou autorisation professionnelle, etc.).

4. LE CONTRAT UNIQUE D'INSERTION (CUI)

Le contrat unique d'insertion (CUI) associe formation et aide financière pour faciliter l'embauche de personnes reconnues par les institutions comme spécialement désavantagées dans la compétition pour l'accès à l'emploi : le contrat initiative emploi (CUI-CIE) concerne le secteur marchand, industriel et commercial, le contrat d'accompagnement dans l'emploi (CUI-CAE) s'adresse au secteur non marchand, public ou associatif. Il n'y a pas de conditions d'âge, mais les 16-25 ans ont plutôt vocation à signer un emploi d'avenir.

Le CUI est destiné en priorité aux bénéficiaires du RSA, de l'ASS (allocation de solidarité spécifique), de l'AAH (allocation adulte handicapé) ou de l'ATA (allocation temporaire d'attente), versée sous certaines conditions par Pôle emploi à certaines catégories de ressortissants étrangers (les demandeurs d'asile ne sont pas concernés par le CUI).

Le CUI est un contrat de travail de droit privé, à durée indéterminée ou déterminée avec une durée minimale de six mois (trois mois pour les personnes condamnées bénéficiant d'un aménagement de peine), et une durée maximale, renouvellements et prolongements inclus, de deux ans, qui peut exceptionnellement être portée à cinq ans pour les allocataires de minima sociaux âgés d'au moins 48 ans ou reconnues travailleurs handicapés, ou effectuant une action de formation professionnelle en cours de réalisation, pour l'achever. La durée hebdomadaire de travail est fixée à 20 heures minimum (moyenne en 2013 : 21,9 heures pour un CUI-CAE, 33 heures pour un CUI-CIE). Le bénéficiaire d'un CUI conserve le soutien de la personne qui assurait antérieurement le suivi personnalisé de son parcours d'insertion professionnelle, il est assisté et conseillé par un salarié expérimenté de l'entreprise (ou par l'entrepreneur lui-même) appelé « tuteur ». Il a accès « aux formations utiles pour développer ses compétences professionnelles » et peut même « effectuer des périodes d'immersion (d'un mois maximum) dans des entreprises privées » (dans le cas d'un CUI-CAE).

5. LA SUSPENSION ET LA SUPPRESSION DU RSA

Le RSA peut être réduit ou suspendu en cas d'hospitalisation ou d'incarcération du bénéficiaire, et les sommes versées par erreur sont récupérées sur le montant des prestations RSA à venir (à défaut, sur le montant d'autres prestations sociales).

Il peut également être suspendu, en tout ou partie, lorsque :

- du fait du bénéficiaire et sans motif légitime, le PPAE ou le contrat d'engagement ne sont pas établis dans les délais prévus ou ne sont pas renouvelés ;

- lorsque le bénéficiaire ne respecte pas, sans motif légitime, les dispositions prévues dans le PPAE ou le contrat d'engagement ;
- lorsque le bénéficiaire est radié par Pôle emploi de la liste des demandeurs d'emploi ;
- lorsque le bénéficiaire refuse de se soumettre aux contrôles prévus.

Le bénéficiaire est invité à faire connaître ses observations, assisté, s'il le souhaite, par la personne de son choix, avant que la suspension ne soit effective. Le conseil général pourra décider de reprendre les versements à partir de la date de conclusion du projet personnalisé d'accès à l'emploi ou de l'un des contrats d'engagement.

Informations pratiques

Le RSA se demande à l'aide d'un imprimé disponible en ligne (CERFA 13880*04). Il existe aussi un formulaire de demande complémentaire pour les non-salariés (CERFA 13882*03) qu'ils soient commerçants, artisans, agriculteurs, profession libérale (etc.), ainsi qu'un formulaire de demande complémentaire pour les jeunes de moins de 25 ans (CERFA 14130*02). Chaque trimestre, l'allocataire doit adresser à l'organisme qui lui verse les prestations une déclaration trimestrielle (CERFA 14129*03), qui peut aussi se remplir en ligne (sur caf.fr ou mas.fr). La CAF a mis en ligne un simulateur, pour calculer les droits au RSA de chaque bénéficiaire potentiel (sur vosdroits.service-public.fr).

La couverture maladie universelle

25

Références juridiques

Loi 99-641 du 27 juillet 1999 portant création d'une couverture maladie universelle

Articles L. 861-1 à L. 861-10 du code de la sécurité sociale

Articles R. 861-2 à R. 861-10 du code de la sécurité sociale (dispositions relatives aux ressources)

Articles D. 861-1 à D. 861-6 du code de la sécurité sociale

La loi 99-641 du 27 juillet 1999 (entrée en vigueur le 1er janvier 2000) a créé « pour les résidents de la France métropolitaine et des départements d'outre-mer, une couverture maladie universelle qui garantit à tous une prise en charge des soins par un régime d'assurance maladie » (article 1). Elle garantit également « aux personnes dont les revenus sont les plus faibles, le droit à une protection complémentaire et à la dispense d'avance de frais ».

La couverture maladie universelle(CMU) a remplacé la « carte santé » qui était mise en place par le conseil général. Elle est la descendante de la loi du 15 juillet 1893 sur l'assistance médicale, qui prévoyait déjà sous la IIIe République que « tout Français malade, privé de ressources, reçoit gratuitement de la commune, du département ou de l'État suivant son domicile de secours, l'assistance médicale à domicile, ou s'il y a impossibilité de le soigner utilement à domicile, dans un lieu hospitalier, les femmes en couche sont assimilées à des malades ».

La CMU est gratuite (sous condition de ressources) et se compose d'une couverture maladie universelle (CMU), éventuellement assortie d'une couverture maladie universelle complémentaire (CMU-C), qui prend en charge ce qui n'est pas couvert par les régimes d'assurance maladie obligatoire : elle permet, dans le cadre du « parcours de soins coordonnés » (loi du 13 août 2004 imposant le choix d'un médecin traitant), de bénéficier d'une prise en charge totale des dépenses de santé (sans avance de frais, même pour la part non remboursée par la sécurité sociale, et pour le forfait journalier hospitalier, sans la participation forfaitaire d'un euro, avec obligation, pour les médecins conventionnés, de respecter les tarifs de base de la sécurité sociale, soit 23 euros chez le médecin généraliste depuis le 1er janvier 2011).

En cas de litige, concernant la CMU et la CMU-C, il convient de saisir le Commission de recours amiable (CRA) de la caisse concernée, dans un délai de deux mois (code de la sécurité sociale, art. R. 142-1 à R. 142-7).

Une enquête de l'association Médecins du Monde a révélé en 2006 que 14 % des médecins refusaient de recevoir des patients CMU, et la loi HPST (Hôpital patient santé territoires) du 21 juillet 2009 a interdit la discrimination contre les patients en CMU (code de la santé publique, art. L. 1110-3).

1. UNE CONDITION DE RESSOURCES

La CMU est gratuite pour les assurés qui ont un revenu inférieur à un plafond de 9 534 euros (du 1er octobre 2013 au 30 septembre 2014), les autres doivent s'acquitter d'une cotisation de 8 % de la part de leurs revenus fiscaux supérieure à ce plafond (exemple, pour un revenu fiscal de référence de 11 000 € : 8 % × 1 466 € (11 000 € - 9 534 €) = 117,28 €).

La CMU se demande à l'aide du formulaire S3710b (CERFA 11419*04), qui contient une déclaration de ressources (du foyer, du 1er janvier au 31 décembre de l'année N-1 ou N-2, selon la date de dépôt du dossier) : ce formulaire permet aussi que soit chaque année renouvelée la CMU (il est adressé aux bénéficiaires avant le 1er août, il doit être retourné à la CPAM avant le 15 septembre, complété et accompagné des pièces justificatives).

La CMU complémentaire (CMU-C) est accordée pour un an sous condition de ressources. Le plafond évolue en fonction de la situation familiale et du lieu de résidence (France métropolitaine ou Outre-mer) : il est (au 1er juillet 2013) de 8 593 euros en métropole (9 564 euros en Outre-mer) pour une personne seule (12 889 euros et 14 346 euros pour deux, 15 467 euros et 17 215 euros pour trois, etc.). La CMU-C se demande à l'aide du formulaire S3711e (CERFA 12504*03).

Les personnes dont les ressources ne dépassent pas de plus de 35 % le seuil d'accès à la CMU-C, et qui remplissent toutes les conditions d'accès à la CMU, ont parfois droit à l'aide à l'acquisition d'une complémentaire santé (ACS), d'un montant annuel de 100 à 500 euros (selon l'âge du bénéficiaire), qui se demande à l'aide du formulaire S3715a (CERFA 12812*02).

2. UNE CONDITION DE DOMICILE

La CMU est une prestation sociale qui facilite l'accès au soin et le remboursement des soins, prestations et médicaments à toute personne résidant en France, avec ou sans domicile fixe, qui n'est pas déjà couverte par un autre régime obligatoire d'assurance maladie : sont considérées comme résidant en France « les personnes qui ont sur le territoire métropolitain ou dans un département d'outre-mer leur foyer ou le lieu de leur séjour principal » : le foyer est le lieu « où les personnes habitent normalement », leur lieu de résidence habituelle depuis plus de trois mois, « à condition que cette résidence ait un caractère permanent » (code de la sécurité sociale, art. R. 115-6). Les personnes sans domicile fixe, en habitat mobile ou très précaire, doivent élire domicile auprès d'un centre communal d'action sociale (CCAS) ou d'une association agréée (voir la circulaire DGAS/MAS/2008/70 du 25 février 2008 relative à la domiciliation des personnes sans domicile stable) : il existe un imprimé d'attestation d'élection de domicile délivrée aux personnes sans domicile stable à télécharger en ligne (CERFA 13482*02). La condition de domicile est identique pour la CMU-C.

Le délai de trois mois qui détermine « le lieu de résidence habituelle » n'est pas exigé pour les personnes :

- inscrites dans un établissement d'enseignement, ou effectuant un stage en France dans le cadre d'accords de coopération culturelle, technique et scientifique ;
- bénéficiaires de prestations familiales (prestation d'accueil du jeune enfant, allocations familiales, allocation de rentrée scolaire, etc.) ;
- bénéficiaires d'allocations aux personnes âgées (allocation de solidarité aux personnes âgées, etc.) ;
- bénéficiaires d'une allocation logement ou de l'aide personnalisée au logement (APL) ;
- bénéficiaires de prestations d'aide sociale (RSA, etc.) ;
- reconnues comme réfugié admis au titre de l'asile, ou ayant demandé le statut de réfugié.

3. UNE CONDITION DE RÉSIDENCE RÉGULIÈRE

Les personnes de nationalité étrangère doivent justifier (ainsi que leurs ayants droit) être en situation régulière au regard de la législation sur le séjour des étrangers en France. Un étranger non européen doit fournir un titre de séjour en cours de validité, ou tout autre document attestant que la demande a été déposée auprès de la préfecture du lieu de résidence (récépissé en cours de validité, convocation, rendez-vous en préfecture, etc.). Un Européen (Union européenne, Espace économique européen, Suisse), inactif ou demandeur d'emploi, doit avoir connu « un accident de la vie » qui l'a conduit à perdre ses ressources ou son assurance maladie. Les membres du personnel diplomatique et consulaire en poste en France, fonctionnaires d'un État étranger et personnes assimilées, ainsi que les membres de leur famille qui les accompagnent, ne peuvent évidemment pas bénéficier de la CMU, comme les personnes venues en France pour suivre un traitement médical ou une cure, et les personnes étrangères titulaires d'une carte de séjour « retraité ».

4. L'AIDE MÉDICALE D'ÉTAT (AME)

Les personnes sans ressources résidant en France de manière irrégulière peuvent bénéficier de l'aide médicale d'État (CASF, art. L. 251-1 à L. 251-3), qui se décline en :

- AME de droit commun(pour tout étranger résidant en France de manière ininterrompue depuis plus de trois mois) ;
- AME humanitaire(toute personne présente sur le territoire français et dont l'état de santé le justifie) ;
- AME de garde à vue (toute personne gardée à vue sur le territoire français, qu'elle réside ou non en France si son état de santé le justifie).

Index

56303 - (I) - (1,5) - OSB 90° - CPW - LGS

JOUVE
1, rue du Docteur Sauvé, 53100 MAYENNE
N° 2112034E
Dépôt légal : avril 2014

Imprimé en France